HISTOIRE
DE LA VIE ET DES OUVRAGES
DE
SPINOSA

FONDATEUR DE L'EXÉGÈSE ET DE LA PHILOSOPHIE MODERNES.

PAR

AMAND SAINTES.

PARIS
JULES RENOUARD ET Cie, LIBRAIRES-ÉDITEURS,
RUE DE TOURNON, 6.

1842.

HISTOIRE
DE LA VIE ET DES OUVRAGES
DE
B. DE SPINOSA.

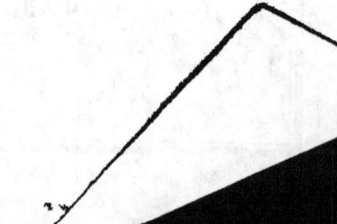

On trouve à la même Librairie :

HISTOIRE CRITIQUE DU RATIONALISME EN ALLEMAGNE, depuis son origine jusqu'à nos jours, par Amand Saintes. 1 vol. in-8°, avec cette épigraphe :

<blockquote>Amicus Plato, amicus Aristoteles, magis amica veritas.</blockquote>

Paris, 1841. Prix : broché . . . . 7 fr. 50

ÉCLAIRCISSEMENT sur l'Histoire critique du Rationalisme en Allemagne, et RÉPONSE à quelques critiques dirigées contre cet ouvrage. Brochure in-8°. Hambourg, 1842.

<blockquote>L'auteur ne refute ici que des adversaires français, qui méritaient une réponse prompte et énergique ; il se propose de répondre plus tard aux objections qui lui sont venues d'Allemagne revêtues d'un caractere plus sérieux, et en particulier à celles du docteur Röhr, qui s'est montré le plus acerbe des écrivains rationalistes à l'occasion de l'*Histoire critique du Rationalisme*.
A. S.</blockquote>

BENEDICTI DE SPINOSA OPERA quæ supersunt omnia. Iterum edenda curavit, præfationes, vitam auctoris, nec non notitias, quæ ad historiam scriptorum pertinent. Addidit Henr. Eberh Gottlob Paulus ph. ac th. d. hujus prof. ord. Jenersis. Jenæ, 1802, 2 vol. in-8°. . . . . 14 fr.

B. D. SPINOSA's sämmtliche werke aus dem lateinischen mit dem Leben Spinosa's von Berthold Auerbach. Stuttgard, 1841. 5 vol. in-18. . 15 fr.

IMPRIMÉ CHEZ PAUL RENOUARD,
rue Garancière, n. 5.

B. SPINOZA.

HISTOIRE
DE LA VIE ET DES OUVRAGES
DE
B. DE SPINOSA,

FONDATEUR DE L'EXÉGÈSE ET DE LA PHILOSOPHIE MODERNES.

PAR

AMAND SAINTES.

PARIS

JULES RENOUARD ET Cⁱᵉ, LIBRAIRES-ÉDITEURS,

RUE DE TOURNON, 6.

—

1842.

Je sais que je suis homme, et qu'en cette qualité j'ai pu me tromper. Cependant j'ai pris toutes précautions pour me préserver d'erreurs, et surtout pour ne rien écrire qui pût être désavoué par les lois de mon pays, la religion et les bonnes mœurs.
                                    Spinosa.

Je ne présume point avoir donné la meilleure philosophie, mais je sais que je la comprends comme vraie.
                                    Spinosa.

J'aime le spinosisme, parce que, plus que toute autre philosophie, il m'a conduit à la parfaite persuasion qu'il y a des choses que l'on ne peut démontrer, devant lesquelles il ne faut pas fermer les yeux, mais qu'il faut admettre telles qu'elles se présentent.
                                    Jacobi.

Spinosa n'est pas seulement le père de la théologie spéculative, mais encore celui de la critique biblique rationaliste.
                                    Strauss.

INTRODUCTION.

La tendance du siècle, en matière de philosophie, de morale et de religion, semble incliner vers le panthéisme; j'ai pensé que le récit de ce qu'a fait et enseigné il y a deux siècles un homme qui peut être considéré comme le plus fidèle représentant de ce système philosophique et religieux, serait accueilli favorablement par le public. Ce n'est pas ici, il est vrai, l'histoire d'un de ces grands caractères qui résument en eux tout un siècle, tels que se présentèrent à leurs contemporains César, Mahomet, Luther, Napoléon; mais, si l'on se préserve de toute fascination et que, s'élançant quelque peu dans l'avenir, on aperçoive le rôle que vont jouer, à une époque donnée par la providence, les idées panthéistiques, on verra bientôt grandir devant soi le nom maintenant si modeste de Spinosa. A la différence que d'autres ont été célèbres parce qu'ils ont dominé leur siècle dont ils représentaient les idées, ce seront au contraire les idées de ce philosophe dont s'imprègne le siècle, qui finiront par le dominer, et si la vie de l'écrivain n'a rien offert d'éclatant, elle excitera peut-être par sa simplicité même un plus tendre intérêt.

Mais ce n'est pas la seule raison qui m'a fait entreprendre ce travail. Je venais d'accomplir ma quinzième

année lorsque des arbitres que je devais croire compé-
tens me jugèrent de force à suivre un cours de philosophie. On peut déjà s'imaginer si le *magister dixit*
du bon vieux temps n'étendit pas sur toutes mes facultés sa domination suprême ! Aussi longtemps que je
demeurai sous l'impression de ces premières études
philosophiques, la figure de Spinosa m'apparut sous
une forme horrible. C'était un écrivain que le génie
du mal avait lancé dans le monde pour nous montrer
dans quel abîme de ténèbres on court se précipiter
lorsque, brûlant d'orgueil, on s'avise d'examiner par
soi-même les croyances que d'autres veulent nous
imposer. C'était un blasphémateur de toutes les choses
saintes, dont il fallait bien se garder d'étudier les
œuvres si l'on voulait se conserver exempt de souillures. C'était enfin un athée infâme, un libertin hypocrite qui cachait le venin de ses enseignemens sous un
jargon que rien ne compensait, ni la clarté des idées,
ni la pureté du langage, pas même l'attrait de la nou-
veauté. Voilà du moins ce que nous avait bien souvent
répété l'excellent homme qui, à défaut de talens supérieurs pour nous initier à la formation des syllogismes
et au développement des systèmes philosopliques,
était doué d'une patience si angélique, que je ne puis
m'empêcher de l'admirer encore.

Etait-il donc si extraordinaire qu'un jeune professeur
de province en fût à cette hauteur de connaissances
philosophiques, lorsque tant d'écrivains qui jouissent
pourtant d'une certaine célébrité, avaient porté sur
Spinosa le même jugement; et cela non point à cause
des blasphèmes qu'ils avaient réellement rencontrés
dans les ouvrages du philosophe, qu'ils n'avaient

jamais lus, mais parce qu'ils étaient les fidèles échos des contradicteurs que ces ouvrages provoquèrent à leur apparition. Bayle, par une érudition facile et une grande hardiesse dans les pensées, était parvenu à se créer une autorité que le génie seul devrait donner; c'est principalement à cet adversaire suspect de Spinosa que l'on doit cette longue série d'accusations d'athéisme qui déparent presque tous les ouvrages français de philosophie, et tous ces nombreux dictionnaires biographiques que l'on a pourtant coutume de regarder comme des oracles. Oui, le célèbre auteur du *Dictionnaire historique* a, lui aussi, accusé d'athéisme et presque d'hypocrisie l'homme qui prenait pour épigraphe d'un de ses ouvrages les plus connus, ces belles paroles de saint Jean : « En ceci nous connaissons que nous demeurons en Dieu et que Dieu demeure en nous, c'est qu'il nous fait part de son esprit (1); » l'homme dont toute la vie ne fut qu'un constant effort pour réaliser cette vie en Dieu dans laquelle il plaçait le souverain bonheur. Mais si l'on y prend garde on voit qu'une toute autre pensée que celle du spinosisme préoccupe le critique dans tout cet article consacré à Spinosa. Frappé du noble caractère de l'écrivain et de l'honnêteté qui présidait à toutes ses actions, il est bien aise de pouvoir enfin présenter à ceux qui en niaient la possibilité, un athée qui soit en même temps un parfait honnête homme. Bayle s'était, *à priori*, donné la tâche de prouver qu'il n'y avait pas incompatibilité entre l'athéisme et la probité; et jugeant que Spinosa pouvait le servir, il décida égale-

---

(1) Saint Jean, Ire *Epit.*, ch. IV, v. 13.

a.

ment *à priori* que l'athéisme était au fond de toutes ses doctrines. Depuis cette époque, tout ce qui professa des doctrines plus ou moins hétérodoxes fut signalé comme spinosiste. Bayle donc, qui ne jetait qu'un coup-d'œil superficiel sur tous les systèmes de philosophie pour avoir l'occasion de les combattre l'un par l'autre; Bayle qui n'avait aucun amour de la vérité; qui ne travaillait qu'à amasser des nuages dans l'esprit au lieu de chercher à l'éclairer; Bayle qui ne prenait des divers systèmes que ce qu'il lui en fallait pour établir ses doutes et non se créer des convictions; Bayle a ainsi fixé la pensée de ses nombreux lecteurs. Qui n'a pas lu une fois dans sa vie quelques articles de son *Dictionnaire?* Et qui a jamais songé à connaître la pensée de Spinosa lui-même. Quoi! disait-on, l'indifférent, le sceptique Bayle, le critique habile qui savait porter l'investigation dans les matières les plus abstraites, l'écrivain qui se plaisait à couvrir du voile complaisant de la tolérance tant de folies de l'esprit humain, tant de passions déréglées; quoi! cet écrivain a signalé lui-même la honteuse tendance des doctrines qu'il réfute et le poison qu'elles renferment! Il faut donc que le mal soit bien avéré! Et les auteurs d'aiguiser leurs plumes, et les professeurs d'escalader leur chaire, pour accabler de leurs invectives la victime du critique de Rotterdam (1).

(1) Je dois en excepter le spirituel et savant M. Cousin, qui dit dans son *Cours de l'Histoire de la philosophie*, t. II, p. 465 : « Au lieu d'accuser Spinosa d'athéisme, il faudrait bien plutôt lui adresser le reproche contraire. » Je n'entends nullement parler aussi des écrivains de l'Allemagne postérieurs à Lessing, qui ont été les premiers, comme on le verra dans le cours de cet ouvrage, à si-

INTRODUCTION.   v

Du reste, il n'est pas étonnant que même des hommes éclairés et de bonne foi aient pu être injustes envers notre philosophe. Sans parler de la prévention générale qui régnait encore il y a un demi-siècle, dans le monde entier à son égard, et qui était fondée sur le témoignage d'hommes instruits, tels que Bayle, Leibnitz lui-même, ainsi que Dugald Stewart (1), il n'était pas toujours facile de se procurer des ouvrages que le glaive de la persécution avait poursuivis, et que de rares adeptes, ou simplement des curieux, tenaient bien cachés. Quand on les avait entre les mains, on avait rarement le courage de soutenir longtemps une lecture sur les matières les plus ardues dont l'esprit humain puisse s'occuper, et dans une langue qui n'est

gnaler la mauvaise foi des adversaires de Spinosa et à venger sa mémoire; mais si, dans ce pays classique de la spéculation, on est revenu assez généralement d'un injuste préjugé, on est loin d'être unanime sur la valeur des doctrines, qui, contre l'intention de son auteur, portent le nom de spinosisme. Tour-à-tour Spinosa y a été traité d'athée d'abord, cela va sans dire, puis de panthéiste, de rationaliste, et même de réformateur de l'Eglise. C'est à cette dernière qualité que voudraient peut-être s'arrêter ses amis d'aujourd'hui. Mais en matière de religion, le sentiment l'emportera toujours sur les seules notions de la science, et le gnosticisme moderne, par son impuissance à opérer cette réforme qu'il souhaite dans l'Eglise, comprendra enfin que le supernaturalisme, dégagé de la rouille des siècles, n'est pas tant dépourvu de vérité, s'il répond en réalité aux besoins moraux qui se révèlent de nos jours, comme ils se révélaient chez les hommes du moyen-âge, et de l'époque du rédempteur des hommes !

(1) L'illustre philosophe écossais déclare positivement « que spinosisme et athéisme sont une seule et même chose. » Voir *Histoire abr. des Sciences métaphysiq.*, t. II, p. 173 de la traduction française.

pas toujours familière, même aux esprits les plus cultivés. Il était d'autant plus facile de se méprendre sur la portée philosophique des écrits de Spinosa et sur l'esprit moral qui les anime, que plusieurs disciples de ce philosophe, soit qu'ils l'eussent mal compris eux-mêmes, soit qu'ils fussent bien aises de faire passer sous son nom la turpitude de leurs pensées, n'avaient pas craint d'énoncer, eux, ce que l'on aurait le droit d'appeler des blasphèmes. Je n'en citerai qu'un exemple. Il n'y a pas longtemps que, parcourant le catalogue d'un libraire de Berlin, j'y trouvai l'annonce d'un écrit ayant pour titre : *l'Esprit de Spinosa ;* je résolus aussitôt de me le procurer, me persuadant que ce devait être un résumé, peut-être systématique, des doctrines morales, politiques et religieuses de cet écrivain. Quelle ne fut pas ma surprise lorsque je reçus un manuscrit de près d'un siècle d'existence, et qu'en le comparant avec un de ceux dont parle Paulus dans la préface de son édition, je reconnus celui ou la copie de celui que l'on attribue au médecin Lucas, de La Haye, et dont le contenu est si peu propre à donner une véritable connaissance des principes religieux d'un homme que l'auteur du livre reconnaissait pourtant comme son maître ! Qui pourrait en effet reconnaître Spinosa dans ces passages que je choisis entre mille de la même couleur? En parlant de la Bible, il assure : « Que c'est un livre que l'on tient d'un peuple ignorant, et dans lequel il n'y a guère plus d'ordre et de méthode que dans l'Alcoran de Mahomet; un livre que personne n'entend, tant il est confus et mal conçu, et qui ne sert qu'à fomenter les divisions. » En parlant de Moïse, dont la Bible décrit l'histoire, il assure qu'il n'était que subtil et fourbe, et que s'il n'avait eu la force en main, difficilement on lui eût obéi : « La fourbe sans les armes ayant rarement réussi. » Quant au fondateur du christianisme, que Spinosa a toujours considéré comme la plus haute expression de la moralité (1), il le représente plein des mêmes idées ambitieuses que Moïse, se faisant suivre par quelques idiots, les accoutumant « à se payer de songes et de rêveries. » Si donc on joint à la négligence des savans et à l'impiété de quelques-uns, l'insigne mauvaise foi de beaucoup d'adversaires de Spinosa, qui allaient répétant ce qu'ils savaient n'être que de pures calomnies, on comprendra les préventions défavorables qui planaient généralement sur le compte de Spinosa. C'est à tel point qu'en Allemagne, où tous les systèmes philosophiques trouvent quelque part droit de bourgeoisie, il y eut pourtant surprise générale, lorsqu'il y a environ un demi-siècle Jacobi révéla au public que le célèbre Lessing avait eu un penchant décidé pour le spinosisme. « C'est comme s'il se fût agi, dit Paulus (2), d'un monstre africain dont le nom eût été à peine connu! » Cependant on peut le dire à la gloire de Spinosa, c'est depuis la polémique que dut soutenir Jacobi avec un autre ami fervent de

---

(1) Témoin ce passage d'une de ses lettres : « Dico ad salutem non esse omninò necesse, Christum secundùm carnem noscere ; sed de æterno illo filio Dei, hoc est, *Dei æterna sapientia*, quæ sese in omnibus rebus, et maximè in mente humanâ, et omnium maximè *in Christo Jesu manifestavit* longè aliter sentiendum (*Epistola* XXI).

(2) Dans l'avant-propos de l'édition qu'il a donnée des œuvres de Spinosa.

Lessing, le juif Mendelsohn, que l'on a pu se former une idée plus nette du spinosisme. Des écrivains d'une capacité incontestable, tels que Herder et Heydenreich, cherchèrent à scruter les profondeurs de la divinité sous le point de vue spinosiste, et l'on fut moins étonné de ce qu'avait avancé Spinosa un siècle auparavant; de sorte que si la philosophie de Kant ne fût venue détourner l'attention de cette polémique, le ἐν καὶ πᾶν de Lessing aurait probablement exercé longtemps encore l'intelligence des penseurs allemands; Schelling, tout imprégné qu'il était de spinosisme, ne fût pas venu cacher des convictions que déguisent assez mal les expressions nouvelles dont il se sert, mais il se fût ouvertement donné pour le brillant continuateur de l'œuvre commencée à Amsterdam.

Or, j'avais à-peu-près oublié ce que j'avais appris de philosophie au séminaire d'Aix, et me trouvais, à l'égard de Spinosa, à cette hauteur d'idées où vous laisse le dictionnaire de Bayle, lorsque les œuvres de Schleiermacher me tombèrent entre les mains. Je savais déjà de quelle réputation méritée jouissait l'illustre professeur de Berlin, et combien la philologie, la philosophie et la théologie s'accordaient pour lui tresser des couronnes; mais ce que j'étais loin de soupçonner, c'était non pas seulement un jugement favorable sur Spinosa, mais encore l'éloge le plus pompeux que l'on puisse faire d'un homme pieux et savant. Les paroles dont se sert l'éloquent professeur sont trop remarquables pour ne pas les rapporter ici. 'Après avoir élevé bien haut la science, et montré que là où elle se trouvait sans la religion elle n'est que superficielle ou maladive, « si toutefois elle n'est pas une ombre vaine, » il en appelle à la mémoire de Spinosa, « *Cet homme saint et pourtant rejeté!* Lui que l'esprit universel pénétrait tout entier, pour qui l'infini était le commencement et la fin, et l'univers son unique et éternel amour! Lui qui, dans une sainte innocence et une profonde paix, aimait à se contempler dans le miroir du monde éternel où il se voyait sans doute lui-même comme son plus aimable reflet! Lui qui était plein du sentiment de la religion, parce qu'il était plein du Saint-Esprit! N'est-ce pas à cause de ces dons qu'il resta seul et inabordable, maître dans son art, élevé au-dessus du vulgaire, sans disciples et sans droit de citoyen (1)? ». Il y a là évidemment de l'exagération, et quand Schleiermacher a été appelé plus tard à s'expliquer devant les nombreux Zoïles qui se servaient de ses paroles pour lui intenter une accusation de spinosisme qui était dans leur bouche l'équivalent d'athéisme, il a pu dire avec raison qu'il ne voyait pas pourquoi on ne l'accusait pas encore de catholicisme, puisque, quelques lignes plus bas, il faisait le même éloge de Novalis dont les tendances catholiques n'étaient ignorées de personne. Ce qui voulait dire sans doute que, sans adopter le système de Spinosa, il savait être juste envers son savoir, et reconnaître la pureté de ses intentions.

Il n'en fallut pas davantage pour bannir de mon esprit les préventions qu'y avait amassées les études incomplètes de ma jeunesse; dès ce jour Schleiermacher fut le bon génie sous les auspices duquel je me

---

(1) *Ueber die Religion, Reden an die Gebildeten unter ihren Verächter.* 4ᵉ édit., Berlin, 1831, p. 48.

mis à lire, dans l'édition qu'en a donnée Paulus de Heidelberg, les œuvres philosophiques de Benoît de Spinosa. Dois-je également, par crainte de malentendu, confesser que les doctrines de Spinosa ne sont pas les miennes? on s'en apercevra facilement si l'on daigne parcourir le résultat d'un travail que l'amour seul de la vérité m'a fait entreprendre, et qu'un esprit de justice me porte aujourd'hui à livrer au public, sinon pour l'éclairer, du moins pour l'engager à plus de circonspection dans les jugemens sur les hommes. Puissé-je provoquer, chez des écrivains plus capables et qui consacrent leur vie à l'étude de ce qu'ils croient devoir faire le bonheur de leurs semblables, un examen plus détaillé et plus approfondi de la doctrine contenue dans les œuvres de Spinosa!

Dans mon *Histoire critique du Rationalisme en Allemagne*, j'avais signalé les ouvrages de l'oratorien Richard Simon comme la mine où l'exégèse allemande avait puisé à pleines mains; mais je n'étais pas remonté jusqu'à Spinosa; à plus juste titre, cependant, il doit être considéré comme le fondateur de la philosophie moderne, dont les partisans ne cachent pas leur sympathie pour le philosophe d'Amsterdam; et comme le fondateur de cette exégèse qui a porté des coups si désastreux aux bases du protestantisme, qui ne s'appuient malheureusement, comme on le sait, que sur l'authenticité et l'inspiration divine des saintes Écritures. L'histoire de Spinosa devra donc être considérée comme le complément de celle du *rationalisme* (1).

(1) Ce caractère spécial de l'ouvrage devra expliquer pour-

Sans que je m'applique à l'indiquer minutieusement, le lecteur attentif sera frappé de la parfaite concordance des principes rationalistes de Spinoza, soit avec ceux des théologiens allemands qui se sont voués à la propagation d'un naturalisme déguisé sous des formules évangéliques, soit avec les philosophes ou les théologiens, qui se sont qualifiés eux-mêmes de *spéculatifs*, et dont les investigations religieuses et philosophiques ne peuvent dépasser les enseignemens de celui qu'ils n'osent pas avouer pour leur chef.

Les œuvres de Spinoza dont il sera question, et auxquelles se rapporteront toutes mes citations, ont été publiées en 1802 par le docteur Paulus, alors professeur à Iena, aujourd'hui professeur de philosophie à Heidelberg (1); je dois dire que c'est dans la collection qu'il a faite des diverses notices biographiques sur Spinoza, composées par des disciples ou des adversaires de ce philosophe, que j'ai principalement puisé les matériaux dont j'avais besoin pour faire connaître sa vie privée. On a beau consulter d'autres ouvrages, compulser tout ce qui a été écrit pour et contre notre philosophe, toujours on reconnaît que l'on ne peut rien ajouter à ce qu'en ont écrit ses premiers biographes. Les informations même que j'ai prises sur les lieux à Amsterdam et à La Haye, ne m'ont pas été d'un

quoi, pour éviter des *répétitions*, je me permets quelquefois de renvoyer le lecteur à l'*Histoire critique du Rationalisme*.

(1) Benedicti de Spinoza Opera quæ supersunt omnia. Iterùm edenda curavit, præfationes, vitam auctoris, nec non notitias, quæ ad historiam scriptorum pertinent, addidit Henr. Eberh. Gottlob Paulus Ph. ac Th. D. hujus prof. ord. Ienensis, 2 vol., Ienæ, 1802.

grand secours. Parmi ces biographies, celle du pasteur luthérien de La Haye, Jean Colérus, a toujours été regardée comme la plus impartiale. Elle fut d'abord écrite en hollandais, et elle accompagnait un discours sur la résurrection de Jésus-Christ, résurrection que Colérus expliquait, comme on le pense bien, d'une manière autre que celle dont il combat l'allégorisme. Elle parut la même année, 1706, en France, sous le titre : *Vie de B. de Spinosa,* tirée des écrits de ce fameux philosophe et du témoignage de plusieurs personnes dignes de foi, qui l'ont connu particulièrement; c'est sur celle-ci que fut faite en 1733 une traduction en allemand accompagnée de notes moitié graves, moitié facétieuses et d'un portrait qui avait pour inscription : « Je porte sur la figure le caractère de la réprobation. » Oui, il est très vrai, dit ingénieusement Paulus, qui rapporte cette particularité, si l'on pense, je ne dirai point à l'artiste, mais au manœuvre qui a su défigurer si horriblement la figure du philosophe.

L'ouvrage de Colérus mérite, à tous égards, la considération dont il jouit. Il est impossible, en le lisant, de ne pas sentir que la bonne foi seule anime l'auteur. Tout en combattant les principes de Spinosa, tout en l'accusant comme tant d'autres d'athéisme, il ne laisse jamais échapper l'occasion de rendre justice à son caractère moral et à la noblesse de ses sentimens. Vivant dans la même ville qu'avait longtemps habitée Spinosa, il a pu recueillir sur sa manière de vivre les détails les plus authentiques, et il n'a pas manqué de les raconter avec simplicité, sans exagération, mais aussi sans réticence. Je ne comprends pas que ces preuves internes du caractère impartial de Colérus aient pu faire croire à Auerbach que Colérus doit avoir été un disciple déguisé de celui qu'il avait l'air de combattre. Oui, il est très vrai que le lecteur réfléchi trouve « que cette vie est plutôt une apologie qu'une réfutation » (1); mais c'est à cause des faits intéressans qu'elle révèle; car le ton apologétique ne s'y rencontre pas. Nous aussi, s'il plaît à Dieu, nous ne dirons rien de Spinosa et de ses enseignemens qui ne soit exact et fondé sur les témoignages les plus véridiques; mais parce que notre narration sera loin de faire détester l'homme, nous n'entendons pas moins rester en beaucoup de choses dans les limites d'une simple admiration.

(1) Voir de Auerbach, l'avant-propos de la traduction allemande qu'il publia en 5 vol. in-18 de toutes les œuvres de Spinosa, moins la grammaire sous le titre : *B. V. Spinosa's sämmtliche Werke ins Deutsche übertragen.* Cette excellente traduction est précédée aussi d'une vie de Spinosa ; mais, sauf quelques petites particularités que nous comptons mettre à profit, nous n'y avons rien trouvé qui ne soit puisé où je puise moi-même. Je puis en dire autant de l'édition de Spinosa qu'a donnée le savant bibliothécaire de Stuttgard ; elle est restée incomplète, attendu que le *Corpus philosophorum*, qui devait comprendre tous les philosophes depuis Bacon jusqu'à Kant, n'a pas de suite ; Gfrörer a également pris pour base de ses annotations, Colérus et Boulainvilliers. Mais sur quel motif se fonde la *Biographie universelle* de Michaud pour dire que le nom de Colérus est un nom de guerre ? Lucas, à qui on y attribue son œuvre, est l'auteur d'une toute autre biographie. J'ai vu avec surprise cette supposition répétée dans le *Dictionnaire de la Conversation* par un écrivain que l'on n'est pas habitué à trouver en défaut dans les graves travaux qu'il cultive avec tant de succès. L'auteur du livre *Historia Spinosismi Leenhofiani*, dont j'aurai occasion de parler, appelle Colérus *amicus noster æstimatissimus.* Il ne pouvait pas avoir un *nom de guerre* pour ami intime.

« C'est cette même biographie de Colérus qu'a prise pour base de la sienne un disciple réellement déguisé de Spinosa, un disciple de la trempe de ceux qui n'aimaient voir dans leur maître que l'ennemi des prêtres et de la religion. On la trouve dans l'écrit intitulé *Réfutation des erreurs de Benoît Spinosa*, par M. de Fénélon, archevêque de Cambrai, par le P. Lamy et par le comte de Boulainvilliers, avec la vie de Spinosa, écrite par M. Jean Colérus...., *augmentée de beaucoup de particularités tirées d'une vie manuscrite de ce philosophe*, faite par un de ses amis; Bruxelles, 1731 (1). Or, ces particularités ont été puisées dans *La vie et l'esprit de M. Benoît de Spinosa*, qui a pour auteur le médecin Lucas, dont j'ai fait mention, et qui a été réimprimée en français et en allemand; dans cette dernière langue, elle le fut seule, sans être accompagnée du prétendu *Esprit* de Spinosa. Oui, Lucas, dont le vrai nom a peût-être été Vraese, paraît avoir été un enthousiaste peu éclairé de notre philosophe; néanmoins, à l'exception de l'admiration outrée qu'il prodigue à son héros, il raconte peu de choses que l'on ne sache pas déjà par Colérus, et qui ne soient attestées par ce témoin plus calme et partant plus digne d'être cru.

L'article de Bayle sera également mis à profit; quoiqu'il soit quelquefois en contradiction avec les biographes précédens sur quelques points historiques de peu d'importance, il est facile de reconnaître quand il dit vrai sur le caractère moral de Spinosa. Nous avons

---

(1) M. le chevalier de Murk assure que Langlet de Fresnoy est l'auteur de cette singulière réfutation.

aussi consulté le livre si hostile à Spinosa, des *Trois Imposteurs*, que fit paraître un nommé Korthold de Kiel (1), et dont la préface contient des renseignemens curieux, que le fils de l'auteur, Sébastien Korthold, était allé prendre sur les lieux mêmes. C'est à ces différentes sources que nous avons recherché la vérité sur les choses que nous aurons à raconter.

Puisse-t-il être constaté, pour le lecteur, après qu'il aura lui-même examiné la valeur intrinsèque de ce travail, que les accusations d'immoralité et d'athéisme dont on s'est montré si souvent prodigue envers Spinosa, ne sauraient l'atteindre; que s'il s'éloigne avec tous les esprits éclairés et pieux des idées anthropomorphites de la foule sur la nature de Dieu, ce philosophe n'en est pas moins demeuré adorateur d'un seul Dieu, dans le sens du panthéisme spiritualiste, qui n'anéantit point la personnalité divine et qui, bien compris, n'est nullement opposé à la durée perpétuelle de l'être humain; que toute l'histoire de sa vie n'est qu'une longue protestation contre les absurdes et funestes conséquences pour la morale qu'à tort ou à raison, l'on pourrait déduire de certains principes philosophiques que notre devoir d'historien est de faire connaître, mais non d'approuver ! Puisse-t-il enfin être constaté que si les doctrines de Spinosa ne

---

(1) *De tribus impostoribus magnis liber*, Hamburg, 1700. Ce titre en rappelle un plus fameux dirigé contre Moïse, le Christ et Mahomet ; mais l'ouvrage de Korthold n'a de commun avec lui que le nom. Ses trois imposteurs à lui sont Herbert de Cherbourg, Thomas Hobbes et Benoît de Spinosa. On comprend alors combien sont précieux les témoignages honorables qu'un tel adversaire donne au caractère moral de Spinosa.

sont pas à l'abri d'une saine critique, il n'a été que la victime de son propre jugement, qui le portait à pousser jusqu'à leur extrême conséquence les principes de la philosophie cartésienne, dont ses contemporains étaient engoués; plus inconséquens que Spinosa, ils s'arrêtaient au bord de l'abîme dans lequel l'intrépide philosophe ne craignit pas de s'élancer pour en connaître toute la profondeur !

Il ne me reste plus qu'à indiquer à mes lecteurs le genre de garanties que je puis leur offrir, en leur présentant ce que je crois être la vérité sur le fond des doctrines de Spinosa, et c'est en leur faisant connaître les auteurs qui se sont occupés de ces matières, et que je me suis plu moi-même à consulter. Plusieurs d'entre eux étant généralement connus et appréciés, on ne pourra que gagner à comparer leurs écrits à ceux de Spinosa, en même temps que leur témoignage appuiera de l'autorité de leur nom, les assertions d'un historien qui ne peut que bégayer le langage de la philosophie.

BIBLIOGRAPHIE SPINOSISTE

ou

LISTES DES PRINCIPAUX OUVRAGES QUI TRAITENT SPÉCIALEMENT DE SPINOSA ET DE SA DOCTRINE.

ANDALA : — Cartesius verus Spinosismi eversor.

AUBERT DE VERSÉ : — L'impie convaincu. Amsterdam, 1683.

BAYLE : — Article Spinosa de son Dictionnaire historique et critique.

BRENDENBOURG : — Enervatio tractatus theologico-politici. Rotterdam, 1673.

JAC. BRUCHER : — Historia critica philosoph., t. IV, pars. 2.

COLERUS : — La vérité de la résurrection de Jésus-Christ défendue contre Spinosa, avec la vie de ce philosophe. La Haye, 1706.

G. S. FRANCKE : — Versuch über die neuern Schicksale des Spinosismus und seinem Einfluss auf die Philosophie überhaupt, und die Vernunft-Theologie ins besondere. Schleswig, 1808.

CH. GARVE : — Ueber das theologische System des Spinosa hinter seiner Abhandlung vom Daseyn Gottes. Breslau, 1802.

GRÜNDZUGE der Theologie des Spinosa, dans le Kritisch. Journal der Theologie, publié par Ammon, tom. I.

HERDER : — *Gott,* einige Gespräche. 2°édition, 1800.
HEYDENREICH : — Natur und Gott nach Spinosa. Leipzig, 1789.
ILNISCHEN : — Historia Spinosismi Lennhofiani. Leipzig, 1707.
JACOBI : —Ueber die Lehre des Spinosa, in Briefen an dem Herrn Moses Mendelsohn. Breslau, 1789. La publication de cet ouvrage souleva une grande discussion sur le spinosisme et en particulier fit naître plusieurs brochures de Mendelsohn, qui sont maintenant oubliées.— On a dans le *Wandsbecker Bote,* rédigé par le célèbre Claudius, deux articles fort intéressans sur cette dispute de Jacobi et de Mendelsohn; mais on trouvera la liste plus complète des ouvrages publiés à cette occasion dans l'*Allgemeine Repertorium,* publié à Jena dans le dernier siècle, depuis n° 33 jusqu'à n° 336.
JACOBI : — Prüfung der Mendelsohns Morgenstunden. Leipzig, 1786.
JARIGES : *Examen du Spinosisme,* dans les mémoires de l'Académie de Berlin, t. I et II.
J. F. KLEUKER :—Ueber die Natur und den Ursprung der Emanations-Lehre bei den Cabbalisten.
KORTHOLD : — De tribus impostoribus magnis (Herbert, Hobbes, Spinosa). Kiel, 1680.
Le père LAMI : — Le nouvel athéisme renversé. Paris, 1696.
LEVASSOR : — La véritable Religion, Paris, 1688.
MAIMON : — Ueber die Progression der Philosophie. Berlin, 1793.
MENDELSOHN : — Morgenstunden. Berlin, 1785.
MUSEUS : — Spinosismus, sive tractatus theologico-

politicus, ad veritatis lucem examinatus. Wittemberg, 1708.

OROBIO : — Certamen philosophicum adversùs Brendenbourg. Amsterdam, 1703.

REHBERG : — Abhandlung über das Wesen und die Einschränkungen der Kräfte. Leipzig, 1789.

J. REGIS : — Cartesius verus spinosismi architectus. Amsterdam, 1723.

REGNIER DE MANSVELD : — Adversùs anonymum theologico-politicum. Amsterdam, 1674.

C. ROSENKRANTZ : — De Spinosæ philosophiâ, dissertatio. Halle, 1828.

SABATIER : — Apologie de Spinosa et du spinosisme. Altona, 1806.

SCHÖNBORN und seine Zeitgenossen, 1836.

L. B. SCHLUTER : —Die Lehre des Spinosismus in ihren Hauptmomenten geprüft und dargestellt. Marburg, 1836.

SIGWART : — Der Spinosismus historisch und philosophisch erläutert. Tübingen, 1839.

SIGWART : — Ueber die Philosophie des Cartesius und Spinosa und ihre gegenseitigen. Leipzig, 1817.

STAALKOPF : — De Spinosismo post spinosam.

C. THOMAS : — Spinosæ systema philosophicum, Kœnigsberg, 1835.

J. A. VOIGTLANDER : Entwickelung des Christenthums zur Weltreligion und Staatsreligion, et Fragmente nach Spinoza. Leipzig, 1836. On a du même auteur une dissertation sur le théisme de Spinosa qu'il affirme ne pas différer du théisme chrétien, dans la *Revue Théol. Studium und Kritik*, 1841, page 53.

Wachter : Der Spinosismus in Jüdenthum, Amsterdam, 1699.

Wittich : — Anti-Spinosa, sive examen Ethices, Paris, 1690.

Wolff : — L'*Ethique* de Spinosa réfutée. Frankfort et Leipzig, 1744 (Allem.). C'est la traduction d'une partie de l'ouvrage latin de Wolf : *Theologia naturalis*.

N. B. Parmi les historiens de la philosophie qui ont le mieux exposé les doctrines de Spinosa, on doit compter au premier rang Tennemann, Bühle, Reinhold père et Reinhold fils, Rixner, Erdmann, Feuerbach et J. H. Fichte.

Nous ne pouvons terminer cette liste bibliographique sans mentionner la nouvelle traduction des œuvres de Spinosa qui vient de paraître récemment sous ce titre : *B. D. Spinosa's sämmtliche Werke aus dem lateinischen mit dem Leben Spinosa's von Berthold Auerbach.* 5 vol. in-18 (1).

(1) Se trouve à Paris, chez Jules Renouard et Cie.

HISTOIRE
DE SPINOSA.

CHAPITRE PREMIER.

Jeunesse de Spinosa.

Vers la fin du xve siècle, Isabelle et Ferdinand d'Espagne, et le roi de Portugal Emmanuel, cédant à de pernicieux conseils, bannirent de leurs états tous ceux des Israélites qui avaient refusé d'embrasser le christianisme. La grande majorité d'entre eux prit le bâton de pèlerin pour aller chercher un asile sur un sol plus hospitalier; beaucoup se réfugièrent en Orient, et l'histoire rapporte que, par une bizarrerie singulière, il en est qui trouvèrent asile et protection dans les états du pape, où la tolérance était mieux exercée que dans l'ultra-catholique Espagne. Cependant, ceux d'entre les Israélites qui par crainte ou par séduction avaient donné des gages de leur conversion au christianisme, ne tardèrent pas à être inquiétés par la sainte Inquisition, qui, ne les trouvant pas assez dévots à son gré, c'est-à-dire assez superstitieux, trouvait moyen de leur faire subir mille tortures morales, à défaut des tortures physiques qu'elle n'avait pas le droit de leur infliger. On vit alors s'accroître d'année en année le nombre de ces juifs baptisés, mais non devenus chrétiens, qui prenaient volontairement le chemin de la terre étrangère, préférant l'exil à un séjour en Espagne qu'on leur vendait si cher. Ils se fixèrent principalement à Bayonne et à Bordeaux, et s'y firent bientôt remarquer par une grande habileté dans le commerce et une probité digne d'éloges (1). La réputation commerciale qu'ils s'acquirent les fit rechercher par plusieurs puissances qui désiraient profiter de leur industrie; mais la Hollande ne s'empressa pas de les appeler. Heureuse du développement qu'elle avait donné à son commerce, fière du sceptre qu'elle paraissait tenir sur les mers, elle fit peu d'attention aux offres de services que lui faisaient ces honnêtes proscrits, tandis que la France, l'Angleterre et la Toscane n'oublièrent rien pour les attirer et les fixer dans leurs états. Il faut être juste néanmoins envers les Hollandais. A peine avaient-ils secoué eux-mêmes le joug des Espagnols que des querelles de théologie, que venait envenimer une question politique, armaient une partie de la nation contre l'autre, au point que cette république qui avait versé son sang pour la conquête de la liberté semblait vouloir se détruire elle-même. Il n'est pas surprenant que dans de telles circonstances l'arrivée d'un grand nombre de familles venant d'un pays où commandaient les oppresseurs des Provinces-Unies, pût paraître suspecte. Cette horreur pour recevoir des Espagnols, ou que l'on croyait tels, put encore s'augmenter précisément de ce qui devait la faire disparaître. Ces juifs avaient quitté l'Espagne pour cause de religion; mais comment s'assurer que ces hommes

---

(1) *Histoire des Juifs d'Occident*, par Beugnot, t. 1, p. 137.

qui avaient professé le catholicisme en Espagne n'étaient pas des instrumens que la politique espagnole envoyait à la Hollande son ennemie pour y fomenter des troubles, y exciter des divisions et préparer à la cour de Castille le recouvrement d'un pays dont les Espagnols avaient été chassés avec tant de honte? Quoi qu'il en soit, les Hollandais, qui s'étaient montrés si généreux pour les Wallons poursuivis par le sanguinaire duc d'Albe, ne tardèrent pas à revenir à des sentimens plus favorables envers les juifs portugais; et ils purent bientôt comprendre que ce n'était pas des victimes de l'inquisition espagnole qui auraient jamais tenté de rien entreprendre contre les Hollandais devenus leurs protecteurs (1).

C'est d'une famille qui avait échappé en Espagne au glaive de la persécution qu'est né à Amsterdam, le 29 novembre 1632, d'une famille juive de la communauté portugaise, le philosophe connu dans le monde savant sous le nom de Baruch de Spinosa. Quelques-uns ont assuré que ses ancêtres n'avaient pas toujours porté le signe de la circoncision, ou du moins que sa mère descendait d'une famille chrétienne, et l'on en a donné pour preuve que le nom de Spinosa était commun en Espagne. D'autres au contraire ont prétendu que ses ancêtres maternels provenaient de la race maure qui avait si longtemps possédé les belles provinces de Grenade, de Valence et de l'Andalousie; mais on ne doit voir dans toutes ces suppositions gratuites, que l'envie de quelques esprits étroits parmi les juifs ennemis de notre philosophe qui ont cru ravaler son caractère

(1) Voir Jost, *Geschichte der Juden*, t. VIII, p. 240.

en lui contestant le pur sang d'Abraham et de Jacob (1).

On sait peu de choses sur le compte des parens de Spinosa, sinon que le père se livrait au commerce et qu'il n'oublia rien pour donner à son unique fils toute l'éducation que comportait l'état de sa fortune, autant que l'état des écoles israélites de la ville d'Amsterdam. On ignore ce qu'a voulu dire Boulainvilliers, un des biographes de Spinosa, lorsqu'il avance que le père de ce dernier possédait une raison saine. Dans la bouche d'un écrivain qui ne voyait de raison saine que dans les personnes qui avaient secoué toute sorte de joug en matière de religion, on pourrait croire que cette famille appartenait à la secte sadducéenne, avec laquelle la communauté portugaise a été souvent accusée de fraterniser. Mais faute de données sûres, je me contenterai de dire que le jeune homme ne se sentant aucune disposition pour le commerce, auquel son père semblait d'abord l'avoir destiné, résolut de se livrer aux études, qui devaient le conduire à la dignité de rabbin (2). On montre encore sur le Burgival, non loin de la belle synagogue portugaise, une maison d'assez bonne apparence, que l'on dit avoir appartenu à ses

(1) Ce serait la même manœuvre qui avait été employée contre Luther, lorsqu'on a imprimé qu'il avait été conçu dans le sein de sa mère, non par un chrétien, mais « par opération du diable en figure d'un jeune homme, etc. » Bolbec, l'auteur de ces stupides gentillesses, a été réimprimé naguère dans le sud de l'Allemagne.

(2) Ad rabbinatum *ab initio* educabatur, dit Paulus, mais cet *initio* ne s'appuie pas sur des preuves. Korthold dit, au contraire : *a puero magnum in se* odium patris concitavit quod destinatus mercaturæ totum se litteris dedit.

parens. Le petit héritage qu'il avait dû partager à leur mort avec ses deux sœurs (1), et qu'il abandonna généreusement à celles-ci, prouve que, malgré la particule *de*, qui précède leur nom, sa famille ne jouissait pas d'une fortune considérable.

Le jeune Spinosa se distingua de bonne heure parmi ses condisciples dans les études qui lui étaient imposées; l'extrait d'un savant livre hébreu, publié à Amsterdam en 1680, peut donner une idée du genre d'exercice en usage dans les écoles de ce temps.

« Dans le voisinage de la synagogue, dit l'auteur, est située la maison d'école, qui a six classes. Chaque classe a son maître particulier. Dans la première les enfans apprennent à lire l'hébreu, tandis que dans la seconde on parcourt les cinq livres de Moïse et l'on commence à en apprendre des morceaux par cœur. Dans la troisième on fait des traductions de ces mêmes livres, ainsi que des commentaires de Raschi. Les livres historiques et prophétiques sont lus dans la quatrième, d'après leur ordre dans la Bible; ici un garçon doit lire à haute voix, verset par verset, et le traduire immédiatement, ce que les autres écoutent faire; on y exerce aussi la mémoire. On initie dans la cinquième les enfans à la connaissance du Talmud, partie légale (*halacha*). Maintenant on ne doit plus parler que la langue hébraïque, et l'on traduit l'*halacha* dans la langue du pays. Puis on étudie une autre partie du Talmud (*gemara*). Aux approches des fêtes et aux jours de fête eux-mêmes, on lit et l'on explique le rituel. —

---

(1) L'une de ses sœurs s'appelait Rébecca, c'était l'aînée; la cadette, nommée Mirian, fut mariée à un certain Carceris.

De là les écoliers passent à la sixième classe, que le premier rabbin préside. — Grammaire et lecture dans divers commentaires. On disserte en particulier, sur les écrits de Maïmonides et autres dogmatistes, que l'on trouve dans la riche bibliothèque (1).

On voit, par cet extrait d'un réglement d'école, combien l'éducation des jeunes Israélites était essentiellement et même exclusivement religieuse; on comprend comment il se fait qu'ils soient souvent attachés jusqu'au fanatisme, je ne dis pas à ce qui constitue l'essentiel de leur loi, mais à une multitude de rites sans importance qu'ils ont appris à vénérer de bonne heure à l'égal de la loi; le Talmud, et autres commentaires de ce genre qui renferment bon nombre de niaises recommandations, sont les seuls livres qu'ils aient appris à feuilleter. Mais on comprend aussi que, si de telles études bien dirigées et présentées par conséquent sous des formes non rebutantes, étaient capables de former des membres fidèles à la synagogue, des leçons fastidieusement données sur un sujet aussi ingrat que le Talmud pouvaient avoir un résultat bien différent. Si l'on peut assurer d'une manière générale que les hommes sont à-peu-près ce qu'on a voulu les faire dans leur jeunesse, les exemples du contraire sont pourtant assez nombreux. Certes, quand Diderot, l'abbé Raynal et Voltaire furent façonnés au joug d'une éducation jésuitique, on ne se doutait pas qu'ils seraient un jour les ennemis déclarés de tout sacerdoce; mais s'ils ont ainsi dépassé toute ligne de modération, ne pourrait-on

(1) Auerbach, *Spinosa's Sämmtliche Werke*, t. I.

pas en accuser les formes étroites sous lesquelles on leur présenta les vérités religieuses, ainsi que les moyens stupides dont on se servait pour les inculquer dans leur âme fière et généreuse ?

Pour en revenir au jeune Spinosa, malgré les progrès incontestables qu'on lui voyait faire dans les connaissances bibliques, un esprit d'opposition se manifestait déjà en lui, qui pouvait faire présager celle qu'il ferait éclater plus tard. Mais il y aura pourtant cette différence entre Spinosa, à l'égard du judaïsme et les chefs du philosophisme du xviiie siècle, que ces derniers ont condamné l'arbre à être coupé et mis au feu, lorsqu'il ne fallait que le mieux cultiver et en détacher les rameaux inutiles; tandis que Spinosa cherchera dans son opposition à se tenir à une égale distance de la superstition et de l'incrédulité.

Soit donc que l'ignorance de ses professeurs n'ait pas toujours su, par des explications sensées, résoudre les nombreuses difficultés qui surgissaient dans l'esprit du jeune enfant, à la lecture de la Bible ou du Talmud, soit que cette lecture elle-même lui fût devenue insipide par sa trop grande répétition, il se fit un plan de résistance dont peu de jeunes têtes eussent été capables.

« Il n'avait pas quinze ans, dit un de ses biographes, qu'il proposait des difficultés que les plus habiles d'entre les juifs avaient de la peine à résoudre; et quoiqu'une jeunesse si grande ne soit guère l'âge du discernement, il en avait assez pour s'apercevoir que ses doutes embarrassaient le maître; mais de peur de l'irriter, il feignait d'être fort satisfait de ses réponses,

se contentant de les écrire en temps et lieu. (1) »
« Ce n'est jamais impunément que dans les classes un jeune homme ose l'emporter sur ses camarades dans l'estime de ses maîtres ; et c'est bien pis encore si le jeune homme a laissé échapper involontairement quelques traits qui révèlent à ses maîtres son incontestable supériorité sur eux tous, il ne tardera pas à subir la peine de ces deux méfaits.

« Le jeune Spinosa l'éprouvait déjà lorsqu'au lieu de trouver des amis dans ses camarades, il ne rencontrait en eux que de froids admirateurs ; l'envie leur faisait déjà sentir son aiguillon, et devint peu de temps après le prélude de tout ce que l'intéressant jeune homme devait endurer de la part de ses coreligionnaires.

(1) Dans la vie qui précède la prétendue réfutation de Spinosa par Fénélon, etc., et que désormais, à l'exemple de Paulus et de Gfrörer, je désignerai par le nom de Boulainvilliers.

CHAPITRE II.

Premiers démêlés de Spinosa avec ses maîtres en religion.

Il paraît que le jeune Spinosa avait passé par les six classes dont se composait l'école israélite d'Amsterdam; mais qu'il continuait, sous la conduite du principal rabbin de la synagogue, l'étude des commentateurs de la loi. Morteira, c'était le nom du rabbin, voyait avec plaisir les succès de son élève, mais n'était pas sans inquiétude sur l'usage qu'il pourrait faire un jour de ses talens. Instruit lui-même autant que tout autre docteur en Israël, les préjugés de ceux de sa nation ne l'avaient pas empêché de reconnaître qu'il y avait d'autres sources de lumières que le Talmud et ses obscurs scoliastes; tout fait présumer qu'il eût volontiers transigé avec son élève sur bien des difficultés que celui-ci lui opposait, s'il n'avait pas rencontré en lui des exigences auxquelles il ne pouvait céder sans renoncer à sa dignité de chef de synagogue. Le traité sur *l'immortalité de l'âme* qu'on a de lui et où il fait usage de la dialectique pour établir cette grande vérité sur des bases rationnelles, les sermons qu'il a fait imprimer, son ouvrage apologétique du judaïsme, décèlent un esprit cultivé (1); et puisqu'un rabbin devait présider au développement des facultés du jeune

(1) Auerbach prétend que Carpzow en a traduit plusieurs en latin.

Spinosa, le ciel l'avait favorisé en lui accordant un maître qui pouvait lui faciliter et lui rendre même attrayante une étude aussi aride par elle-même que celle du rabbinat. Morteira, en effet, dans l'école spéciale qu'il avait fondée indépendamment de la sixième classe de l'école publique qu'il dirigeait, prenait plaisir à suivre les progrès de son élève, mais en même temps il ne pouvait comprendre qu'il fût si modeste avec tant de pénétration. C'est que le jeune homme, sans user précisément de dissimulation, n'avait pas laissé de comprendre que, pour être un homme instruit, Morteira n'en était pas moins obligé par la nature de ses fonctions à s'imposer des limites dans ses recherches, et il s'était pourtant promis à lui-même d'arriver, par de constans efforts, « au-delà des nuages derrière lesquels on lui avait dit que la vérité était cachée (1). »

Quelque précaution que prît le jeune homme pour ne pas révéler les sentimens qui le préoccupaient depuis longtemps sur certains points de la croyance qui lui avait été enseignée, des jeunes gens de son âge se disant ses amis, mais qu'une basse envie attirait en foule auprès de lui pour le surprendre dans ses discours, firent par leurs propos accusateurs connaître au public les dissentimens qui existaient entre le maître et le disciple. Voici comment le raconte le même biographe : « Deux jeunes hommes qui se disaient les amis particuliers de Spinosa le conjurèrent de leur dire ses véritables sentimens; ils lui représentèrent que, quels qu'ils fussent, il n'avait rien à craindre de leur part, leur curiosité n'ayant pour but que d'éclaircir leurs

_____
(1) Boulainvilliers, page 3 et suiv.

propres doutes. Etonné d'un discours si inattendu, Spinosa fut quelque temps sans leur répondre ; mais se voyant pressé, il leur dit en riant qu'ils avaient Moïse et les prophètes (1), qui étaient de vrais Israélites, et qu'ils avaient décidé de tout ; qu'ils les suivissent sans scrupule, s'ils étaient véritablement Israélites. « A les en croire, repartit un de ces jeunes hommes, je ne vois point qu'il y ait d'êtres immatériels : Dieu n'a pas de corps, l'âme n'est point immortelle, les anges ne sont pas des substances réelles. Que vous en semble, continua-t-il en s'adressant à Spinosa? Dieu a-t-il un corps? y a-t-il des anges? l'âme est-elle immortelle?—J'avoue dit Spinosa, que ne trouvant rien d'immatériel ni d'incorporel dans la Bible, il n'y a nul inconvénient à croire que Dieu fait un corps, d'autant plus que Dieu étant grand, comme l'exprime le prophète (psaume 45, 2), il est impossible de comprendre une grandeur sans étendue et par conséquent qui ne soit un corps (2). »

On voit déjà poindre dans cette réponse du jeune Spinosa quelque chose du système qui, plus tard, le fera accuser d'athéisme ; mais est-on bien sûr que ces interlocuteurs aient exactement rapporté ses paroles? Quoi qu'il en soit, ce système de l'unité de substance dans le monde fermente dans la tête du jeune philosophe, il la mûrira en avançant en âge, et l'on peut être sûr qu'il lui enlèvera tout ce qui pourrait le faire ressembler au matérialisme.

(1) Est-ce que le jeune Spinosa ne fait pas ici allusion à quelques paroles de Jésus dans la parabole de Lazare et du mauvais riche?

(2) Boulainvilliers.

...C'est à-peu-près dans le même sens que Spinosa s'expliqua sur la réalité des intelligences célestes auxquelles la Bible donne le nom d'anges ou envoyés de Dieu, et, suivant le même récit, il se serait également prononcé contre l'immortalité de l'âme humaine. Mais cette explication lui porta préjudice; ses prétendus amis en prirent occasion pour le décrier et le proclamer le futur destructeur de la synagogue, lui que l'on croyait généralement pouvoir en devenir le plus ferme soutien. On ajoutait que ce jeune disciple de Morteira n'avait que haine et que mépris pour la loi de Moïse, et qu'un fidèle Israélite ne pouvait le fréquenter sans se rendre complice de son impiété.

Ces bruits furent d'abord semés sourdement, comme il arrive toujours lorsque ce n'est pas l'intérêt de la vérité qui anime les dénonciateurs, mais une vile passion; quand ils eurent pris une certaine consistance, le zèle hypocrite de ces jeunes gens les poussa à faire aux juges de la synagogue leur rapport sur tout ce qu'ils avaient entendu sortir de la bouche impie de Spinosa, ou plutôt sur ce qu'était parvenue à lui arracher leur infernale provocation. Le voilà donc, à un âge encore tendre, sous le poids d'une accusation grave en matière de religion, lui sur qui la synagogue semblait fonder les plus belles espérances. Cependant on ne viola pas à l'égard de l'accusé les règles d'une stricte justice; avant de le condamner définitivement et de le retrancher de la société juive par une sentence solennelle, c'est-à-dire avant de l'excommunier, on voulut lui laisser le temps de la réflexion, dans l'espoir qu'il pourrait encore venir à résipiscence. On comptait aussi sur l'influence de Morteira, qui employa en effet tout ce que des paroles d'amitié ou d'autorité peuvent sur le cœur d'un disciple ; mais le jeune Spinosa montra dans cette circonstance l'inflexibilité de caractère qu'on lui a toujours reconnue dans la suite, et qui s'alliait en lui à la plus rare modestie.

Spinosa se tint donc pour averti, et quoiqu'il fût résolu de subir toutes les conséquences de la position qu'allait lui créer sa résistance à ses supérieurs, il crut néanmoins que, pour éviter le scandale qui se préparait, il ferait mieux de s'éloigner insensiblement et sans bruit de la synagogue. Ce parti était sage ; c'était le seul que commandait le bon sens et par conséquent le seul qui dût être approuvé de ses adversaires, si dans ces sortes de contestation on avait soin de consulter les simples règles du droit naturel, si l'on faisait taire l'esprit de parti ; si l'on ne donnait pas à la passion le soin de la défense. Tant que le jeune Spinosa eût fréquenté les cours de ses maîtres, ou tant que les ayant délaissés il eût fait régulièrement acte de présence dans les assemblées religieuses de ses coreligionnaires, il eût été passible des peines que les réglemens de la communauté infligeaient à ceux qui les transgressaient. Mais ne sympathisant plus avec la croyance judaïque, se trouvant dans un dissentiment énorme avec les docteurs légalement institués, il était logique qu'il abandonnât de fait une société avec laquelle il ne se trouvait plus uni par les liens de la foi. Une telle démarche devait blesser profondément la communauté juive comme société religieuse, persuadée de la bonté de ses croyances ; mais, d'un autre côté, par sa désertion volontaire, le jeune homme, rendait inutiles tous les moyens d'intimidation qu'on préparait contre lui, et surtout l'emploi de l'excommunication, moyen extrême et qui devient sans objet s'il est employé contre une personne qui ne partage plus vos croyances.

C'est lors de cette retraite volontaire que les politiques de la synagogue entamèrent avec le jeune homme des négociations qui accusent fortement leur pharisaïsme. Il ne s'agissait rien moins que de lui proposer une pension annuelle, qui lui serait payée régulièrement s'il promettait de ne point faire d'éclat, et s'il consentait à fréquenter de *loin en loin* leurs assemblées religieuses.

Tous ses biographes rapportent qu'il rejeta avec un vif sentiment d'indignation des propositions aussi étranges. Ainsi, les partis en viennent à ce point qu'ils font beaucoup plus de cas d'un hypocrite hantant leurs assemblées, que d'un loyal adversaire qui, tout en marchant dans sa liberté, ne s'avise jamais de manquer aux convenances que l'on se doit toujours. Dans quel excès de bassesse peuvent donc tomber les hommes de parti quand la bonne foi ne les anime plus ! Quand donc les hommes de tous les cultes, de toutes les opinions voudront-ils comprendre qu'à la vérité seule appartient de dominer les intelligences, et que quand on se croit en possession de la vérité, on ne doit pas craindre de s'en voir dépouiller par un ou plusieurs hommes, quelque vaste que soit leur science, quelque grande que soit l'autorité de leur nom ? Oui, quand on aura foi en la puissance de la vérité, les hommes ne laisseront pas de se combattre, mais ils le feront avec plus de courtoisie ; ils n'imposeront plus d'ignobles entraves à la liberté de discussion; ils ne s'aviliront plus, comme le firent les négociateurs de la synagogue d'Amsterdam, jusqu'à vouloir tolérer l'hypocrisie, dans la crainte de voir un agresseur de ce qu'ils croient être la vérité, l'emporter sur eux dans le jugement des autres.

Il paraît que la synagogue portugaise d'Amsterdam n'en était pas encore à cette hauteur de vues, puisque, peu de temps après son refus, Spinosa, un soir qu'il était allé de son plein gré à la vieille synagogue, fut attaqué, en sortant, par un juif qu'il ne connaissait pas et qui voulut l'assassiner. Bayle assure que c'était en sortant de la comédie, et que le coup porta à la figure; mais Colérus déclare que l'hôte chez lequel demeurait Spinosa, à La Haye, lui avait plusieurs fois entendu raconter l'événement comme nous venons de le rapporter. Le but n'ayant pas été atteint, s'il est vrai toutefois que l'assassin ait eu des instigateurs, le collége des rabbins s'imagina à tort que la majesté de la religion serait outragée si l'on ne poursuivait pas d'une foudre vengeresse l'audacieux qui s'était soustrait à son autorité. Il y avait évidemment dans ce renouvellement de persécution abus criant d'autorité. Ce que la synagogue avait le droit de faire, tant que le jeune Spinosa n'avait pas formellement renoncé à en faire partie, elle ne le pouvait plus depuis qu'il avait rompu avec le judaïsme. Les simples règles de la prudence la plus commune eussent dû empêcher l'application d'une discipline qui ne faisait plus que trahir le dépit et la malveillance de ceux qui en faisaient usage. Mais le dépit l'emportant sur les considérations de prudence et de raison, l'excommunication la plus terrible fut lancée contre Spinosa avec toute la solennité possible, avec les circonstances les plus propres à faire impression sur ceux qui auraient été tentés de suivre un tel exemple (1).

Certes, un esprit calme et impartial ne pourra s'empêcher de blâmer certains passages des écrits de Spinosa, qui portent l'empreinte d'une vive amertume, et où il semble confondre dans une condamnation commune les prêtres de toutes les religions. Mais si l'on remarque que les prêtres juifs semblaient avoir à tâche d'irriter son caractère par des malédictions impuissantes, et qu'ensuite beaucoup d'ecclésiastiques chrétiens, de toutes les communions, unirent leurs anathèmes à ceux des rabbins, quand ils eurent lu son *Traité théologico-politique,* on comprend mieux, sans l'excuser, combien cette multiplicité d'avanies avait pu l'induire et le maintenir dans l'erreur.

Spinosa eut, dit-on, la faiblesse de protester contre cette excommunication dont il signalait l'irrégularité et l'injustice; mais ne semblait-il pas reconnaître par là une autorité dont pourtant il avait depuis quelques années secoué le joug? Bayle prétend qu'il la rédigea en espagnol et qu'on en retrouve la substance dans un chapitre du *Traité politique*. On pourrait citer, en effet, plusieurs endroits de ce traité où il conteste

---

(1) Contre le témoignage de Colérus, Boulainvilliers prétend que la formule d'excommunication fut prononcée par Morteira lui-même, qui avait changé son amitié en haine. On peut voir dans Selden cette formule de la plus terrible excommunication que les Juifs nommaient Schammata. *De jure naturæ et gentium,* liv. IV, chap. VII.

à une église quelconque le droit d'excommunication;
mais Spinosa y confond toujours le droit avec le fait.
Tant que l'état reconnaîtra dans son sein une société
religieuse qui se gouverne elle-même, il serait absurde
de lui enlever tout droit disciplinaire sur les membres
qui la composent; l'excommunication est une de ces
lois dont la critique peut bien attaquer les formes ou
l'application injuste, mais dont elle ne saurait méconnaître l'importance, une fois la question posée
d'une église et de membres qui voudraient vivre dans
son sein, pour mieux fouler aux pieds les réglemens
qui la font subsister.

CHAPITRE III.

Premières études scientifiques de Spinosa et ses travaux manuels.

Il est intéressant de voir un jeune homme de vingt ans qui, mu par d'autres mobiles que ceux de la légèreté et de l'inconstance, ne recule pas devant une démarche qui va, non-seulement lui aliéner bien des cœurs, mais encore remettre en question son avenir. Certes, à un âge où une exquise sensibilité est ordinairement le partage de ceux que des passions précoces n'ont pas flétris, il aurait pu être arrêté dans ses desseins par la crainte de déplaire à ses vieux parens, et par l'abandon dans lequel il ne manquerait pas de se trouver. Tant de personnes avaient fondé sur lui de belles espérances qu'elles durent ne rien négliger pour l'amener à une réconciliation avec ses chefs. Avec des conditions aussi fermes que les siennes Spinosa ne pouvait être ébranlé ; son cœur dut être en proie à de vives alarmes, mais son âme, que le sentiment du devoir remplissait tout entière, sut triompher de sa propre sensibilité. Il est vrai que d'autres amis se présentèrent, qui s'efforçaient d'adoucir ce qu'il y avait d'amer dans sa position ; mais les nouveaux amis qu'il acquerrait ne pouvaient avoir toutes ses sympathies ; et peut-on goûter les douceurs de l'amitié dans la fréquentation de ceux avec lesquels on n'est pas uni de pensées ou de sentimens? Son éloignement du judaïsme n'ayant pas été provoqué par son amour pour le christianisme, il ne rencontra d'abord des amis chrétiens que chez ceux qui faisaient à leur religion la même opposition qu'il faisait à la sienne. Dans cette communauté de négations, il pouvait bien se trouver, et il se trouve en effet, certains points de ralliement qui lui rendaient chère la société de Meyer, par exemple, de Van den Ende et de quelques autres personnages qui, successivement, s'attachèrent à lui et se déclarèrent ses disciples. Mais, comme on le verra plus tard, Spinosa avait le sentiment moral et religieux trop exalté pour trouver les délices de l'amitié chez des hommes qui n'admiraient en lui que le destructeur des vieilles idoles. Et puis, dussent-ils, comme Simon de Vries, lui donner des preuves non équivoques d'un entier dévoûment, pouvaient-ils sérieusement remplacer dans son cœur l'affection des auteurs de ses jours, celle de ses sœurs et de tous ceux de ses anciens amis qui ne voulaient plus entendre parler de lui? Il est difficile sans doute de se faire une juste idée de toutes les luttes douloureuses dont il eût à triompher, lorsque sa foi n'étant plus israélite dans le sens reçu parmi ses coreligionnaires, il voulut mettre de l'harmonie dans sa conduite. Pour peu qu'on le comprenne, on aura, en même temps, la plus haute idée du caractère qui a su vaincre tant de contrariétés.

Cependant les nouveaux amis de Spinosa lui donnèrent quelques sages avis, persuadés que toute sa science biblique et cabalistique lui serait d'une faible utilité dans la république des lettres où il désirait se faire agréger; ils lui conseillèrent de se fortifier dans les langues grecque et latine dont il ne connaissait encore que les premiers élémens, et sans lesquelles néan-

2.

moins il ne pourrait se livrer, selon ses désirs, à l'étude de la physique et de la philosophie. Je ne sache pas qu'il ait fait des progrès dans la langue grecque; Bayle assure le contraire; mais tous ses ouvrages écrits en latin attestent que la langue de Cicéron lui devint bientôt familière (1). Il accueillit d'autant plus volontiers ce conseil de l'amitié que Van den Ende, l'un de ses amis, quoique médecin de son état, avait une école dans sa maison et qu'il consentit à l'y recevoir à la seule condition pour Spinosa de l'aider quelque peu dans son emploi pédagogique. Kosthold ajoute, que c'est moins à Van den Ende qu'à sa fille à qui l'honneur revient d'avoir enseigné le latin à Spinosa (2). Cependant Colérus ne fait pas mention de cette circonstance, quoiqu'il se plaise à raconter que la fréquentation de cette jeune personne, plus distinguée par la culture de son esprit que par les agrémens de sa figure, fit impression sur le cœur novice de Spinosa et que les assiduités de Kerkering accompagnées d'un riche présent, l'emportèrent auprès de la jeune institutrice sur la candide simplicité du jeune savant. Il paraît que cette étincelle d'amour qui s'était montrée un moment dans son cœur s'éteignit avec les circonstances qui l'avaient fait surgir pour ne plus jamais renaître. Qui pourrait dire tout ce qu'une femme vraiment pieuse et éclairée aurait pu faire subir de modifications à son système

---

(1) Il est juste de dire que, outre l'hébreu, il savait parfaitement plusieurs langues vivantes, comme le hollandais, l'allemand, le portugais, l'espagnol et le latin.

(2) Latinum sermonem ductu et auspiciis virginis doctæ arripuit unâ cum D. Kerch..... ** (Kerkering) Hamburg. Cui discipulo posteà magistra nupsit.

religieux? son intelligence et sa raison se fussent probablement imprégnées d'une plus forte individualité, à l'aspect d'une famille dont il eût été le père, et sa solide raison eût dans certaines occasions cédé à l'empire du sentiment. Dès-lors son panthéisme se fût trouvé moins raide, et sa vie en Dieu plus conforme à ce qu'ont éprouvé les âmes pieuses de tous les temps. Il est constant que l'amour de l'étude a, depuis cette époque, dominé tous ses autres sentimens, et la solitude dans laquelle il voulut vivre a sans doute contribué à imprimer à toutes ses doctrines une raideur qu'une connaissance plus intime de la société des hommes lui aurait fait éviter.

Il ne faut pas croire néanmoins que, séparé de fait de la société juive, Spinosa eût rejeté toutes les maximes de sagesse qu'il avait pu y puiser. Il aimait particulièrement celles qui conseillent à l'homme le travail manuel. Il se fortifia d'autant plus dans la pratique de ces maximes qu'il ne voyait pas comment le grec et le latin pourvoiraient à sa subsistance. « La loi et les anciens docteurs juifs, dit Colérus, marquent expressément qu'il ne suffit pas d'être savant, mais qu'on doit encore s'exercer dans quelque art mécanique, ou profession, pour s'en pouvoir aider à tout événement et y gagner de quoi subsister. C'est ce que dit positivement Raban Gamaliel dans le traité du Talmud, *Pirke Aboth*, chap. 2, où il enseigne que l'étude de la loi est quelque chose de bien désirable, lorsqu'on y joint une profession ou quelque art mécanique : car, dit-il, l'application continuelle à ces deux exercices fait qu'on n'en a point pour faire le mal, et qu'on l'oublie; tout savant qui ne s'est pas soucié d'apprendre quelque profession, devient à la fin un homme dissipé et déréglé en ses mœurs. Et le rabbin Jéhuda ajoute, que tout homme qui ne fait pas apprendre un métier à ses enfans fait la même chose que s'il les instruisait à devenir voleurs de grand chemin (1).

Il faut avouer que ces maximes talmudiques sur le travail sont exprimées avec une effrayante rigidité; mais l'idée de joindre une profession à l'étude des sciences n'en est pas moins très raisonnable et très sage. Il est peu d'hommes parmi ceux qui parcourent la carrière des sciences qui n'aient senti plusieurs fois dans leur vie le besoin de s'occuper de travaux manuels, ne fût-ce que comme moyen de délassement; heureux sont ceux qui ont pu dire comme un apôtre chrétien qui avait pourtant droit à un salaire : Quand j'étais au milieu de vous je n'ai été à charge à personne! Spinosa voulant donc mettre à profit les sages maximes de ses pères sur le travail, apprit avec le dessin l'art de polir les verres d'optique qu'il porta à une rare perfection. Voici quelques lignes d'une lettre de Leibnitz, bien propres à confirmer ce témoignage de ses biographes : « Parmi les choses honorables que la renommée m'a apprises sur votre compte, je vois avec intérêt que vous êtes encore un habile opticien; » et le grand philosophe de l'Allemagne le consulte ensuite sur une notice qu'il lui envoie. N'est-ce pas dommage qu'une correspondance entre ces deux fortes têtes, Leibnitz et Spinosa, se soit arrêtée à cette première lettre? Mais Leibnitz, profondément religieux comme le sont tous

(1) Colérus.

ceux qui savent mener de front toutes les sciences, n'était pas exempt de certaines faiblesses, et la crainte de passer aux yeux du monde savant pour un homme qui avait des relations avec celui que la voix publique désignait déjà comme un athée, peut l'avoir empêché de lier avec le philosophe d'Amsterdam des relations plus étroites. Il déclare cependant dans un de ses écrits que, visitant la Hollande, il ne manqua pas de voir Spinosa. Comment se fait-il qu'après l'avoir entendu discourir lui-même il ait persisté à son égard dans les préventions qui le dominaient (1)? C'est probablement lorsqu'il était ainsi partagé entre ses travaux manuels et ses études philologiques qu'eut lieu cette tentative d'assassinat, dont j'ai parlé, et qui le dégoûta totalement du séjour d'une ville où il ne se trouvait plus en sûreté. On ne peut guère accorder de confiance à ceux qui nous racontent que les magistrats d'Amsterdam, harcelés par les sugges-

---

(1) Le talent de polir les verres d'optiques est confirmé en ces termes par Horthold : « Vitris poliendis, mentem recreavit, qualia visu non indigna cum picturis quibusdam ab eádem manu profectis ejus hospes coram monstrabat. » D'où l'on voit que le dessin avait été également cultivé par cet homme remarquable, et l'on ne conçoit pas comment, après ce témoignage auquel se joint celui de Colérus, personne en Hollande n'ait jamais pu découvrir le cahier de portraits dessinés par le philosophe, et que son hôte se plaisait à montrer aux curieux. Spinosa avait inventé une nouvelle espèce de verres d'optique, à laquelle il donna le nom de *pandoche*. Il en parle dans une lettre adressée à Leibnitz, le 9 novembre 1671, lettre qu'a publiée M. de Murr dans l'ouvrage intitulé : *B. de Spinosa annotationes ad tractatum theologico-politicum ex autographo cum imagine et chirographo philosophi.* La Haye (Nuremberg), 1802, in-4°.

tions des rabbins, et même de quelques pasteurs protestans aigris par des préventions contre le philosophe, le forcèrent à quitter la ville. Un tel acte d'arbitraire ne pourrait pas se concilier avec la liberté républicaine dont Spinosa ne pouvait être dépouillé en sa qualité de citoyen d'Amsterdam; il est bien plus naturel de supposer que le grand nombre de désagrémens qu'il avait essuyés venaient en aide à son amour instinctif pour la solitude, et la lui firent rechercher. Il s'y sentait d'autant plus porté, qu'à ses études philologiques il avait joint, depuis quelques années, celles de la théologie, de la physique et de la philosophie. Il comprenait que pour faire des progrès réels dans ces branches si importantes de la science, il fallait beaucoup de recueillement, et que si l'on voulait ne pas changer de maître il fallait, autant que possible, se préserver de la trop grande fréquentation de certains amis, dont le contact peut avoir, même à notre insu, tant d'influence sur nos idées. Voilà ce qui le détermina, en 1660, à aller habiter successivement plusieurs villages aux environs d'Amsterdam, de Leyde et de La Haye, jusqu'à ce qu'enfin, cédant aux sollicitations des nombreux amis que la publication de son premier ouvrage lui avait gagnés dans cette dernière ville, il la choisit définitivement pour lieu de son séjour. Il était dans sa vingt-huitième année lorsqu'il fit ses adieux à sa ville natale.

Quoiqu'on ne puisse guère assigner une date fixe aux études philosophiques de Spinosa, attendu qu'il a pu les commencer à Amsterdam, lorsque Van den Ende et le docteur Meyer cherchaient à l'encourager dans sa résolution de quitter le judaïsme, on pense néanmoins que c'est à Rhynsbourg, près de Leyde, où un jeune homme vint lui demander l'explication des principes philosophiques de Descartes, qu'il consacra entièrement à cette étude le temps qu'il n'était pas obligé de donner à sa profession. Auerbach présume que ce jeune homme n'était autre que Simon de Vries, dont il sera encore parlé dans le cours de cette histoire, et qui lui a toujours montré un si tendre attachement. Il est possible que ce soit aussi dans cette petite ville qu'il apprit à connaître cet homme distingué, dont la correspondance avec Spinosa jette tant de jour sur plusieurs points de sa philosophie; je veux parler d'Oldenbourg, ministre résidant de la Basse-Saxe, à Londres, et qui s'était plu, lors de son passage en Hollande pour se rendre en Angleterre, à lier connaissance avec le solitaire de Rhynsbourg, et à s'entretenir avec lui de la philosophie cartésienne alors en vogue.

Les auteurs de la préface qui précède l'*Ethique,* Jarrig Jelles et Louis Meyer (1), ne s'expriment pas d'une manière claire sur la nature des études philosophiques de leur ami. Ils se contentent de dire « que les écrits philosophiques de Descartes lui furent d'un grand secours pour nourrir en lui l'amour de la philosophie, et que c'est afin de pouvoir se livrer davantage à ses réflexions qu'il alla demeurer d'abord à Rhynsbourg, ensuite à Voorburg, enfin à La Haye. »

« C'est à Rhynsbourg, dit aussi Lucas, qu'éloigné

(1) Le premier l'avait composée, et le second l'avait traduite en latin.

de tous les obstacles qu'il ne pouvait vaincre que par la fuite, il s'adonna entièrement à la philosophie. Comme il y avait peu d'auteurs qui fussent de son goût, il eut recours à ses propres méditations, résolu d'éprouver jusqu'où elles pourraient s'étendre : en quoi il a donné une si haute idée de la grandeur de son génie qu'il y a peu de personnes qui aient pénétré si avant que lui dans les matières qu'il a traitées. Il fut peu dans cette retraite, parce que malgré les précautions qu'il prenait pour éviter tout commerce avec ses amis, on ne laissait pas de l'y aller voir de temps en temps, et jamais on ne le quittait qu'avec peine.

« La plupart de ses amis, qui étaient cartésiens, lui proposaient des difficultés qu'ils prétendaient ne se pouvoir résoudre que par les principes de leur maître. Spinosa les désabusa d'une erreur où ils étaient alors, et les satisfit par des raisons tout opposées. Mais jusqu'où ne va point la force des préjugés ! Ces amis retournés chez eux manquèrent à se faire assommer, en publiant que M. Descartes n'était pas le seul philosophe qui méritât d'être suivi. La plupart des ministres réformés, préoccupés alors de la doctrine de ce grand homme, et jaloux du droit que croient avoir ces sortes de gens de se prétendre infaillibles dans leur choix, crièrent contre un bruit qui les offensait, et n'oublièrent rien de ce qu'ils purent pour l'éteindre dans sa source. Mais, quoi qu'ils fissent, le mal croissait; de sorte qu'on était sur le point de voir une guerre civile dans l'empire des lettres, lorsqu'il fut arrêté qu'on prierait notre philosophe de s'expliquer ouvertement à l'égard de M. Descartes. Spinosa, qui ne demandait que la paix, donna volontiers à ce travail quelques heures de son loisir, et fit imprimer, l'an 1664, son *Abrégé des Méditations de M. Descartes.* »

Ainsi le résultat de ses études particulières, l'obligation qu'il avait contractée de faire connaître Descartes à un jeune disciple, ainsi que les explications qui lui étaient demandées sur les principes de la philosophie, furent les causes diverses de la publication de sa première œuvre philosophique (1). Spinosa le raconte lui-même à son ami Oldenbourg, en y ajoutant cette circonstance dont ses adversaires ont tant fait de bruit, savoir : qu'il avait dicté le traité à son jeune disciple, parce qu'il ne voulait pas encore lui révéler entièrement ses propres opinions (2). De là Bayle et ses dignes échos conclurent « qu'il ne parlait pas suivant sa persuasion, » et par conséquent qu'il usait de dissimulation et d'hypocrisie (3).

Les amis de Spinosa ont parfaitement expliqué sa pensée, lorsqu'ils disent dans la préface de cet ouvrage : «. *Comme il avait promis* d'instruire son disciple dans la philosophie de Descartes, il devait religieusement tenir sa promesse, en ne lui dictant rien qui l'éloignât des principes de Descartes. » Cependant il ne s'en tenait pas si scrupuleusement à son guide qu'il ne lui

---

(1) Elle avait pour titre : *Renati Descartes principiorum.*

(2) .... Quam ego cuidam juveni quem meis opiniones apertè docere nolebam, antehac dictaveram. *Epist.*, x.

(3) La note qui accompagne l'accusation de Bayle en modifie singulièrement le sens; mais Nicéron, qui *veut* la copier, la dénature tout-à-fait lorsqu'il dit « qu'il est bon de savoir qu'il n'y parle point *suivant sa pensée.* »

arrivât pas quelquefois d'en montrer les inconséquences ou les pauvretés, principalement en ce qui concerte la volonté humaine (1). Loin donc de conclure quelque chose de fâcheux de ces paroles du maître et des disciples, on ne peut, au contraire, s'empêcher d'admirer la délicatesse d'un homme qui enseigne une philosophie qui est en opposition avec la sienne, *parce qu'on l'a prié expressément d'enseigner celle-là plutôt qu'une autre.*

C'est cette fidélité à reproduire les pensées de Descartes qui a fait dire à ses adversaires, que si Spinosa n'avait écrit que cet ouvrage, on n'eût jamais accusé l'orthodoxie de ses opinions religieuses. « S'il en fût demeuré là, dit naïvement Colérus, le malheureux homme aurait encore la réputation qu'il eût méritée de philosophe sage et éclairé. »

La vérité est que Spinosa, tout pénétré qu'il était déjà de ses propres pensées philosophiques, corrige et arrange à sa façon; et sans s'en douter lui-même, les principes de Descartes. Pour le lecteur attentif, la dualité du philosophe français vient insensiblement, et de conséquence en conséquence, se transformer en cette grande unité qui fait l'âme de tout le système du philosophe d'Amsterdam. (2)

(1) Voir principalement: *Schol.*, prop. 13, part. 1, principiorum, et cap. 12, part. 2, appendic.

(2) La lettre xxxi⁰ fait voir que tous les lecteurs ne s'y étaient pas mépris, puisque Blyenbergh lui-même demande les mêmes explications que l'on demandera plus tard à son *Éthique*, et Spinosa, dans sa réponse, tient ici le même langage qu'on lui verra tenir lorsqu'on se sera avisé de trouver de l'athéisme dans ses œuvres posthumes.

Il s'ensuit que Bayle émet une grande adsurdité, lorsque, citant l'adage : *Nemo repente pessimus,* il déclare « que Spinosa ne tomba *qu'insensiblement* dans l'athéisme. » A en juger par l'ordre et la netteté des matières qu'il traite dans son *Ethique,* celui de ses ouvrages le plus fortement incriminé, et qui semblé avoir été produit d'un seul jet, ainsi que les citations qu'il en fait dans ses lettres longtemps avant l'apparition de son livre, si Spinosa a jamais été athée, il l'a été depuis qu'il se décida à penser par lui-même; mais un pur théisme, presque raisonnable, et qui se rapproche beaucoup du théisme chrétien, semble avoir toujours été la doctrine qu'il avait à cœur de professer. Et s'il n'en a pas parlé dans ses premiers entretiens philosophiques d'une manière aussi claire qu'il le fit dans ses autres écrits, c'est d'abord qu'on lui avait expressément demandé une exposition du cartésianisme, et ensuite qu'il pouvait croire qu'il était sage de ne révéler à ses semblables que ce qu'on les juge capables de comprendre et de supporter. Il ne prétendit pas, comme certains machiavélistes politiques, qu'il faut dans le gouvernement des hommes avoir des principes en rapport avec le caractère et les mœurs de chacun d'eux, ce qui supposerait une indifférence brutale pour le bien et le mal; il pensait, au contraire, que par égard pour les sentimens consciencieux d'autrui, il fallait user de la même précaution que l'oculiste qui, après l'opération douloureuse, ménage quelque temps la vive sensibilité de l'œil, et ne lui dispense la lumière qu'avec mesure, jusqu'à ce qu'il puisse la supporter dans toute sa plénitude.

CHAPITRE IV.

De l'influence de la cabale sur les idées de Spinosa ; son point de départ de la philosophie de Descartes.

On a souvent demandé si c'était de son propre fonds que Spinosa avait tiré sa théorie philosophique, ou s'il l'avait reçue, en tout ou en partie, de quelques-uns de ceux qui l'avaient précédé dans la même carrière. De tout temps les voix ont été partagées à ce sujet, et l'on a même vu des écrivains avoir sur cette question les idées les plus opposées. Tandis qu'un certain Régius déclarait, par exemple, que la philosophie de Descartes avait fourni tous les matériaux pour élever l'édifice du spinosisme, un autre écrivain, du nom d'Andala, prétendait, au contraire, qu'au moyen des principes de Descartes on pouvait réduire en poudre tous ceux qu'avait établis Spinosa (1). Ne s'était-il pas trouvé déjà un autre écrivain qui avait cru rencontrer toute la doctrine de l'*Ethique* dans la religion judaïque, telle que l'expliquaient les docteurs de cette religion (2) ? Il serait plus exact de dire qu'il n'y a pas, à proprement parler, d'inventeurs de doctrines, parce qu'un écrivain, quelque richement doté qu'il soit par le génie, est toujours plus ou moins placé

(1) Jos. Regis, *Cartesius verus spinosismi architectus*. Amsterdam, 1823. — Andala, *Cartesius verus spinosismi eversor*.

(2) J. G. Wachter, *der Spinosismus im Judenthumb, oder die von dem heutigen Judenthumb und dessen geheimer Cabbala vergötterte Welt befunden und widerlegt*. Amsterdam, 1699.

sous l'ascendant de ceux qui l'ont précédé dans la même voie. Si l'on y regarde de près, on ne tarde pas à se convaincre que dans toutes les branches des connaissances humaines il n'y a rien de nouveau; on ne fait d'ordinaire qu'ajouter, retrancher, modifier, ou enfin perfectionner ce qui a été émis mainte fois sous une autre forme et avec des expressions diverses. Et pour en revenir à Spinosa, le fait est qu'il a su mettre à profit et Descartes et le Talmud ; c'est de la combinaison de leurs principes qu'il a formé un tout méthodiquement disposé ; avec ses démonstrations géométriques, il vous oblige de l'admettre dans toutes ses conséquences, si vous lui accordez certaines prémisses qu'il vous donne pour incontestables, mais qu'une étude plus approfondie vous empêche de regarder comme telles.

A l'époque où Spinosa vivait, les études cabalistiques étaient encore très en vogue chez les juifs, autant que le cartésianisme pouvait l'être chez les chrétiens; on pourrait dire de cette seconde moitié du XVII° siècle, que, chez les uns comme chez les autres, les études y étaient généralement plus fortes et se distinguaient par plus de hardiesse dans les pensées et plus d'indépendance dans la critique. Il n'est donc pas surprenant que Spinosa ait employé à la construction de son système philosophique les travaux de l'antiquité judaïque et païenne ainsi que toutes les découvertes de ses contemporains, de quelque côté que lui vînt la lumière.

On reconnaît, en effet, à la lecture de son *Traité politico-religieux*, que les études qu'il avait faites avec Morteira n'avaient pas été sans fruit, quoiqu'il les lui eût fait faire dans un autre esprit. Il y mentionne plusieurs fois les plus célèbres rabbins qui dans le moyen-âge ont jeté quelque éclat dans les sciences religieuses; on voit, à n'en pas douter, que deux surtout, Maimonides et Eben Esra, ont puissamment influé sur son esprit tant d'une manière négative, c'est-à-dire en lui apprenant à savoir douter lorsque l'on est sans preuves pour affirmer, que par leurs conceptions cosmogoniques qui s'écartaient des idées communes (1). Du reste, il s'explique lui-même assez positivement sur ce sujet, lorsqu'il dit, dans une de ses lettres : « J'oserais affirmer que ce n'est pas seulement l'apôtre Paul et les anciens philosophes qui ont pensé comme moi, mais encore les anciens Hébreux, autant qu'on peut le conjecturer par certaines traditions altérées (2). »

La cabale est née, comme on le sait, de ce besoin qu'éprouvèrent certains juifs dès le commencement de l'ère chrétienne, de combiner leurs croyances avec la philosophie dominante de leur époque. En effet, de cette combinaison des enseignemens de Moïse avec ceux de Zoroastre et de Platon, il résulta une espèce de philosophie religieuse qui prit le nom de *kabalat* (de *kibbel*, recevoir par tradition); les plus extravagans des cabalistes la faisaient remonter jusqu'à Adam, qui devait lui-même l'avoir reçue de l'ange Raziel. Philon, juif d'Alexandrie et contemporain des apô-

---

(1) Voir particulièrement les chap. vii et xiii du *Traité*, et la fin de la lettre xxixe.

(2) .... Quantùm ex quibusdam traditionibus, tametsi multis modis adulteratis, conjicere licet. *Epist.*, xxi. — Comparez *Ethices*, ii, prop. vii, Schol.

tres, peut être considéré comme le plus illustre, le plus éclairé et le plus savant représentant de cette philosophie. Mais son héritage, quoique grossi dans la suite des siècles, n'avait pas augmenté de valeur jusqu'au temps du célèbre cabaliste Abraham Cohen Irira, qui mourut en 1631, et dont l'ouvrage intitulé : *Bahir*, ne fut imprimé à Amsterdam qu'en 1651, c'est-à-dire à une époque où Spinosa pouvait en avoir connaissance. Mais comme la cabale peut être envisagée sous le point de vue théorétique ou pratique, on ne dira pas que c'est sous le rapport pratique qu'elle a influé sur un philosophe qui avait tant d'éloignement pour les minuties de la synagogue; il est évident cependant que le système de l'émanation étant la base de toutes les spéculations cabalistiques, la cabale a inspiré à Spinosa cette maxime qu'il a toujours regardée comme la pierre angulaire de son système : « Dieu est la cause immanente et non passagère de toutes choses (1). » Voici, du reste, comment un juge fort compétent de ces matières s'exprime à ce sujet : « La Cabale, dit-il, n'est autre chose qu'un spinosisme plus étendu; car ce n'est pas seulement la création du monde qui y est expliquée par les limites de l'être divin, mais aussi la formation de tous les êtres; tandis que leurs rapports réciproques découlent d'un attribut particulier de la Divinité (2). » C'est donc une chose constatée

(1) Deum rerum omnium causam immanentem, non vero transeuntem statuo. *Epist.*, XXI.

(2) *Salomon Maimon's Lebensgeschicte, vom ihm solbst geschrieben und Lerausgegeben von K. P. Moriz.* Berlin, 1792, p. 126. Si l'on veut avoir des détails sur la *Cabbala*, on peut lar-

que, sans sortir du cercle d'idées où l'avait placé sa
naissance, Spinosa aurait tout aussi bien pu formuler
une théorie du monde semblable, à peu de chose près,
à celle que lui ont suggérée les principes de Descartes.
Lorsque Colérus nous montre Spinosa délibérant
en lui-même pour savoir quel serait le guide auquel
il se confierait avant de mettre pied sur le terrain de
la philosophie, il dit bien que les œuvres de Descartes lui étant tombées entre les mains, il les lut avec
avidité, mais il ne pouvait pas insinuer qu'il eût
voulu se donner un maître. Ce qui prouve jusqu'à
l'évidence que pas plus Descartes qu'aucun autre chef
d'école ne purent l'influencer au point de l'enrôler
sous leur étendard, c'est qu'il ne craint pas, quand
l'occasion s'en présente, de faire passer leurs opinions
au crible de la critique. « Vous me demandez, écrit-il
à Oldenbourg, quelles sont les principales erreurs que
je découvre dans la philosophie de Descartes et de Bacon? Quoique ce ne soit pas mon habitude de dévoiler
les erreurs des autres, je vous dirai pourtant ce que j'en
pense. La première et la plus grave de toutes, c'est
qu'ils ont fortement méconnu la nature de la première
cause et de l'origine de toutes choses; la seconde, c'est
qu'ils ont également ignoré la véritable nature de l'esprit humain; et la troisième, c'est qu'ils n'ont jamais
fait connaissance avec la cause de nos erreurs. (1) »

gement satisfaire son envie dans le viie livre de la 2e partie de
l'ouvrage d'un savant pasteur de Hambourg au xviiie siècle, J.
C. Wolff, et qui est intitulé : *Bibliotheca hebraïca, sive notitia
tum auctorum hæbræorum cujuscumque ætatis, tum,* etc., 4 parties.
Hambourg et Leipzig, 1715-33.

(1) *Epistola II*.

» On voit, dans ce peu de paroles, que Spinosa avait déjà tout son système philosophique arrêté dans son esprit, et que le cartésianisme n'a été pour lui que l'occasion de la produire dans des formes connues. Quoi qu'il en soit, il me faut dire ce que Spinosa a vraiment emprunté à Descartes.

On sait que le philosophe français proclamait dès l'entrée de son système qu'avant toutes choses, lorsqu'on veut s'assurer d'une vérité spéculative, on doit regarder comme faux, ou du moins comme devant être soumis à l'épreuve du doute, tout ce que l'on avait tenu pour vrai jusque-là. Cette première proposition suppose nécessairement que l'esprit humain peut connaître la vérité, puisqu'il part d'un point donné pour aller à la recherche du certain. Ainsi il y a donc quelque chose de certain pour celui qui prétend douter de tout, savoir ; le doute, lui-même, et n'est-ce pas ce quelque chose que Descartes ne démontre pas qui fait dire avec raison que le philosophe cartésien bâtit un édifice dans les airs, et jette dès l'entrée du système la perturbation dans les principes qui le composent. Cependant il ne pouvait manquer d'en être ainsi. Toujours, à l'entrée du domaine de la philosophie, on devra se faire cette demande : Comment puis-je acquérir la certitude ? Il est curieux d'entendre Descartes lui-même : « Ce n'est pas d'aujourd'hui, dit-il, que je me suis aperçu que, dès mes premières années, j'ai reçu quantité de fausses opinions pour véritables, et que ce que j'ai depuis fondé sur des principes si mal assurés ne saurait être que fort douteux et incertain. Et dès-lors j'ai bien jugé qu'il me fallait entreprendre sérieusement une fois en

ma vie de me défaire de toutes les opinions que j'avais reçues auparavant en ma créance, et commencer tout de nouveau dès les fondemens, si je voulais établir quelque chose de ferme et de constant dans les sciences.
.... Aujourd'hui donc, que, fort à propos pour ce dessein, j'ai délivré mon esprit de toutes sortes de soins, que par bonheur je ne me sens agité d'aucunes passions, et que je me suis procuré un repos assuré dans une paisible solitude, je m'appliquerai sérieusement et avec liberté, à détruire généralement, toutes mes anciennes opinions. Or, pour cet effet, il ne sera pas nécessaire que je montre qu'elles sont toutes fausses, de quoi peut-être je ne viendrais jamais à bout. Mais d'autant que la raison me persuade déjà que je ne dois pas moins soigneusement m'empêcher de donner créance aux choses qui ne sont pas entièrement certaines et indubitables, qu'à celles qui me paraissent manifestement être fausses, ce me sera assez pour les rejeter toutes, si je puis trouver en chacune quelque raison pour douter. Et pour cela, il ne sera pas aussi besoin que je les examine chacune en particulier, ce qui serait d'un travail infini ; mais parce que la ruine des fondemens entraîne nécessairement avec soi tout le reste de l'édifice, je m'attaquerai d'abord aux principes sur lesquels toutes mes anciennes opinions étaient appuyées (1). »

Descartes commence donc par se placer dans ce scepticisme volontaire dont j'ai parlé, et qui est tant en contradiction avec sa pensée, et prend la ferme résolution de n'admettre pour certain que ce qui lui

(1) *Méditations métaphysiques;* première médit.

sera démontré par sa raison. « Qu'est-ce donc, se demande-t-il, qui pourra être estimé véritable ? Peut-être rien autre chose, sinon qu'il n'y a rien au monde de certain. Mais que sais-je s'il n'y a point quelque autre chose différente de celles que je viens de juger incertaines, de laquelle on ne puisse avoir le moindre doute ? N'y a-t-il point quelque Dieu ou quelque autre puissance qui me met en esprit ces pensées ? Cela n'est pas nécessaire; car peut-être que je suis capable de les produire de moi-même. Moi donc, à tout le moins, ne suis-je point quelque chose (1) ?... Enfin, s'écrie-t-il, il faut conclure et tenir pour constant que cette proposition, je suis, j'existe, est nécessairement vraie, toutes les fois que je la prononce, ou que je la conçois en mon esprit (2). »

Or, à ces principes fondamentaux de la méthode de Descartes se rattachent évidemment les paroles de Spinosa, que nous trouvons à l'entrée des *principes philosophiques*, et qui, suivant lui, doivent être considérées comme le fondement de toute science : « Quelque chose que l'on fasse, le doute que nous exprimons est toujours une pensée; or, si nous pensons, donc nous existons. »

De cette vérité dérive la règle pour découvrir les autres vérités, savoir : que tout ce qui est aperçu clairement et distinctement, autant que le premier principe, est également vrai. (3)

(1) *Méd.*, II.
(2) *Ibid.*
(3) .... Adeo ut, quocumque se ad dubitandum vertat, cogatur nihilominus in has voces erumpere, dubito, cogito, ergo sum. Hâc igitur detectâ veritate, simul etiam invenit omnium

Descartes cherche ensuite à développer l'idée de l'intelligence humaine et du *moi* pensant (1), comme celle d'un être parfaitement distinct des corps ; puis il n'arrive à la croyance de la matière que d'une manière indirecte, c'est-à-dire, qu'après s'être élevé par la pensée à l'existence de Dieu, lequel ne peut nous tromper s'il existe, et qui nous tromperait étrangement si les corps qui semblent nous entourer n'étaient que des illusions. Ainsi, Dieu est la base réelle de toute connaissance, et le principe de la pensée est l'idée de Dieu, d'où dérive ensuite la science des réalités (2).

Appuyé sur ce principe, Descartes assuré maintenant qu'il existe des corps, s'élance dans l'univers physique, et cherche à le construire avec autant de hardiesse qu'il en a mis à bâtir l'édifice fragile de la certitude. Ainsi en agit Spinosa lorsqu'il énonce une doctrine positive.

L'idée de Dieu est pour lui comme pour Descartes le fondement de toute vérité, l'organe de la vraie connaissance; à la seule différence que Descartes se tait sur les degrés de connaissance que Spinosa désigne par le nom de science intuitive. L'un et l'autre admettent encore comme infini l'être subsistant par lui-même,

---

scientiarum fundamentum : ac etiam omnium aliarum veritatum mensuram ac regulam; scilicet : quidquid tam clare ac distincte percipitur quàm istud, verum est. *Principia philosophia*, p. 4.

(1) On a remarqué que Descartes est le premier qui, dans les temps modernes, a désigné l'esprit humain par le mot *moi*. Dans les méditations troisième et quatrième, on trouve plusieurs fois cette façon de parler.

(2) Experior quamdam in me esse judicandi facultatem, quam certe a Deo accepi; cumque ille nolit me fallere, talem profecto non dedit, ut, dùm ex recte utor, possim unquam errare. *Méditat.*, IV.

c'est-à-dire que la substance possède la vraie et réelle perfection, ou, comme l'exprime en d'autres termes Spinosa, des attributs infinis dont chacun exprime son essence éternelle et infinie. L'un et l'autre considèrent cette substance, ou Dieu, comme la cause réelle de toutes choses; d'où il résulte que tout ce qui existe ne peut être considéré que comme des effets immédiats de la divinité. Descartes, il est vrai, ne voit dans les effets que les résultats d'une cause qui aurait pu ne pas vouloir les opérer, tandis que Spinosa les considère comme des nécessités de la nature divine; d'où l'on voit que, si Spinosa est parti du principe cartésien, il s'est bien vite retrouvé de conséquence en conséquence dans les doctrines de la cabale. La différence essentielle entre les deux grands penseurs, consiste donc dans la manière avec laquelle Spinosa étend, au moyen de la logique, les propres principes de Descartes, principalement en ce qui touche la définition de l'être parfait, et les conséquences qui dérivent de cette définition. On ne trouve chez Descartes rien qui mette une différence soit entre l'être qui produit médiatement ou immédiatement, soit entre les productions finies ou infinies de cet être.

Une différence également essentielle est celle qui concerne les attributs spéciaux de la substance ou de la divinité, et que Spinosa fait consister dans la pensée et dans l'étendue; mais en ceci encore on peut juger que Descartes n'a pas été sans influence sur cette conception. En effet, ce philosophe avait conçu l'idée de Dieu comme celle de l'être le plus parfait, dans ce sens, qu'il possédait toutes les perfections comme ses propriétés essentielles; d'où l'on pouvait déduire que

l'étendue était aussi au nombre de ses perfections;
d'autant mieux que Descartes assurait ne pouvoir se
former une idée du fini que par celle de l'infini. Ce
qui l'empêchait de regarder l'étendue comme un attribut de Dieu, c'est qu'il la considérait comme une
réalité imparfaite autant que divisible, et qu'il serait
contraire à la perfection divine d'être formée de deux
natures opposées, telles que la nature intelligente et
la nature inintelligente, ou la nature extérieure. Mais
Spinosa n'était pas arrêté par ces considérations, parce
qu'il distingue entre une substance conçue dans sa
quantité, et par conséquent susceptible d'être divisée,
et la substance conçue en elle-même, en ce qu'elle
est en tant que substance; dès-lors il l'a trouve infinie,
unique et indivisible. Cela n'implique aucune contradiction, dit-il, et ceux-là me comprendront, ajoute-t-il, qui savent distinguer l'imagination de l'intellect.
Ainsi, on peut conclure de ces données que les idées
fondamentales du système de Spinosa, savoir l'idée
de substance et l'idée de ses deux attributs, se trouvent
plus qu'en germe dans les principes cartésiens; et que
Fontenelle n'avait pas un si grand tort lorsqu'il affirmait que le spinosisme était « un cartésianisme outré, »
quoique cette expression soit loin de donner une
idée exacte et suffisante de l'ensemble de ses doctrines. (1)

---

(1) Dans une longue lettre en latin, Aubert de Versé fait très
bien remarquer la ressemblance des principes constitutifs des
deux systèmes et qui regardent les notions de l'être. Elle se trouve
à la suite de l'*Impie Convaincu*. Amsterdam, 1685.

CHAPITRE V.

La renommée de Spinosa s'étend de plus en plus. — Il est appelé à la chaire de philosophie de Heidelberg.

Spinosa avait passé plusieurs années à Rhynsbourg, lorsqu'au printemps de 1665 il vint s'établir à une lieue de La Haye, dans le petit village de Woorburg; c'est dans cette retraite que sa renommée commença à lui attirer de nombreux visiteurs. La clarté et la précision avec lesquelles il avait exposé les principes d'un philosophe qui remplissait alors de son nom le monde savant, malgré les réclamations d'un grand nombre d'adversaires, autant que les aperçus nouveaux qu'il avait semés çà et là dans le cours de son exposition et qui donnaient à la philosophie de Descartes une couleur toute nouvelle, tout cela servit à troubler le repos qu'il s'était promis dans la solitude. Aussi, après un séjour de quatre années qui ne furent pas stériles pour la philosophie, il céda aux instances de ses amis de La Haye, qui désiraient le voir se fixer dans cette ville. L'amitié est sans doute une belle et douce chose, mais je ne sais de quel nom la désigner lorsqu'elle se montre exigeante. Était-ce pour entourer de plus d'agrémens l'existence de Spinosa qu'on voulut à toute force l'arracher à sa retraite; on savait d'avance qu'il la chérissait et qu'il saurait bien s'en créer une même au milieu de la ville, si jamais il sentait l'obligation de l'habiter. Ce n'était donc que pour se procurer le plaisir de multiplier les visites auprès de lui, qu'on remplaçait par l'air malsain d'une ville l'air si pur, si salutaire qu'il respirait à la campagne. En d'autres termes, ce n'était pas pour l'avantage du philosophe, mais bien pour leur propre satisfaction que ses amis le harcelèrent d'accéder à leurs désirs. En combien d'occasions l'égoïsme ne se cache-t-il pas ainsi sous les apparences de la vraie amitié!

C'est en 1669 que La Haye posséda dans ses murs cet homme simple, modeste et désintéressé, qui, pendant les quatre ans qu'avait duré son séjour à la campagne, avait vu accourir près de lui tous ceux qui, avides de connaissances philosophiques, ne trouvaient pas un aliment suffisant dans les systèmes en honneur. A cette classe de personnes instruites se joignaient des personnes d'un rang distingué dans les affaires publiques, et parmi elles on ne doit pas oublier l'illustre et malheureux grand-pensionnaire de Witt; il aimait non-seulement dans Spinosa l'homme savant, mais aussi l'homme judicieux et vraiment politique, qui savait à l'occasion lui donner des conseils utiles dans la position brillante qu'il occupait dans la république. Les esprits forts, ajoute Bayle, accouraient à lui de toutes parts, et sans doute ce serait un bel éloge s'il avait voulu dire que, dégoûtées du présent, les âmes généreuses allaient s'informer auprès de Spinosa s'il y aurait moyen de concilier ce qui leur paraissait inconciliable, le besoin de penser librement et le besoin non moins senti de la pratique de la justice. Ignorant la portée des expressions de Bayle, je me contenterai de raconter avec lui que lors de l'invasion des Français en Hollande (1672), le prince de Condé, qui n'ignorait pas la célébrité que s'était acquise Spinosa, témoigna le désir de le voir. Mais ce désir d'un grand seigneur, quoique honorable pour le philosophe, était-il bien raisonnable? Lui convenait-il de déplacer un homme d'études et dont toute l'ambition était d'éclairer les esprits du fond d'une solitude, de l'appeler dans un camp agité et d'exposer le savant aux suspicions injustes de ses concitoyens, qui pourraient ne plus voir en lui que l'ami des ennemis de son pays? Mais il est rare que les grands pèsent ainsi leurs démarches, quand il ne s'agit point de ce qu'il leur plaît de nommer des affaires d'état. Spinosa donc, qui ne savait pas résister aux exigences qui se présentaient au nom de la science et de l'amitié, consentit à aller à Utrecht où le prince avait son quartier-général; son but fut manqué, s'il est vrai, comme le disent plusieurs biographes, en opposition au sentiment de Bayle, que le philosophe attendit en vain le prince à Utrecht, qu'un ordre du roi le retint ailleurs, et que le maréchal, le parent, l'élève et l'émule de Condé, le reçut en son absence. Cependant, dit Lucas, M. le prince, qui le voulait voir, mandait souvent qu'il l'attendît; tandis que les curieux, qui l'aimaient et qui trouvaient toujours en lui quelque nouveau sujet de l'estimer, étaient ravis que son altesse l'obligeât de l'attendre. Mais, après plusieurs semaines, le prince ayant mandé qu'il ne pouvait retourner à Utrecht, tous les curieux d'entre les Français en eurent du chagrin; car notre philosophe prit aussitôt congé d'eux, malgré les offres obligeantes de M. de Luxembourg. Ce fut sans doute pour le dédommager

de cette course inutile que le lieutenant-colonel Stoupe, qui avait toute la faveur du prince, lui fit entrevoir la possibilité de lui obtenir de Louis XIV une pension, à la condition de dédier au grand roi le premier ouvrage que publierait Spinosa. « Mais, disait Spinosa, à son retour d'Utrecht, n'ayant pas dessein de rien dédier au roi de France, je refusai l'offre qu'on me fit avec toute la politesse dont je fus capable. »
Cependant, cette course à Utrecht faillit, en effet, devenir fatale à celui qui l'avait entreprise. La populace de La Haye, ayant appris que le philosophe avait eu des communications avec l'ennemi, ne tarda pas à le soupçonner d'intelligence avec lui. L'ignoble qualification d'espion commençait même à circuler parmi cette foule incapable de comprendre ce qu'il y avait eu d'innocent dans son absence de La Haye, et sans le calme et le noble sang-froid que manifesta Spinosa devant l'agitation et l'effervescence, quelque malheur aurait pu lui arriver. L'hôte de Spinosa en fut alarmé; il craignait avec raison que cette populace aveugle ne vînt l'arracher de sa maison, après l'avoir forcée et peut-être pillée; le philosophe le rassura, en disant : « Ne craignez rien à mon égard, il m'est aisé de me justifier; assez de gens, et des principaux du pays, savent bien ce qui m'a engagé à faire ce voyage. Mais quoi qu'il arrive, aussitôt que la populace fera le moindre bruit à votre porte, je sortirai et irai droit à elle, quand elle devrait me faire subir le même traitement qu'aux pauvres messieurs de Witt. Je suis bon républicain, et n'ai jamais eu en vue que la gloire et l'avantage de l'état. » Nobles paroles qui montrent tout ce qu'il y avait de désintéressement et d'énergie

dans son âme. Celui-là, en effet, ne pouvait guère sympathiser avec l'injuste agresseur de son pays, qui disait, avec une force d'expression que la conviction seule pouvait lui inspirer, en parlant de tous les rois en général : Ils ne peuvent opprimer leurs sujets qu'au moyen d'une troupe soldée (1). » C'était dire qu'il regardait les armées comme des instrumens d'illégalité et d'oppression.

C'est en cette même année que fut faite auprès de Spinosa, de la part de l'électeur palatin, une démarche qui atteste encore mieux la bonne réputation dont il jouissait. La chaire de philosophie étant devenue vacante dans son université d'Heidelberg, son altesse Charles-Louis « n'ayant sans doute, dit Colérus, aucune connaissance du venin qu'il tenait encore caché dans son sein et qui dans la suite se manifesta si ouvertement, voulut lui conférer cette chaire. » De notre temps une vocation semblable adressée à un homme qui ne ferait pas profession de christianisme de la manière reçue dans nos églises étonnerait peu de personnes, familiarisés comme nous le sommes avec les idées de liberté d'enseignement dans lesquelles nous avons grandi; mais il fallait que l'électeur fût bien élevé au-dessus de son siècle pour se montrer au dessus des préjugés de ses contemporains et les braver. Ce que Colérus appelle le venin de ses principes ne dut point paraître aussi dangereux tant aux princes qu'à ses conseillers, puisque la condition que l'on mit à son investiture de la chaire de professeur, quelque modérée qu'elle fût dans les termes, prouvait que l'on connaissait

(1) *Tractatus*, cap. VII.

très bien la tendance de ses principes philosophiques. Cependant, quelque honorable que fût cet appel, il vit dans cette condition, qui, sans lui être imposée, semblait pourtant fixer quelques bornes à la liberté de son enseignement, un moyen de pouvoir refuser avec politesse des honneurs qui eussent contrarié ses goûts, et porté le désordre dans toutes ses habitudes. Le docteur et professeur en théologie Fabricius lui écrivit donc de la part de l'électeur pour lui exprimer le désir qu'il avait de lui conférer la dignité de professeur de philosophie à la célèbre université d'Heidelberg, lui déclarant « qu'on lui accorderait une liberté très grande de raisonner d'après ses principes comme il le jugerait à propos (1). » Mais ce qui peut étonner en effet, c'est qu'à côté de cette liberté de raisonner il lui était enjoint de ne pas s'en servir au préjudice de la religion établie par les lois. Bayle fait observer finement que ce n'était là qu'une manière innocente de se précautionner contre les accusations éventuelles des ennemis de la liberté. Je croirais plutôt que le prince pensait, en effet, qu'une chaire de philosophie ne pouvait dans aucun cas porter préjudice aux chaires de la théologie; que les professeurs des deux facultés se mouvaient sur un terrain différent, et qu'il dépendrait par conséquent de Spinosa de ne pas exciter de mésintelligences dans le pays par d'imprudentes excursions sur un domaine qui devait lui rester étranger. Oui, le prince pouvait penser cela ; mais il est permis de supposer qu'il ne portait pas sur la nature de l'enseignement philosophique un jugement bien éclairée.

(1) *Epistola*, LIII.

Dans l'exercice de l'intelligence, il est impossible, en effet, de poser arbitrairement des barrières à l'esprit humain, et là où le vulgaire des hommes aperçoit des divisions scientifiques, un penseur comme Spinosa peut ne voir qu'un grand tout, ou des branches qui toutes s'élancent du même tronc. Quoi qu'il en soit, « le prince pense, ajoutait Fabricius, que vous n'abuserez pas de cette liberté pour causer du trouble dans le pays (1). » Paroles qui n'ont rien, comme on le voit d'inconciliable entre elles. Spinosa aurait donc pu, sans renoncer en rien aux principes philosophiques qu'il avait indiqués, propager dans la chaire qu'on lui offrait ce qu'il croyait être la vérité; mais, sachant bien d'avance que la philosophie telle qu'il la concevait toucherait à beaucoup de questions qui se rattachent à la théologie, la délicatesse de sa conscience lui fit un devoir d'opposer un noble refus à l'honneur qu'on voulait lui conférer.

On pourrait peut-être dire encore que l'état misérable de sa santé entra pour quelque chose dans son refus; d'une complexion fort délicate et désirant beaucoup mener à leur fin les ouvrages qu'il avait commencés et qui devaient mettre le sceau à sa réputation, il put craindre, comme il le dit lui-même dans sa réponse, « que son enseignement public l'empêchât de poursuivre ses méditations philosophiques. » N'est-ce pas, en effet, pour terminer son *Tractatus theologico-politicus*, et surtout son *Ethique*, qu'on le vit s'enfoncer de plus en plus dans la retraite, craignant

---

(1) Philosophandi libertatem habebis amplissimam quâ te ad publicè stabilitam religionem conturbatam non abusurum credit.

de ne pas en venir à bout? Cependant, il ajoutait avec fierté : « Je fais, de plus, réflexion que vous ne m'expliquez point dans quelles limites je devrais renfermer ma liberté de philosophe pour ne pas choquer la religion établie. Or, comme les schismes ne naissent pas tant du trop grand zèle de ceux qui les font naître que des affections diverses qui dirigent les hommes et qui les portent à contredire, à corrompre ou à condamner, je crains, puisque de telles choses viennent m'atteindre dans ma retraite, d'être bien plus exposé dans le poste élevé dont vous me parlez..... C'est pourquoi je vous supplie instamment (1), de prendre ma défense auprès du sérénissime électeur pour qu'il daigne me décharger de ce fardeau, et de vouloir bien, malgré cela, me continuer ses bonnes grâces (2). » Mais il nous faut pénétrer dans cet asile retiré, où le philosophe se recueillait, pour y apprendre le genre de vie qu'il menait.

(1) Enixissime rogo.
(2) *Epist.*, p. 640, de l'éd. de Paulus.

SA VIE PRIVÉE. SES AMIS. 49

CHAPITRE VI.

Spinosa dans sa vie privée pendant son séjour à La Haye. — Qui étaient ses amis?

Comme on a pu en juger par les motifs qui le décidèrent à quitter Amsterdam, et par ce qu'il allègue dans sa réponse à l'électeur palatin, Spinosa aimait par-dessus tout la retraite qui lui permettait de se livrer sans interruption à ses spéculations philosophiques. Mais puisqu'on l'avait contraint de venir habiter La Haye, dans l'intérêt de ses amis qui avaient plaisir à le questionner, il devait s'attendre que sa tranquillité serait bien souvent troublée, quelque modeste que fût la demeure qu'il se choisissait dans cette élégante capitale des Pays-Bas.

« D'abord il n'y fut visité que d'un petit nombre d'amis, qui en usaient modérément; mais cet aimable lieu n'étant jamais sans voyageurs, les plus intelligens d'entre eux, de quelque qualité qu'ils fussent, auraient cru perdre leur voyage s'ils ne lui avaient rendu visite. Et, comme les effets répondaient à la renommée, il n'y a point eu de savant qui ne lui ait écrit pour être éclairci de ses doutes, témoin ce grand nombre de lettres qui font partie du livre qu'on a imprimé après sa mort (1). »

« Mais, dit un autre biographe, Spinosa s'étant

(1) Boulainvilliers.

4

aperçu qu'il dépensait un peu trop dans sa pension, loua une chambre chez le sieur Van der Spyck, où il prit soin lui-même de se fournir ce qui lui était nécessaire pour le boire et pour le manger, et où il vécut à sa fantaisie d'une manière fort retirée. Il est presque incroyable combien il a été sobre pendant ce temps-là et bon ménager. Ce n'est pas qu'il fût réduit à une si grande pauvreté, qu'il n'eût pu faire plus de dépenses s'il l'eût voulu; assez de gens lui offraient leur bourse et toute sorte d'assistance; mais il était fort sobre naturellement et facile à contenter, et il ne voulait pas avoir la réputation d'avoir vécu, même une seule fois, aux dépens d'autrui. Ce que j'avance, de sa sobriété et de son économie, se peut justifier par différens petits comptes qui se sont rencontrés parmi ses papiers. On y trouve qu'il a vécu un jour entier d'une soupe au lait, accommodée avec du beure, ce qui lui revenait à trois sous, et d'un pot de bière d'un sou et demi; un autre jour, il n'a mangé que du gruau apprêté avec des raisins et du beurre, et ce plat lui avait coûté quatre sous et demi. Dans ces mêmes comptes, il n'est fait mention que de deux demi-pintes de vin, tout au plus, par mois. Et quoiqu'on l'invitât souvent à manger, il aimait pourtant mieux vivre de ce qu'il avait chez lui, quelque peu que ce fût, que de se trouver à une bonne table aux dépens d'un autre (1). »

« Voilà pourtant l'homme qui, à cause de son prétendu athéisme, a souvent été accusé de vivre d'une manière épicurienne. En supposant que le sentiment d'une profonde moralité ne fût pas le mobile de sa

---

(1) Colérus.

conduite, des adversaires loyaux n'auraient rien de mieux à faire que de rejeter son amour naturel pour la sobriété et la tempérance sur la faiblesse de sa constitution, ils auraient une excuse moins dérisoire; mais conclure de ses principes opposés aux leurs, qu'il a dû nécessairement être vicieux, c'est outrager stupidement le plus simple bon sens (1).

Ce n'est pas que notre philosophe enseignât qu'une vie semblable à la sienne dût servir à tous de modèle; plusieurs philosophes de l'antiquité ont pu avoir cette prétention, mais Spinosa avait trop bien étudié la nature humaine pour croire que les plaisirs que peut procurer la vie ne dussent pas être regardés, en bien des occasions, comme un légitime besoin. Jouir avec modération de tout ce que la raison déclare chose bonne, était la grande règle de ses principes moraux, et c'est en s'appuyant sur cette maxime qu'il a pu dire: « C'est le propre d'un sage de prendre plaisir à une nourriture suffisante et agréable au goût, de respirer les parfums ou les fleurs odoriférantes, d'aimer la parure, la musique, les jeux d'exercice, le théâtre et les autres amusemens de ce genre, tant qu'il peut le

(1) « *On prétend* qu'il avait des mœurs; mais, outre que ces assertions sont toujours vagues et sans preuves, et qu'un épicurien conséquent ne doit se priver de rien, qu'en pourrait-on conclure de plus que pour les anges dégradés et convertis en démons, qui ne sont ni des âmes charnelles, *ni des esprits bouchés?* L'orgueil conduit aux mêmes précipices que les vices de la chair. » Telles sont les turpitudes et mille autres tout aussi flagrantes que l'on trouve dans le *Dictionnaire* de Feller, revu, corrigé et augmenté par un homme du xix⁹ siècle, qui se nomme Henrion, avocat, et qui de plus est commandeur de l'ordre de Saint-Grégoire-le-Grand!!!

4.

faire sans porter préjudice à quelqu'un. Car le corps humain est composé de plusieurs parties d'une nature différente, qui ont continuellement besoin que de nouveaux objets viennent les récréer; et l'esprit a besoin aussi de s'appliquer à ces différens objets, afin de pouvoir comprendre tout également. Ce genre de vie est celui qui convient le plus à mes principes et à *la pratique ordinaire de la vie* (1). » N'est-ce pas également imbu de ces maximes de modération et dégagé de toute humeur farouche et atrabilaire qu'il écrivait à un de ses amis : « Je m'applique à jouir de la vie sans inquiétude et sans me plaindre ; à la passer, au contraire, dans la joie, l'allégresse et même l'hilarité, et à m'élever par là à mes propres yeux. Mais ce qui contribue principalement à me procurer une solide satisfaction et la tranquillité de l'esprit, c'est de penser que rien n'arrive sans la puissance et la volonté immuable de l'Être souverainement parfait. »

Cette égalité d'humeur, cette douce gaîté dont il parle, faisaient le fond de son caractère. Aussi, jamais on ne l'a abordé sans lui accorder aussitôt toute son estime. Plusieurs, sans doute, de ceux qui le visitaient, n'adoptaient pas ses sentimens d'une manière définitive; mais peu étaient capables de résister à ce qu'il y avait d'entraînant dans sa conversation. Raisonnemens justes, images frappantes, comparaisons exactes, c'est ce dont il se servait habituellement pour persuader, quoique son langage n'eût rien de recherché, rien surtout qui sentît l'affectation (2).

(1) *Epistola*, xxxiv.
(2) Cette égalité d'humeur, ce caractère soutenu, se peignent

« Cependant la faiblesse de sa santé eût été une excuse légitime aux yeux de ses amis, s'il eût jamais laissé échapper devant eux quelque signe d'impatience ou simplement d'humeur chagrine; mais comme il avait souffert de bonne heure et qu'il avait fait l'apprentissage d'une vie froissée, mieux que personne il savait cette science de la résignation à laquelle il n'a jamais failli. « S'il était sensible à quelque douleur, écrit un de ses biographes, c'était à la douleur d'autrui. Croire le mal moins rude quand il nous est commun avec plusieurs autres personnes, c'est, disait-il, une grande marque d'ignorance, et c'est avoir bien peu de bon sens que de mettre les peines communes au nombre des consolations. C'est dans cet esprit qu'il versa des larmes lorsqu'il vit ses concitoyens déchirer, dans le célèbre M. de Witt, leur père commun. Mais comme il se possédait toujours, il se vit bientôt au-dessus de ce terrible accident; un de ses amis, qui s'en étonnait, ne put s'empêcher de le lui témoigner. Que nous servirait la sagesse, répondit notre philosophe, si, en tombant dans les passions du peuple, nous n'avions pas la force de nous relever nous-mêmes.

« Comme il n'épousait aucun parti, il ne donnait le prix à aucun. Il laissait à chacun la liberté de ses préjugés; mais il soutenait que la plupart étaient un obstacle à la vérité; que la raison était inutile si l'on négligeait d'en user, et qu'on en défendît l'usage là

admirablement dans sa correspondance adressée à tant de personnes différentes, traitant de sujets si différens, et souvent faite à l'occasion de ses écrits dont on dénaturait les principes; sa patience et sa douceur ne l'abandonnent pas une seule fois.

où il s'agissait de choisir. Voilà, disait-il, les deux plus grands et plus ordinaires défauts des hommes, la paresse et la présomption. Les uns croupissent lâchement dans une profonde ignorance qui les met au-dessous des brutes; les autres s'élèvent en tyrans sur l'esprit des simples, en leur donnant pour oracles un monde de fausses pensées : C'est la source de toutes les erreurs..... C'est pourquoi il disait encore qu'il n'y avait que ceux qui s'étaient dégagés des maximes de leur enfance qui pussent connaître la vérité; qu'il faut faire d'étranges efforts pour surmonter les impressions de la coutume et pour effacer les fausses idées dont l'esprit des hommes se remplit avant qu'ils soient capables de juger des choses par eux-mêmes. Sortir de cet abîme était, à son avis, un aussi grand miracle que de débrouiller le chaos (1). »

J'ai souvent parlé des amis de Spinosa; il est naturel qu'on se demande s'il en comptait beaucoup et si leur amitié était véritable. Si l'on devait appeler ami quiconque a su vous apprécier et vous en témoigne quelque chose, peu de personnes peuvent se flatter d'avoir compté un si grand nombre d'amis dans tous les rangs de la société et surtout parmi les savans. On a vu qu'on ne pouvait l'aborder sans se laisser toucher par ce qu'avaient d'agréable et d'entraînant ses conversations particulières; je dois ajouter qu'on aimait retourner chez lui après qu'il vous avait ainsi captivé. N'est-ce pas là une preuve de l'estime et de l'amitié qu'on se sentait porté à lui accorder. De son côté, il aimait tous ceux qui lui témoignaient de l'at-

(1) Boulainvilliers.

tachement, de cet amour de sympathie qui est le résultat d'une foi un peu panthéistique, si l'on veut, mais entièrement chrétienne; de cette foi qui fait nous regarder tous comme les enfans chéris d'un même père; mais il était naturel qu'il réservât quelques étincelles à ceux qu'il voyait désirer ardemment la vérité. « Il n'y a rien dont je ne fasse plus de cas de toutes les choses qui sont en mon pouvoir, que de me lier des saints nœuds de l'amitié avec les hommes qui aiment sincèrement la vérité, parce qu'à mon avis ce sont les seuls hommes que l'on puisse aimer paisiblement. Il est aussi impossible qu'une amitié fondée sur la connaissance de la vérité que l'on s'est communiquée, vienne à se dissoudre, qu'il est impossible qu'on abandonne la vérité quand on l'a une fois connue (1). » Veut-on savoir comment il comprenait l'amitié? qu'on lise ces lignes adressées à Oldenbourg : « En vérité, j'ai été trop prolixe cette fois. Mais si je vous ai procuré de l'ennui, je vous prie de me le pardonner. Étendez votre bienveillance sur ce qui vous a été écrit en toute liberté et en toute sincérité. Je n'ai pas cru devoir être plus court, par la raison que j'aurais pu vous en écrire une seconde fois, et si je n'ai pas voulu louer ce qui me plaisait le moins, je l'ai fait pour ne pas paraître adulateur. Je ne connais rien de plus détestable et condamnable, entre amis, que la flatterie; je vous ai parlé franchement, dans la pensée que c'était le seul langage digne d'être entendu par un philosophe (2). »

(1) *Epistola*, XXXII.
(2) *Epistola*, IX, à la fin.

Le plus ancien ami qu'on lui ait connu est ce Van den Ende qui avait voulu lui apprendre le latin, et qui avait cédé cet honorable soin à une fille qui pouvait le suppléer. Ce Van den Ende, médecin et pédagogue en même temps, devait avoir une certaine capacité qui lui aura fait reconnaître de bonne heure les heureuses dispositions du jeune Barnet; comme sa liberté de penser l'a fait accuser, à tort ou à raison, d'athéisme par Colérus, il est bien sûr que, sans insinuer ce venin dans l'esprit de Spinosa, il l'aura néanmoins encouragé dans sa résistance à ses supérieurs lorsqu'il s'éleva entre eux et lui ces fâcheuses dissensions qui l'éloignèrent de la synagogue. On ne connaît plus de cet ami de Spinosa que sa fin tragique : venu à Paris, où il avait ouvert un pensionnat de jeunes gens, il fut impliqué dans un procès politique, qui le mena à l'échafaud.

Un autre médecin d'Amsterdam, dont l'amitié pour Spinosa paraît remonter également à l'époque de la rupture de celui-ci avec la synagogue, est Louis Meyer qui n'a pas cessé de lui montrer un constant attachement. Spinosa paraît l'avoir beaucoup affectionné, puisqu'il l'appelle quelque part *amice singularis*, qualité qu'il est loin de prodiguer dans sa correspondance. Cela prouve que l'amitié de Meyer avait sa source dans de nobles sentimens, Spinosa ayant trop de discernement pour se laisser surprendre sur un point aussi capital. On le dit auteur d'un ouvrage sur le droit ecclésiastique, qui, par la ressemblance des idées que professait Spinosa sur les mêmes matières, avait porté plusieurs personnes à le lui attribuer. Mais ce qui est plus certain, c'est qu'il a composé le manuel rationaliste à l'usage des théologiens du dernier siècle qui l'avaient adopté depuis que Semler, le fondateur du rationalisme en Allemagne, l'avait fait réimprimer, je veux parler de l'ouvrage latin, qui a pour titre : *La philosophie interprète de l'Ecriture sainte*, et qui n'aurait besoin pour répondre à son but, que d'ajouter le mot *religieuse*, à *la philosophie*. Meyer, est également l'auteur de la préface des *Principes de la philosophie*, premier ouvrage de son ami.

Auprès de Meyer vient se placer Oldenbourg, dont la liaison avec Spinosa doit également remonter, suivant Auerbach, jusqu'au temps de leurs premières études philosophiques à Amsterdam. Mais comme cet intéressant écrivain ne donne aucune preuve de son assertion, j'aime mieux la faire remonter seulement à l'époque où Spinosa habitait une campagne sur la route d'Amsterdam à Anwerkerke; s'ils avaient étudié ensemble la philosophie, on en trouverait des traces dans leur correspondance. On y voit, au contraire, le récit que lui fait Spinosa de la manière dont il s'est avancé progressivement dans le domaine de la philosophie. La première lettre de cette correspondance est de ce même Oldenbourg. Comme Spinosa le traite de *vir nobilissimus, doctissimus* et *clarissimus,* et que le style de la lettre est à la hauteur de ce début, il n'est pas probable que leur amitié eût été plus ancienne que le temps où ils firent connaissance à Rhynsburg : c'est de là que partit pour l'Angleterre, où il était ambassadeur de la basse Saxe, cet Oldenbourg, dont l'amitié alla toujours se fortifiant, comme on le voit par le ton, autant que par les expressions qui semblent devenir à chaque nouvelle lettre toujours plus empreintes d'une amitié franche et inaltérable. Né à Brême, où il paraît ne plus être retourné, Oldenbourg avait compris le sérieux de la vie ; sa qualité de diplomate lui a fait user de certains ménagemens, quand il s'agissait de répandre les écrits de Spinosa en Angleterre (1); il s'explique confidentiellement avec lui sur certains passage de ses écrits qu'il ne comprenait pas bien, et il les dit dangereux pour la religion et les mœurs; on sent néanmoins que des doutes réels surgissaient dans son esprit à la lecture des œuvres de Spinosa, et qu'il n'était pas attiré à lui par le simple côté négatif de sa philosophie, comme Lucas, et peut-être Meyer, mais qu'il désirait par dessus tout, des explications qui ne détruisissent pas en lui la foi chrétienne, et qui seulement la lui rendissent plus raisonnable : du reste, quoique peu apte aux spéculations de la philosophie, on voit qu'Oldenbourg aimait les sciences, qu'il coopéra très activement à la fondation de l'Académie royale des sciences, de Londres, dont il fut nommé le secrétaire (2) ; et ses relations étroites avec l'illustre et vertueux Bayle qui a tant fait en Angleterre pour le progrès des sciences naturelles et celui du christianisme (3) montrent qu'il ne se faisait pas un jeu des questions philosophiques et religieuses qu'il soulève dans son intéressante correspondance.

En suivant le rang d'ancienneté, on doit placer ici le jeune Simon de Vries, à qui furent dictés les *princi-*

---

(1) Voir *Epistola*, XIX.

(2) En cette qualité, il a publié les *Transactions* de la Société royale de 1674 à 1677, sous le nom de Grabendel, anagramme d'Oldenburg.

(3) Paulus, p. 623.

pes de Descartes; jusqu'à sa mort qui a précédé celle de son maître, son amitié fut toujours pour Spinosa celle d'un véritable fils. Spinosa dans ses lettres le nomme toujours son très respectable ami (*amice colende*); tandis que de Vries le qualifie de très fidèle (*amice integerrime*). On ne peut pas dire de celui-ci comme dit un proverbe, que l'on est ami jusqu'à la bourse, car plusieurs fois il a ouvert généreusement la sienne à Spinosa, qui s'excusait toujours sur ce que tant d'argent comme il lui en offrait le détournerait infailliblement de ses études et de ses occupations. C'est le même Simon de Vries, qui, sentant sa fin approcher et se voyant sans héritiers directs, voulut constituer Spinosa héritier de tous ses biens; mais le philosophe n'y voulut jamais consentir, et le persuada de faire son testament en faveur de son frère de Vries, qui demeurait à Schiedam.

Si l'on joint à ces noms plus fréquemment répétés dans l'histoire de la vie de Spinosa, celui de Guillaume de Blyenberg, ce négociant de Dordrecht au caractère franc, au cœur chaud, à l'âme intrépide, et celui de Jarrig Jelles, à qui paraissent avoir été adressées les lettres 44-48, et qui est l'auteur d'une confession de foi chrétienne qu'il avait été dans le cas de rendre publique, après l'avoir soumise à Spinosa (1); on aura une idée du petit cercle d'amis avec lesquels le philosophe aimait à entretenir des relations plus étroites.

(1) Bayle fait voir combien, sur les plus légers indices, il portait un jugement défavorable sur Spinosa; parce que cet ami lui avait adressé sa profession de foi et parce que Spinosa lui avait répondu qu'il l'avait lue avec beaucoup de plaisir et qu'il ne saurait rien y changer, il en conclut que Spinosa était entré dans la

Ce qui ne veut pas dire que parmi les chrétiens et même parmi les juifs, il ne s'en soit trouvé beaucoup qui se sentaient honorés de son amitié, mais ils n'entretenaient pas avec lui des relations aussi suivies, comme le prouve la lettre de Spinosa, adressée à Isaac Orobio, médecin israélite (1). Ne pouvait-il pas s'en rencontrer aussi, qui aimaient bien visiter Spinosa de nuit, *propter metum judæorum*, mais qui eussent redouté de passer publiquement pour ses amis. De ce nombre paraît avoir été le grand Leibnitz, qui assure l'avoir vu quelque part, en Hollande, et qui ne parle jamais de lui qu'avec mesure et avec un véritable respect, mais qui se serait bien gardé de continuer une correspondance qui aurait pu le compromettre devant les pharisiens de son temps. Il n'était pas au nombre de ces esclaves de la peur, cet homme qui après avoir présidé honorablement aux destinées de sa jeune patrie, succomba si fatalement sous les coups de l'intrigue, le grand-pensionnaire de Witt, qui pouvait être regardé en Hollande comme le premier représentant de la liberté religieuse, de même qu'il en était le premier homme d'état; il ne dédaigna pas, non-seulement de cultiver l'amitié de Spinosa, et de le protéger envers et contre tous, mais encore de s'entretenir

phique, chez qu'il ont sortes à émit, ou au-communion des Memnonites; mais, comme l'observe très bien Paulus, quand sera-t-il permis, même à un ami, de *changer* quelque chose à la confession de foi d'un de ses amis?

(1) Cet Isaac Orobio de Castro, quoique professeur de philosophie dans une université catholique d'Espagne, y avait été atteint par les griffes de l'inquisition. C'est pour ne pas en devenir entièrement la proie qu'il vint se fixer à Amsterdam, et y fit profession ouverte de judaïsme.

avec lui de philosophie et de politique, et d'en recevoir des conseils qu'il jugeait toujours très salutaires. Aussi Spinosa le lui rendait bien. Il pleura longtemps sa mort, non pas seulement comme une calamité publique, mais comme la perte d'un ami précieux, dont il ne craignit jamais de venger hautement la mémoire.

Si donc Spinosa, depuis qu'il fut délaissé de ses parens et de ses anciens amis, vit toujours se presser de plus en plus auprès de sa personne des amis dévoués, il est juste d'en conclure qu'il méritait d'en avoir, et que les hautes qualités morales qu'il révèle dans ses écrits, au milieu de ses erreurs, ne sont pas les inventions d'une amitié trop complaisante. Certes, si, comme on l'a dit, le style d'un écrivain doit faire connaître l'homme, c'est surtout dans la correspondance que l'on est appelé à soutenir avec des personnes de toutes conditions et de tout âge, que l'on devra le plus révéler tout l'intérieur de son âme. La correspondance de Spinosa, par le ton soutenu d'urbanité, de douceur, de patience, de modestie qu'on y remarque constamment, ne peut que faire estimer son auteur, tout en laissant le regret qu'il n'ait pas pénétré plus avant dans le temple de la vérité.

CHAPITRE VII.

Publication du *Tractatus theologico-politicus.*

Spinosa cultivait ainsi paisiblement la philosophie d'une manière à la fois spéculative et pratique, lorsqu'il voulut initier le public à une nouvelle manière de concevoir la liberté religieuse : il croyait le terrain encore impropre à recevoir l'ensemble des vérités philosophiques qu'il lui réservait, et il voulut le préparer, en déracinant quelques-unes des ronces qu'il disait devoir empêcher la semence de fructifier.

Si l'on jugeait le traité théologico-politique au point de vue libéral de notre époque, on aurait peine à comprendre qu'il ait pu attirer à son auteur tant de célébrité, et en même temps qu'il lui suscita tant de désagrémens. Nous-mêmes, en le consultant de sang-froid, et malgré l'estime que nous professons pour sa personne, nous ne pourrions nous empêcher de le regarder comme un livre au-dessous d'un philosophe aussi éclairé que l'était son auteur. On y rencontre des propositions mal sonnantes, et qui feraient supposer qu'il écrivait certains passages pour obtenir, non le mieux, mais ce qu'il était seulement possible d'obtenir ! C'est surtout aux questions politiques traitées dans l'ouvrage que se rapportent ces réflexions. Si l'on se reporte au temps où il vivait, au pays où il écrivait, on comprendra que les événemens dont il avait été le témoin avaient pu singulièrement influencer sa manière de voir en matière politique.

La Hollande se reposait de la lutte longue et sanglante qu'elle avait glorieusement soutenue contre l'Espagne. Sous les auspices de la liberté elle ne songeait qu'à savourer les douceurs d'une prospérité inouïe, qu'elle devait, après Dieu, à la bravoure et à l'habileté industrieuse de ses citoyens. En peu de temps sa population s'était accrue d'une manière prodigieuse; les hommes persécutés dans les autres états pour cause de religion, les juifs d'Espagne et de Portugal, comme les protestans de France et de Belgique, étaient accueillis par une généreuse hospitalité. Cette population, occupée à imposer des digues à la mer, à creuser des canaux, à multiplier de mille manières les moyens de transports, enrichissait toujours de plus en plus la nouvelle république. C'est pendant qu'elle oubliait ainsi les désastres qui avaient accompagné sa fondation que des querelles religieuses vinrent jeter la désunion chez un peuple naguère si uni quand il s'agissait de repousser le despotisme de l'étranger. Ce n'est pas ici le lieu de raconter les prétentions des Gomaristes qui se disaient meilleurs chrétiens que les partisans d'Arminius, dont le sentiment opposé à celui de Gomar, était que Dieu n'avait jamais songé à décréter de toute éternité les mortels qu'il appellerait dans la suite des temps à l'existence; mais il faut rappeler que les ambitieux politiques du pays voyaient avec peine les rênes de l'état tenues par des mains habiles. Ils couvrirent leur ambition du manteau évangélique et persécutèrent les amis de la liberté civile quand ils les virent prendre parti contre les partisans de l'intolérance.

Ainsi s'explique la conduite artificieuse du prince d'Orange et le malheureux sort réservé au grand-pensionnaire Barnevelt qui paya de sa tête son amour de la liberté républicaine; ainsi s'explique aussi la chute du grand-pensionnaire de Witt qui un peu plus tard paya également de son sang son amour pour la liberté de sa patrie.

Deux partis donc étaient en présence, et chacun d'eux avait une couleur prononcée en religion comme en politique. Spinosa ne voulait pas jeter inutilement en terre la semence de sa philosophie; il chercha d'abord à déblayer les voies en examinant la nature de ce pouvoir ecclésiastique qui pouvait, à son gré, et dans toutes les communions chrétiennes, exciter des commotions violentes dans l'état, ainsi que les fondemens sur lesquels on fait ordinairement reposer ce pouvoir; c'est alors (1670) que parut son *Traité*. Bien qu'il ait été publié sans nom d'auteur, la correspondance tout entière de Spinosa atteste qu'il ne l'a jamais désavoué, et qu'il en a constamment défendu les principes. Témoin des dissensions qu'excitaient les luttes théologiques, il s'appliqua à faire sentir la nécessité d'une religion de l'état, qui les préviendrait, non pas dans ce sens que l'état dût imposer de son autorité des formulaires de croyances, mais parce que l'état devant veiller sur tout ce qui est du droit commun pour le protéger, doit aussi pouvoir veiller sur la vie ecclésiastique et la diriger dans l'intérêt de la volonté générale. « Celui qui dispute ce droit à l'état, disait-il, divise le gouvernement et par là lui enlève toute énergie. Mais, ajoutait-il de suite, que l'on ne confonde pas deux choses parfaitement distinctes, la liberté du culte extérieur et la liberté de penser; autant celle-ci est indépendante de tout pouvoir civil, autant l'autre doit lui être assujettie dans l'intérêt de la tranquillité publique. » C'est toujours en vue du bien général que Spinosa raisonne, et ses erreurs en matière politique n'ont pas d'autre origine; le salut du peuple est toujours la loi suprême. Suivant lui, tout doit être subordonné à ce grand but, les choses divines comme les choses humaines; et comme il n'appartient qu'au souverain pouvoir d'un état de déterminer ce qui est nécessaire au maintien de la tranquillité publique et ce qu'il convient de faire pour son salut, il s'ensuit qu'il n'appartient qu'à l'état de déterminer la manière dont la divinité doit être honorée en public. Est-ce qu'un particulier peut savoir au juste ce qui est le plus avantageux à une république, à moins que le pouvoir suprême ne l'initie aux secrets du gouvernement? Donc, c'est obéir à Dieu que de se conformer à la volonté du pouvoir en matière de culte. Spinosa cherche à confirmer ces paradoxes par des exemples. « Quel est celui, dit-il, qui s'aviserait jamais de venir au secours d'un individu quelconque, étranger ou membre de la république, simple particulier ou élevé en dignité, et voudrait le soustraire au glaive de la loi lorsqu'il le saurait poursuivi? Personne sans doute. N'est-ce pas ainsi que chez les Hébreux, quoiqu'il fût ordonné d'aimer son prochain comme soi-même (*Lévitique*, chap. xix, vers. 17, 18), chacun était cependant tenu de faire connaître au juge celui qui avait violé les lois de son pays (*Lévit.*, ch. v, vers. 1, et *Deutéronome*, ch. 13; vers. 8 et 9) et de le tuer même, s'il avait été con-

5

damné à mort (*Deutér.*, chap. xvii, vers. 7). C'est également dans cet esprit de la loi suprême d'un état qui voulait la conservation et la durée de la nation juive, qu'il fut nécessaire de placer la religion sous la sauvegarde du pouvoir, de séparer la nation de toutes les autres nations et d'aller même, comme il conste des paroles du Christ (*Mathieu*, chap. v, vers. 43), jusqu'à faire un devoir aux Israélites non pas seulement d'aimer leur prochain, c'est-à-dire leurs amis et leurs concitoyens; mais de poursuivre de leur haine tous leurs ennemis. Si l'on demandait pourquoi le Christ confiait à des particuliers le soin de prêcher l'Évangile par toute la terre, Spinosa répond que c'était ici un cas exceptionnel, puisque le Christ et après lui les apôtres montraient qu'ils étaient réellement ambassadeurs de Dieu auprès des peuples. Mais à l'exception des apôtres à qui leur maître avait pu dire : « Ne craignez pas ceux qui ne peuvent tuer que le corps, » il n'est jamais permis de résister même à la tyrannie; ainsi le croyaient les premiers chrétiens qui préféraient la mort à l'insurrection. Sans cela, que deviendrait la maxime si sage de Salomon : « Mon fils, crains Dieu et honore le roi. » Cette maxime eût été une impiété. D'où il faut conclure que le conseil donné ici aux apôtres était un conseil de circonstance et spécial, et qu'on ne pouvait pas le donner en imitation. Si l'on objecte à Spinosa que le pouvoir peut se trouver entre des mains impies et qu'il serait dur de penser que l'on dût recevoir la direction du culte public de personnes convaincues d'impiété, il répond qu'il peut faire la même objection au pouvoir ecclésiastique dont les membres peuvent s'abandonner aussi à l'impiété. Cette réponse ne vaudrait quelque chose qu'autant que ce dernier pouvoir aurait en main celui de faire ployer les têtes devant sa volonté, comme l'a nécessairement le magistrat qui tient en main le glaive de la loi (1).

Comme on le voit, les partisans d'une religion d'état pourraient puiser abondamment dans les raisonnemens de notre philosophie, et il n'est pas jusqu'aux oppresseurs des peuples, de quelque nom qu'ils se parent, qui ne puissent y trouver des maximes à leur parfaite convenance. C'est qu'il ne faut pas oublier la remarque déjà faite, que Spinosa écrivait d'après ce qu'il avait sous les yeux, et que sa politique l'avertissait que l'expérience devait plutôt servir de guide en matière de gouvernement que les idées du cabinet et les utopies d'un âge d'or encore à trouver. Il désirait que l'état, qui était à ses yeux la plus haute autorité comme aussi la plus morale et la plus respectable, ne se trouvât jamais en conflit avec un autre pouvoir; et comme il entendait attribuer au catholicisme du moyen-âge une infinité de maux, parce qu'il avait réduit le pouvoir de l'état à une condition inférieure, il ne bénissait la réformation qu'à cause de sa tendance, disait-il, à remettre l'état dans sa première condition. Il est à croire que s'il avait vu quelques années plus tard l'usage que faisait Louis XIV de l'immense pouvoir qu'il s'était arrogé, lui qui s'était prononcé si énergiquement contre l'invasion des Français en Hollande, lui qui avait des entrailles pour toutes les souffrances et un jugement sain pour discerner une politique fausse d'une politique

---

(1) Voir dans le chapitre xix du *Tractatus*, p. 410-416, principalement.

rationnelle; il est à croire, disons-nous, qu'il aurait certainement modifié ses doctrines à mesure qu'il se serait fait des idées plus exactes de la nature du pouvoir spirituel. Si l'Église est ce qu'elle doit être, loin de se placer vis-à-vis de l'état dans une position hostile, elle est par la nature de l'esprit de dévoûment qui est dans son essence, éminemment propre, en vivifiant, fortifiant et sanctifiant toutes les relations sociales, à prévenir et à corriger les vices qui détériorent les états. *Le règne du Christ n'est pas de ce monde ;* mais l'Église, qui est censée représenter ce règne, n'est pas limitée par les barrières que les peuples ont entre eux comme peuples, pas plus que par les montagnes et les fleuves ; elle renferme dans son sein tous ceux qui, sous quelque climat qu'ils habitent, invoquent le nom du Christ dans leur prière à leur père céleste, espérant être mieux exaucés; il faut donc que l'Église ne s'attribue jamais des droits et des devoirs qui dénatureraient ses vraies attributions; et pour cela que tous ses membres indistinctement participent à toutes les charges comme à tous les avantages de l'état. Il est nécessaire aussi que le pouvoir civil, borné aux choses sensibles de la vie, laisse les intérêts spirituels et moraux de l'humanité se mouvoir dans une sphère qu'il ne saurait atteindre sans y porter la confusion. Si, dans le moyen-âge, la religion a eu quelquefois tort de se jeter dans le tumulte des intérêts purement temporels, il ne faudrait pas que par un abus contraire l'état vînt absorber la direction d'un ordre de choses qui est au-dessus de ses prétentions raisonnables. Lorsque ces principes seront bien définis et que les deux pouvoirs connaîtront parfaitement leurs limites respectives, alors aura lieu leur éternelle réconciliation ; la liberté civile, fortifiée par la liberté religieuse, produira des citoyens infiniment plus animés de l'esprit public, parce qu'ils seront plus religieux; et ils seront plus religieux parce qu'ils auront été libres de ne l'être pas.

" Mais il me faut donner une analyse plus logique du système politique et religieux développé dans le *Tractatus*, en me servant des expressions mêmes de l'auteur ; c'est le seul moyen d'éviter les méprises et de le faire parler comme si nous l'entendions développer ses idées de vive voix. Il sera pourtant nécessaire, pour compléter sa théorie, d'emprunter quelques idées à un autre de ses ouvrages, le *Tractatus politicus*, ouvrage posthume et inachevé de Spinosa, et que l'on peut considérer comme le corollaire de celui qui nous occupe.

CHAPITRE VIII.

Questions de droit naturel, civil et politique soulevées dans le Traité *de Spinosa.*

J'ai dit les circonstances qui avaient pu influer sur la théorie politique de Spinosa; mais il n'est pas moins vrai de dire que, s'il faut savoir sagement faire la part des temps où l'on vit et des circonstances qui nous entourent lorsqu'il s'agit de l'application immédiate des principes à une société, on doit néanmoins se préserver de toute influence locale, lorsqu'il s'agit d'établir une théorie générale. Or, les questions de droit naturel, par exemple, doivent être résolues en tout temps de la même manière, parce que si l'on peut concevoir des dissentimens parmi les hommes sur ce qui est ou ce qui n'est pas de droit naturel, il ne peut pas en exister sur l'absolu impératif de ce droit.

Le droit naturel, suivant Spinosa, n'est autre chose que cette puissance donnée par l'ordre ou l'harmonie du monde à chaque individu qui en fait partie. De sorte que, sous l'empire de ce droit, un individu (1) quelconque peut se procurer, de la manière qui lui plaît le mieux, tout ce que sa raison et ses appétits naturels lui font considérer comme utile (2). Les poissons, par exemple, sont déterminés par la nature à nager, et les grands poissons à dévorer les plus petits;

---

(1) *Tractatus th. polit.*, chap. XVI.
(2) *Tractatus politicus*, chap. II, § 18.

de telle manière que l'on peut dire que de droit naturel les poissons nagent dans l'eau et se nourrissent de leurs semblables. Car il est certain que la nature, considérée en elle-même, a un droit qui n'est limité que par la faculté de pouvoir. La puissance de la nature n'est-elle pas la puissance même de Dieu? Et qui voudrait limiter les droits de Dieu?

Il suit de là que dans l'état de nature il ne peut pas exister de fautes morales, telles que nous les concevons sous l'empire de nos lois religieuses ou sociales, puisque pécher ne serait rien autre qu'exercer sa puissance dans les limites de son droit, et nous avons dit que le droit ne s'arrête qu'avec la puissance. Il s'ensuit de plus que ce que la raison nous déclare être mal, ne l'est point relativement à l'ordre universel, mais relativement aux lois de notre propre nature (1). Il s'ensuit encore que l'on se trouve placé sous le droit naturel d'un autre chaque fois que l'on se trouve placé sous sa puissance, quoique l'on puisse, autant qu'il est en soi, se soustraire à ce droit en faisant usage du sien propre (2).

Il est facile de voir que si, dans cet état de droit naturel, le pouvoir d'un chacun est, pour ainsi dire, illimité, il se réduit néanmoins à rien dans la pratique, puisque tous les êtres ayant les mêmes droits vivront entre eux dans une guerre perpétuelle, s'ils veulent en faire usage. De là vient que de tout temps les hommes, pour pouvoir jouir de la sécurité, vivre en paix et mener une vie commode et agréable, ont dû céder

---

(1) *Tractatus th. polit.*, chap. XVI.
(2) *Tractatus politicus*, chap. II, § 9.

volontairement à d'autres le droit dont les avait gratifiés la nature; et c'est là l'origine du contrat social qui tire sa bonté de son utilité. S'il arrivait que l'utilité du contrat vînt à disparaître, le contrat dès-lors n'obligerait plus celui qui aurait cédé son droit (1).

C'est ainsi que Spinosa donne naissance au droit civil et politique. Il a été utile que les hommes consentissent à transmettre une partie de leurs droits afin de pouvoir jouir tranquillement de ceux qui leur resteraient. Mais ce droit individuel, chacun peut le transmettre à qui il lui plaît. Ce sera ou à une multitude d'autres hommes à la fois, ou seulement à quelques-uns, ou même à un seul; c'est ce qui a fait donner le nom de monarchie, d'aristocratie et de démocratie aux divers gouvernemens qui ont été régis soit par un roi, soit par un certain nombre de familles, soit enfin par des représentans choisis par l'universalité des citoyens. Or, les lois, qui sont l'expression du contrat par lequel on s'est engagé, ne peuvent, dans aucun cas, être violées, à moins que le salut public ne l'exige, parce que ce salut est toujours la loi suprême de la société (2). Il suit de là que le pouvoir transféré sur la tête d'un seul ou de plusieurs, les investit d'un droit universel sur tous ceux qui le lui ont transmis; de sorte qu'ils peuvent dès-lors tout ce qu'ils veulent, parce qu'ils ne peuvent vouloir que ce qu'il est dans leur puissance d'exécuter (3). Le magistrat, quelque nom qu'il porte d'ailleurs, a donc le droit de décider ce qui est bien et ce qui est

---

(1) *Tractatus th. polit.*, chap. XVI, 77-79.
(2) *Tractatus politicus*, chap. II, § 17, chap. IV, § 6.
(3) *Tractatus th. polit.*, chap. XVI.

mal, c'est-à-dire ce que chacun doit faire ou éviter de faire. C'est à lui qu'il appartient de faire les lois, de les interpréter et d'en donner de nouvelles si la nécessité le réclame (1).

Cette puissance du magistrat, dans quelque gouvernement que ce soit, ne pouvant avoir de bornes, il s'ensuit encore qu'elle ne s'étend pas seulement sur les choses de la vie civile et purement temporelle, mais encore sur celles de la vie spirituelle, ou autrement dit, sur la religion. C'est lui qui peut et doit régler tout ce qui concerne le culte, et le faire de la manière la plus propre à entretenir la paix de l'état et à concourir à sa prospérité (2). Il s'ensuit, enfin, que le magistrat peut signaler comme ennemi de l'état et punir suivant toute la sévérité des lois quiconque ne lui rend pas obéissance; mais aussi, quoiqu'il ait le droit, il ne doit jamais en user qu'à raison de l'utilité que l'état peut en recueillir (3).

On doit entendre par droit privé des citoyens la liberté qui a été départie à chacun des membres de la société par les lois de l'état, et qui est nécessaire à leur conservation (4). Ainsi le citoyen ne peut user de cette liberté qu'autant qu'elle n'empiète point sur la puissance publique. Il en mésuserait s'il se croyait le droit d'interpréter les lois et les droits du gouvernement, parce qu'en se conférant à lui-même ce droit, le citoyen l'interpréterait toujours en faveur de l'individu contre la société. Tout ce qu'il peut faire, c'est

(1) *Tractatus politicus*, chap. IV, § 1.
(2) *Tractatus th. politicus*, chap. XIX.
(3) *Ibid.*, chap. XX.
(4) *Ibid.*, chap. XVI.

de ne remettre son droit qu'à une société d'hommes qui soit incapable de vouloir autre chose que le bien public. En d'autres termes, les citoyens doivent aviser à ne se donner que des institutions qui empêchent les magistrats de se transformer en oppresseurs (1); et de plus, comme il existe des droits dont un homme ne saurait se dépouiller sans cesser d'être homme, il s'ensuit qu'il est permis d'en jouir et de les réclamer quand on en a été dépouillé; tels sont les droits de parler et par conséquent de se plaindre, celui de juger les affaires publiques et de dire son avis sur tout ce qui concerne le bien de l'état (2).

Mais de même que deux hommes, ayant des droits naturels égaux, sont par là même ennemis entre eux, de même les nations seront dans un conflit perpétuel d'intérêts qui les détermineront à se faire la guerre si elles ne règlent pas leurs intérêts réciproques par des traités où l'on balancera, autant que possible, les avantages des deux nations; la loi de la conservation étant une loi impérieuse de la nature, ces traités d'alliance ne pourront être obligatoires qu'autant qu'une partie contractante y trouvera son avantage. C'est pourquoi le droit de la guerre subsiste toujours, et quand un peuple la déclare, sa volonté suffit pour la valider. Car il serait absurde de supposer qu'il la fît pour autre chose que pour son plus grand avantage (3).

Telles sont, en somme, les idées politiques que Spi-

(1) *Tractatus politicus*, chap. v, § 2; chap. vi, § 3. — *Tract. th. polit.* chap. xvii.
(2) *Tractatus th. polit.*, chap. xx.
(3) *Tractatus politicus*, ch. iii, § 2; 12; 1.

nosa cherchait à faire prévaloir de son temps. Il est possible qu'en les comparant à celles de Hobbes, on leur trouvât un air de parenté qu'on lui a quelquefois reproché (1); mais, outre qu'il n'est pas du tout prouvé que le traité *de Cive,* du politique anglais, ait servi de modèle à Spinosa, et qu'il est plus probable que J.-J. Rousseau a mis à profit les idées de notre philosophe, il est de plus certain que la plus parfaite bonne foi dirigeait sa plume, tandis que le philosophe anglais ne songeait qu'à faire la cour au pouvoir pour en recevoir des faveurs. Dans une de ses lettres, Spinosa établit lui-même une différence essentielle entre ses idées et celles de Hobbes, en ce que, dit-il, je conserve toujours intact le droit naturel, ce que ne fait pas le philosophe anglais. Mais comme cette réserve du droit naturel devenait nulle dans la pratique et qu'il n'y avait de réalité que dans la spéculation, il a pu faire dire aux écrivains d'outre-mer ce que bon leur semblait sur l'*impudence* de sa théorie (2). Les idées de Spinosa ne seraient applicables que dans une société où le pouvoir serait le représentant réel de la volonté générale, et où cette volonté générale serait toujours l'expression de la volonté divine. De là l'idée d'une république d'anges à établir sur la terre. Spinosa avait trop bonne opinion de la nature humaine constituée en société, quoiqu'il l'eût parfaitement définie dans l'état de nature.

De plus, il semble que Spinosa n'a pas voulu voir

(1) Mosheim a fait sur ce sujet un travail estimable. — Voir également un article de Lechler dans *Tubinger Zeitschrift für theologie,* 1840, première partie, et de Spinosa, la lettre L°.

(2) Voir Hallam, *Histoire de la Littérature en Europe,* t. IV.

qu'il n'est pas loisible à un homme qui vient de naître et qui se développe tant bien que mal dans la société de ses parens et au milieu de ses concitoyens, qu'il ne lui est pas, dis-je, loisible de se dire : pour moi, je ne veux céder mes droits naturels qu'à une république ou à une monarchie; et qu'une nécessité dont il ne saurait repousser l'exigence l'oblige d'obéir à un homme, malgré ses sentimens républicains, ou à plusieurs, malgré sa préférence pour la forme monarchique. Il lui reste la liberté de penser, c'est-à-dire la liberté de dévorer ses tourmens en silence, ou bien encore la liberté de parler, qui deviendra pour lui un motif d'oppression.

C'est dans l'ouvrage posthume, *Tractatus politicus*, que l'on voit percer davantage les vrais sentimens politiques de Spinosa, qui sont ceux d'un républicain ami de l'illustre de Witt, qu'il encourageait dans ses projets de donner à ses concitoyens toute la liberté qu'ils pouvaient supporter. Cet ouvrage fut trouvé incomplet après sa mort, et n'est-ce pas dommage qu'il n'ait pas traité précisément la partie de la république où ses sentimens propres auraient été aussi dictés par son cœur : ce qu'il dit de la monarchie se rapporte plus à celle que se créait son imagination qu'aux monarchies positivement établies dans le monde. C'est une utopie, en un mot, mais une utopie comme savait en créer Fénélon, comme il serait à désirer de voir les rois absolus les prendre pour modèles. Du reste, Spinosa ne cache pas son éloignement pour cette forme de gouvernement (1), et s'il se voit

---

(1) Servitutis, non pacis interest omnem potestatem ad *unum* transferre, chap. vi, sect. 4.

obligé d'en traiter, il se hâte de donner un modèle qu'il choisit parmi les anciens rois d'Arragon, dont il connaissait si bien l'histoire, et que l'on sait avoir fait jouir leur peuple de toute la somme de liberté qu'ils pouvaient leur accorder en restant leur roi. Passant ensuite à la république aristocratique, il examine, comme pouvant servir de terme de comparaison, celle de Venise; par les critiques sages qu'il fait de plusieurs points de sa constitution, on devine encore que son penchant l'entraînait vers une démocratie pure; il déclare, en propres termes, avant d'aborder pleinement son sujet, que toute personne maîtresse d'elle-même, et que le crime n'a point flétrie, doit avoir sa part dans l'administration des affaires publiques; ce qui ne peut se réaliser que dans une pure démocratie.

CHAPITRE IX.

Suite de l'analyse du *Tractatus theologico-politicus* et histoire de sa publication.

Quand on a lu sans prévention l'un et l'autre de ces *traités,* on se demande s'ils valaient la peine que tant de plumes se préparassent à en faire connaître les funestes doctrines, et si les gouvernemens devaient tant se précautionner, comme l'histoire le rapporte, contre l'importation de ces livres dans leurs états. Nous n'avons révélé que la partie la plus saillante, il est vrai, du traité théologique et non la plus hardie. On a pu voir que ce n'est qu'à force de précautions que Spinosa a cherché à manifester ses propres sentimens touchant la meilleure forme d'un gouvernement à établir ; pour les lecteurs tant soit peu distraits, le livre semblait bien plutôt l'apologie de ce qui était que le révélateur de ce qui devrait être ; mais on a pu voir aussi que le magistrat dépositaire de toute la puissance devait aussi l'exercer sur la religion, de là les cris qui s'élevèrent contre les prétentions du philosophe. Spinosa ne se contentait pas encore d'émettre cette opinion, qu'il étayait du reste de nombreux témoignages, il s'efforçait encore de l'appuyer par l'autorité de la Bible à laquelle il faisait tenir un langage semblable au sien. Cependant comme la Bible ne se prêtait pas toujours aux intentions du philosophe, il discutait alors la valeur de son autorité, se permettait d'exposer des doutes sur son authenticité, dépouillait les faits qui y sont racontés de la couleur que leur donne évidemment l'écrivain sacré, et jetait ainsi les fondemens du système rationaliste qui a fini par prévaloir en Allemagne un siècle après qu'on eût poursuivi le livre de Spinosa comme contenant de trop dangereuses erreurs. De sorte qu'à tout prendre, le *Traité théologico-politique* n'est qu'une grande ébauche de l'œuvre que plus tard les Semler, les Eichhorn, les Gabler, les Wegscheider, les Paulus, et tant d'autres devaient achever : les rationalistes d'Allemagne ne se sont pas fait faute, en effet, de se servir des travaux préparatoires de Spinosa, mais une fausse honte les a empêchés d'indiquer la source où ils avaient puisé. Il y a cette différence entre les travaux de plusieurs d'entre eux et la conduite de Spinosa, que celle-ci était conséquente aux principes qui la dirigeaient, tandis que beaucoup de rationalistes empiriques n'ont pas cessé pendant une longue carrière de recueillir les fruits d'une position chrétienne parmi leurs concitoyens, alors qu'ils n'étaient connus que par leurs hostilités contre toutes les idées particulières au christianisme (1). En examinant de sang-froid les hommes et les choses, qui d'entre nous hésiterait, s'il fallait choisir pour instruire un homme ou un peuple, entre Spinosa écrivain sérieux, et regardant la religion du Christ comme l'expression la plus pure des rapports qui doivent unir la terre au ciel, et Venturini, par exemple, le trop célèbre auteur de

(1) Voir *Histoire critique du Rationalisme en Allemagne*, chapit. III, VIII, XII et XIV de la deuxième partie. Paris, 1841, chez Jules Renouard et Cie.

l'Histoire du Prophéte de Nazareth? Si donc les recherches de Spinosa sur quelques parties du canon de la Bible ont fait jeter les hauts cris, ce n'est pas tant à cause de cette critique scientifique que se sont permise tant d'autres auteurs qu'on s'est bien gardé d'accuser d'athéisme, mais c'est, il faut le dire, à cause de ses préventions contre les ecclésiastiques en général ; il les indiquait trop exclusivement comme les fauteurs de tous les désordres de la société, comme les ennemis nés de la tranquillité publique tant que le pouvoir de l'Église subsisterait en présence de cet autre pouvoir politique, qui devrait l'absorber tout entier. Voilà peut-être le secret de cette levée de boucliers contre le pauvre solitaire de La Haye. S'il ne se fût pas attaqué à l'autorité ecclésiastique, les théologiens auraient expliqué ses erreurs exégétiques de la manière la plus propre à lui concilier le parti libéral du clergé; ils auraient fait remarquer que Spinosa n'ayant pas sous la main les matériaux nombreux dont la critique actuelle peut disposer, il n'était pas étonnant qu'il n'eût aperçu que le côté faible des preuves qui établissent l'authenticité autant que la divinité de la Bible ; on eût enfin montré à son égard quelque peu de cette indulgence que des âmes bien nées se plaisent à prodiguer aux hommes sincères qui se passionnent pour ce qu'elles croient être vrai, mais qui manquent de certains instrumens pour découvrir la vérité tout entière. Voilà ce qu'on n'eût pas manqué de dire si l'auteur avait eu soin de penser plus à sa bonne renommée qu'à la vérité dont il s'était constitué l'apôtre. Mais de toutes parts on cria haro sur lui pour avoir manifesté plus d'amour pour la religion que pour ses ministres.

Il convient d'exposer ici comment il s'exprime lui-même sur les dispositions qui l'animaient lorsqu'il publia son ouvrage. Il choisit d'abord pour épigraphe ces belles paroles d'un apôtre qui devraient être constamment présentes à notre pensée : « Nous connaissons que nous sommes en Dieu et que Dieu est en nous par le Saint-Esprit qu'il nous a donné (1). » Puis il se demande quelle peut être la cause de toutes les superstitions qui désolent la terre, et il la trouve dans l'ignorance que l'homme a de son avenir, dans ses inquiétudes, par conséquent dans ses fluctuations perpétuelles entre la crainte et l'espérance. Or, comme tous les hommes sont sujets à ces mêmes appréhensions, tous se trouvent enclins à tomber dans la superstition. Mais comme tous se représentent différemment ces sujets de leurs craintes, comme tous n'ont ni les mêmes affections ni les mêmes penchans, il s'ensuit que la superstition à laquelle ils se livrent, doit présenter des caractères bien divers. Les chefs des peuples ont mis à profit ce penchant, et ce n'est jamais leur faute si la superstition vient à s'affaiblir et à s'éteindre. Ils redoutent en général sa chute parce qu'ils savent bien que le genre humain ne pouvant s'en passer, retombera dans une autre après s'être débarrassé de la première, et que ce passage d'une superstition à une autre est ordinairement la cause de beaucoup de troubles et de divisions dans l'état (2). Pour les éviter, on a imaginé, dès les anciens temps, de régler tout ce qui a rapport au culte, de plier les hommes

(1) *Epître de saint Jean*, chap. IV, vers. 13.
(2) *Tractatus theol. politicus*, præfatio.

à des pratiques minutieuses de la religion, qui les tinssent constamment en haleine, pour les courber d'autant plus facilement sous le joug de l'unité. Voyez les Turcs !

Mais si c'est le propre d'une monarchie de gouverner les hommes par l'erreur et au moyen de la superstition sous l'apparence de religion, c'est le devoir d'un état libre de laisser à chacun des citoyens la liberté de juger ce qui doit lui être plus utile. Quand ce principe sera partout reconnu, on aura mis fin aux controverses, et l'état ne renfermera plus tant de germes de divisions. Spinosa manifeste ensuite son étonnement de ce que des hommes qui se vantent de professer la religion chrétienne, c'est-à-dire de pratiquer l'amour, la joie, la paix, la continence et la justice envers tous, car c'est ce que commande la religion chrétienne, se combattent néanmoins entre eux avec acharnement, témoignent les uns pour les autres une haine sans égale, au point qu'on ne saurait plus distinguer la religion qu'ils professent qu'à leur genre de physionomie ou à leur vêtement. Dites si l'on pourrait attester s'ils sont chrétiens ou juifs, turcs ou païens, à moins qu'on ne les voie sortir du temple ou de la synagogue, et qu'on ne sache sur la parole de quel maître ils ont coutume de jurer? Spinosa prétend enfin que l'amour des dignités ecclésiastiques et la cupidité sont la principale cause de ce désordre; que ces deux vices transforment ordinairement les églises en de vrais théâtres où se joue une comédie, puisque l'on n'y entend plus des docteurs qui enseignent et édifient, mais des orateurs qui se posent devant un public, dont tout le désir est de se faire admirer ou de combattre ceux qui s'opposent à leurs manœuvres. Rien ne doit donc nous étonner que la religion en soit réduite, de notre temps, à des formules ou à des cérémonies extérieures au moyen desquelles on pense moins à adorer Dieu qu'à lui faire sa cour. Qu'y a-t-il encore d'étonnant à ce que la religion, loin d'influer sur le caractère moral de l'homme pour le rendre meilleur, le transforme, au contraire, en un être dépourvu de raison. En effet, lorsqu'il ne fait plus usage de sa raison, l'homme ne fait plus consister la religion et la piété que dans des initiations mystérieuses et absurdes, au lieu de la faire consister dans l'amour de Dieu et de ses semblables. Mais, ô honte! avant d'en venir là, ils ont tâché de faire parler à leur guise, non-seulement les philosophes de la Grèce, mais encore les prophètes de la Judée. « J'espère donc, poursuit Spinosa, pouvoir leur enlever du moins le dernier appui en expliquant ce qu'étaient les prophètes chez les Hébreux, et en donnant des notions justes des miracles qu'on leur attribue. J'ai étudié l'Ecriture avec impartialité, l'esprit exempt de tout préjugé, et j'ai résolu de ne recevoir de ses enseignemens que ce qui y est clairement contenu. Il m'a donc fallu demander d'abord ce qu'il faut entendre par prophétie et de quelle manière Dieu s'est révélé aux prophètes; pourquoi Dieu les a acceptés comme tels; s'ils ont sur la Divinité des idées justes et élevées, et s'ils les ont acquises autrement que par l'heureuse disposition où se trouvait leur âme. Après cela, j'ai dû m'enquérir pourquoi le peuple hébreu a été appelé le peuple élu de Dieu; et, comme j'ai appris que c'est parce que Dieu avait choisi un certain lieu de la terre qu'il voulait lui faire habiter, j'ai compris que les lois de Moïse révélées par Dieu n'étaient autres que les droits du gouvernement spécial des Hébreux, et que, par conséquent, personne autre que les Hébreux n'était tenu à les suivre ; encore ces derniers ne le doivent-ils que lorsque le gouvernement établi par ces lois est quelque part en vigueur (1). » Passant ensuite au christianisme, Spinosa dit qu'il cherche à comprendre si la religion catholique ou universelle, que les prophètes et les apôtres ont fait connaître au genre humain, est différente de celle dont les lumières naturelles nous instruisent, et si les miracles dont on appuie la vérité de cette religion peuvent nous révéler avec plus de certitude l'existence de Dieu et sa providence, que les choses que nous savons provenir d'une cause première. Puis il observe qu'en faisant la part des coutumes orientales et des manières hyperboliques de s'exprimer, on peut juger que tout ce qui est enseigné dans la Bible ne contredit en aucune manière la raison humaine, ou du moins qu'elle laisse à celle-ci sa liberté. « Ce qui lui donne occasion, ajoute-t-il, d'enseigner la vraie manière d'interpréter l'Ecriture et de montrer que le vulgaire des hommes s'attache plutôt à la lettre de la parole qu'à la parole même de Dieu, en supposant que tous les livres de la Bible révèlent cette parole; » ce que Spinosa conteste, en s'appuyant sur le témoignage de plusieurs rabbins célèbres, en grand renom dans l'église judaïque.

Telles sont les matières politiques et religieuses

(1) Préface du *Tractatus.*

que n'a pas craint d'aborder Spinosa, à une époque où l'esprit humain cherchait à se dégager des liens pesans du moyen-âge. Mais, je le répète, s'il a ouvert la voie aux penseurs et aux critiques des siècles suivans, s'il a l'incontestable mérite d'avoir porté des lumières dans des questions qu'une superstitieuse habitude faisait regarder comme inabordables, il n'en est pas moins resté en deçà de la vérité sur la vraie nature du christianisme. Mais n'est-ce pas déjà beaucoup qu'un homme élevé dans des préventions héréditaires contre notre foi, en ait hautement reconnu la valeur morale et qu'il ait réservé ses plus fortes attaques contre le judaïsme? Devons-nous faire chorus avec ses nombreux adversaires et l'accuser d'athéisme parce que, ayant cherché sincèrement la vérité, il ne l'a pas découverte tout entière. Mais la foi ne serait plus un don du ciel, si, avec tous les obstacles qui s'opposaient à ce que Spinosa la reçût dans toute sa plénitude, on l'avait vu passer sur tous ces obstacles et accepter extérieurement un baptême dont son cœur n'eût pas senti le pressant besoin? En traçant l'historique de ce *Traité*, je ferai ressortir toute l'importance qu'il pouvait avoir à l'époque de sa publication.

Il paraît que les plaintes qui s'élevèrent simultanément du sein de la synagogue et des académies chrétiennes furent entendues des états, et comme le grand pensionnaire de Witt n'était plus là pour le protéger, « messieurs les états condamnèrent le livre de Spinosa dès son apparition (1). » Cependant, cette condamnation officielle eut tout le résultat que des con-

---

(1) *La véritable Religion des Hollandais*, par Brunn, 1675.

damnations de ce genre ont eu et auront toujours, celui de faire rechercher l'ouvrage avec plus d'avidité; peut-être même par beaucoup de personnes qui, sans cet acte d'autorité, n'eussent jamais songé à connaître les idées d'un écrivain dont elles n'auraient pas entendu parler. Et puis, quel est l'homme d'honneur qui voudrait entreprendre la réfutation d'un écrit que le pouvoir civil aurait déjà flétri d'avance? Les réfutations ne manquèrent point cependant à Spinosa, parce que les hommes d'honneur ne sont pas aussi communs qu'on se l'imagine; mais les gouvernemens, qui sont établis pour le maintien de la tranquillité publique et pour protéger chaque citoyen dans l'exercice de tous ses droits (et celui de la liberté d'écrire est intimement lié à celui de penser et de parler), doivent comprendre que l'homme, n'ayant aucun intérêt à propager le mal, ne peut avoir d'autre pensée en publiant un écrit que de faire du bien à ses semblables. Dans beaucoup de cas il peut commettre une erreur, mais on ne saurait l'accuser de commettre un crime; en cas d'erreur, à défaut de l'oubli qui vient assez ordinairement punir le délinquant, le bon sens public devrait suffire pour en faire justice.

"Ces élémens si simples de liberté étaient alors méconnus, même dans les républiques, et après que des décrets fulminans eurent été lancés contre le traité de Spinosa, on vit paraître une nuée d'écrits que des plumes plus ou moins exercées dirigeaient contre les doctrines qu'il était censé contenir. Colérus cite un certain Spitzélius qui, en parlant de Spinosa, disait que « cet auteur impie, par une présomption prodigieuse qui l'aveuglait, avait poussé l'impudence et l'impiété jusqu'à soutenir que les prophéties ne sont fondées que sur l'imagination des prophètes; qu'ils étaient sujets à l'illusion, aussi bien que les apôtres; et que les uns et les autres avaient écrit naturellement suivant leurs propres lumières, sans aucune révélation ni ordre de Dieu; qu'ils avaient accommodé la religion, autant qu'ils avaient pu, au génie des hommes qui vivaient alors, et l'avaient établie sur des principes connus en ce temps-là, et reçus favorablement d'un chacun (1). » Mais c'est là précisément ce que soutiennent les rationalistes de notre époque; s'avise-t-on jamais de les accuser d'impiété? on n'a que le droit de leur refuser le titre réel de chrétien. Il ne faut pas prêter des absurdités à vos adversaires si vous ne voulez pas prêter le flanc à la critique et discréditer vos meilleures intentions. Au reste, les réflexions dont Colérus accompagne l'endroit cité sont trop curieuses pour ne pas les rapporter. « S'il était vrai, dit-il, comme le prétend Spinosa, que les prophètes et les apôtres n'ont pas eu d'autre prétention en écrivant, et qu'il est permis à chacun d'interpréter l'Écriture à sa guise, comment pouvoir maintenir que l'Écriture est divinement inspirée; que c'est une prophétie ferme et stable; que ces saints personnages, qui en sont les auteurs, n'ont parlé et écrit que par ordre de Dieu et par l'inspiration du Saint-Esprit; que cette même Écriture est très certainement vraie, et qu'elle rend à nos consciences un témoignage assuré de la vérité; qu'elle est enfin un juge dont les décisions doivent être la règle ferme et inébranlable de nos senti-

---

(1) *Infelix litterator*, par Spitzélius, p. 363.

mens, de nos pensées, de notre foi et de notre vie? C'est alors que l'on pourrait bien dire que la sainte Bible n'est qu'un nez de cire qu'on tourne et que l'on forme comme on veut; une lunette ou un verre au travers duquel chacun peut voir justement ce qui plaît à son imagination; un vrai bonnet de fou, qu'on ajuste et tourne à sa fantaisie en cent manières différentes, après s'en être coiffé. Le Seigneur te confonde, Satan, et te ferme la bouche! » Cet argument est péremptoire, et ce n'est pas avec des déclamations qu'on parviendra à le détruire. Une église, apostoliquement constituée, peut seule arrêter les prétentions du rationalisme, tout en accordant à la philosophie le terrain nécessaire pour s'exercer dans ses spéculations.

Spitzélius ne se contentait pas de dire son avis sur le *Traité*, il accompagnait son ouvrage de citations d'un autre écrit, dont Bayle fait mention et qu'avait publié un nommé Mansfeldt, alors professeur à Utrecht. Ce dernier disait aussi, en parlant du *Traité*, « qu'il devait être à jamais enseveli dans les ténèbres du plus profond oubli. » « Ce qui est bien judicieux, ajoute Colérus, puisque ce malheureux *Traité* renverse de fond en comble la religion chrétienne, en ôtant toute autorité aux livres sacrés sur lesquels elle est uniquement fondée et établie. »

Tous ceux qui ont réfuté le *Traité*, dit Bayle, y ont découvert les semences de l'athéisme; mais personne ne les a développées aussi nettement que Brandenburg, quoiqu'il cite plusieurs autres écrits dont le titre en résume énergiquement le contenu, comme celui de Cuper: *Les secrets de l'athéisme révélés et réfutés philosophiquement et paradoxalement* (en latin), et celui de Yvon : *l'Impiété convaincue.* Mais il paraît que ce dernier écrit en langue française, et peut-être d'autres qu'on avait écrits dans la langue du pays, révoltèrent la sage indignation d'un pasteur de La Haye ; il aurait désiré qu'un ouvrage écrit par les savans, et dans une langue scientifique, ne fût contredit que dans la même langue ; c'était une remarque fort sage tant que le livre de Spinosa n'avait pas été lui-même traduit ; mais du moment que les amis ou partisans de Spinosa cherchèrent à le mettre à la portée de tous, en le traduisant dans les langues modernes, tous avaient le droit de se faire entendre du public auquel les erreurs étaient présentées. Il paraît qu'une traduction hollandaise était sur le point de paraître, lorsque Spinosa, inquiet de cette publication, écrivit à un ami d'Amsterdam, pour le prier d'employer tous ses efforts à empêcher cette publication. La lettre que je vais citer sera une preuve ajoutée à tant d'autres que l'amour de la célébrité, dont on l'a accusé, faisait encore ici défaut en lui.

« Le professeur N. N., écrit-il, m'ayant dernièrement fait visite, m'a rapporté qu'une traduction hollandaise de mon traité avait été faite, et qu'une personne, dont il ignorait le nom était sur le point de l'imprimer. Je viens donc vous conjurer d'empêcher, autant qu'il sera en vous cette impression (1). » Il donne, il est vrai, pour motif que son livre imprimé en langue vulgaire pourra devenir plutôt un objet de poursuite par les gouvernemens que s'il continue à n'être connu que dans la langue des savans ; mais un

(1) *Epistola,* XLVII.

amateur de célébrité est aussi amateur de scandale, et l'occasion était belle de le susciter. Il ne s'agissait même pour Spinosa que de laisser agir d'imprudens amis (1).

Puisque j'ai cette lettre sous les yeux, je ne la quitterai point sans en traduire encore quelques passages qui feront ressortir davantage le caractère moral de notre écrivain. « Quelques amis m'ont communiqué dernièrement un ouvrage dont j'avais beaucoup entendu parler et qui a pour titre : *L'Homme politique;* mais après l'avoir parcouru, je l'ai trouvé très pernicieux ; car le souverain bonheur, suivant l'auteur de ce livre, ne peut consister que dans les honneurs et les richesses, et pour l'atteindre, il ne faudrait que rejeter intérieurement toutes religions tout en les faisant servir extérieurement à notre profit ; en conséquence, il ne faut pas non plus garder sa parole à personne à moins que l'utilité ne le prescrive. Il enseigne ensuite à savoir user de dissimulation, à promettre et à ne pas tenir sa promesse, à mentir, à se parjurer, et autres choses de cette nature dont il fait l'apologie. A peine eus-je fini de lire de telles maximes, que je résolus d'écrire indirectement contre ce livre, démontrant que la condition des personnes qui placent leur bonheur dans les richesses et les dignités, est pleine de soucis et de mi-

(1) Ne peut-on pas voir également une preuve de modestie dans l'intention formelle de Spinosa de ne pas imprimer son ouvrage sous son nom? Voyez ce qu'on lit dans son ouvrage posthume *Ethices,* en s'appliquant les paroles de Cicéron qu'il cite : « *Le meilleur des hommes est encore incité par l'amour de la gloire. Ne voit-on pas les philosophes eux-mêmes écrire leurs noms sur les ouvrages qu'ils composent contre la vaine gloire?* »

sère, et en établissant par des raisons évidentes autant que par de nombreux exemples que les états où le désir des honneurs et des richesses a dévoré les cœurs, devaient périr et ont péri en effet. Combien le raisonnement de Thalès de Milet était meilleur et préférable aux conseils de l'auteur en question. Ce philosophe disait : Entre amis toutes choses sont en commun ; or les sages sont les amis des dieux et tout appartient aux dieux ; donc tout appartient aux sages. D'où vous voyez que par ce simple raisonnement, ce philosophe s'enrichissait beaucoup plus que s'il avait sordidement recherché des richesses (1). »

Plusieurs autres réfutations ne se firent pas attendre ; il paraît qu'elles avaient principalement pour auteurs des théologiens imbus de la philosophie de Descartes. Spinosa s'en plaint dans une lettre (la xix°) à Oldenbourg, et lui dit avec beaucoup de sagacité qu'ils n'avaient pas d'autre motif en l'attaquant que de détourner de leurs personnes les soupçons qui les poursuivaient. C'est à-peu-près la marche que suivaient en France, à la même époque, les savans jansénistes lorsqu'ils s'attaquaient avec acharnement au protestantisme pour qu'on leur pardonnât, et leurs résistances au pouvoir pontifical, et leur similitude de doctrines avec Calvin, touchant la justification par la foi. Je citerai ce correspondant de Spinosa, qui, d'abord épris de lui et de ses talens philosophiques, finit par écrire contre son *Traité*; c'est Blyenberg de Dordrecht dont on trouve plusieurs lettres dans la correspondance de Spinosa, et qui jugea le *Tractatus* avec la même sé-

(1) *Epistola*, XLVII.

vérité que ses autres adversaires. Rien de plus naïf que les réflexions dont Colérus accompagne la citation de Blyenberg. « Je dois ajouter que j'ai lu avec application ce livre de Spinosa depuis le commencement jusqu'à la fin ; mais je puis en même temps protester devant Dieu de n'y avoir rien trouvé de solide, ni qui fût capable de m'inquiéter le moins du monde dans la profession que je fais de croire aux vérités évangéliques. Au lieu de preuves solides, on y trouve des suppositions, et ce qu'on appelle dans les écoles *petitiones principii*. Les choses même qu'on avance y passent pour preuves, lesquelles étant niées et rejetées, il ne reste plus à cet auteur que des mensonges et des blasphèmes. Sans être obligé de donner ni raison, ni preuve de ce qu'il avançait, voulait-il de son côté obliger le monde à le croire aveuglément sur sa parole ? »

Ces réfutations nombreuses du livre de Spinosa montrent l'injustice d'un autre écrivain de ce temps, Stoupe, ce même lieutenant-colonel qui commandait à Utrecht lors de l'occupation française ; pour avoir séjourné quelque temps en Hollande où il ne s'était pas encore illustré par son épée, il crut devoir servir la cause de la religion en attaquant en masse le clergé hollandais qui avait gardé, suivant lui, un prudent silence sur le terrible ouvrage de Spinosa. Il faut dire d'abord que ce Stoupe, Suisse de naissance et au service du gouvernement français, avait vu Spinosa à Utrecht lorsque ce philosophe s'était rendu aux vœux du prince de Condé ; il s'était plusieurs fois entretenu avec lui de ses idées religieuses, et il paraît qu'il les avait fort goûtées. Mais comme tant d'autres personnes qui n'ont pas le courage de leur foi parce que leurs convictions sont au service de leurs positions dans le monde, il n'osa pas les avouer ouvertement et se contenta d'attaquer, comme je l'ai dit, les ecclésiastiques du pays en les accusant d'un fait matériellement faux, excellent moyen d'arriver à son but qui était l'outrage. On a mis trop exclusivement sur le compte des jésuites la pratique de la maxime que la fin sanctifie les moyens; étudiez l'histoire, voyez autour de vous et dites si tous les partis, à quelque couleur qu'ils appartiennent, ne mettent pas en pratique contre leurs adversaires cette maxime que l'on déteste néanmoins avec tant de vivacité lorsqu'on n'est pas intéressé à en profiter? Le livre de Stoupe était composé en forme de lettres et avait pour titre : *La Religion des Hollandais* (1). Il disait entre autres choses, quoiqu'il sût bien qu'il n'en était rien, « que Spinosa n'avait d'autre but, dans son *Traité*, que de détruire toutes les religions, et particulièrement la judaïque et la chrétienne, et d'introduire l'athéisme, le libertinage et la liberté de toutes les religions. » Comment accorder cette liberté à laisser à toutes les religions, avec les conseils que donnerait Spinosa de les détruire toutes? Puis Stoupe ajoute plus bas : « Entre tous les théologiens qui sont dans ce pays, il ne s'en est trouvé aucun qui ait osé écrire contre les opinions de ce Spinosa. J'en suis d'autant plus surpris que l'auteur faisant paraître une grande connaissance de la langue hébraïque, de toutes les cérémonies de la loi judaïque, de toutes les coutumes des Juifs et de la philosophie,

(1) Il parut en 1673.

les théologiens ne sauraient dire que ce livre ne mérite
point qu'ils prennent la peine de le réfuter. S'ils con-
tinuent à garder le silence, on ne pourra s'empêcher
de dire, ou qu'ils n'ont point de charité en laissant
sans réponse un livre si pernicieux, ou qu'ils approu-
vent les sentimens de cet auteur, ou qu'ils n'ont pas le
courage et la force de le combattre (1) ». Il est assez
singulier qu'à mesure qu'un ouvrage paraît, qui annonce des vues particulières sur la religion, ou qui lui
est hostile, on attende exclusivement des ecclésiastiques le soin de le contredire et de le réfuter. Il me
semble que les ecclésiastiques plus propres certainement à écrire didactiquement sur la religion, puisqu'ils
sont censés en mieux connaître les monumens historiques, sont pourtant moins appelés à la défendre que
les hommes du monde, parce que ceux-ci, aux yeux de
tous, auront toujours fait une œuvre de conviction,
tandis que l'homme d'église court toujours le risque
qu'on se méprenne sur ses intentions. C'était d'autant
plus le cas ici, que les ecclésiastiques, dans le livre de
Spinosa, sont bien plus maltraités que la religion elle-
même, dont l'auteur parle toujours avec un profond
respect. Mais Stoupe voulait lancer un sarcasme contre
des ecclésiastiques qu'il ne connaissait pas, et il saisit
la première occasion qui s'offrait à lui. Telle est la
justice de certains écrivains! Un nommé Brunn, professeur de théologie à Nimègue, dont il a été parlé plus
haut, releva, dans sa *véritable Religion des Hollan-*

(1) *Religion des Hollandais,* lettre IIIe. On a vu plus haut ce
qu'il faut penser de la valeur de cette accusation. L'histoire des
partis n'est qu'un tissu de mauvaise foi.

dais, toutes les inexactitudes et les erreurs de Stoupe, et finit par le prendre corps à corps en déclarant « que le livre de Spinosa, du reste, n'était pas plus pernicieux que le sien; car si l'un enseigne l'athéisme ouvertement, l'autre le fait d'une manière détournée. » L'un montre autant d'indifférence pour les religions que l'autre. L'ennemi caché, qui nous vient attaquer à la sourdine et sous une apparence d'amitié, est beaucoup plus dangereux que celui qui nous attaque ouvertement. Il faut crier contre l'ennemi caché, pour en avertir un chacun; au lieu que tout le monde est sur ses gardes contre l'ennemi manifeste. C'est peut-être pour ce sujet que les théologiens, tant Suisses que Hollandais, ont jugé qu'il n'était pas nécessaire de se presser tant pour réfuter Spinosa, croyant que l'horreur de la doctrine se réfute assez d'elle-même, d'autant plus qu'il n'y a rien de nouveau dans ce *Traité*; tout ce qu'il contient ayant été mille fois redit par les profanes, sans avoir pourtant (grâces à Dieu) fait grand mal à l'Église (1). »

Cependant le livre de Spinosa, suivant ce qu'en rapporte Brunn lui-même, se répandait dans toutes les parties de l'Europe, malgré les contradictions ou peut-être à cause de ces contradictions mêmes; et puisque l'on a maintenant, par l'analyse que j'ai essayé d'en faire, une idée juste de son contenu, on doit comprendre combien ses adversaires en exagéraient la portée, croyant par là mieux le combattre.

Il me faut raconter maintenant ce qu'en pensait un des meilleurs amis de Spinosa, et nous verrons quels

(1) Brunn, *Véritable Religion*, etc., p. 163.

étaient les sentimens de Spinosa lui-même, quand il nous donnera l'explication de ce que son ami semblait trouver de répréhensible (1).

(1) Quoique le *Tractatus* eût été imprimé à Amsterdam, les éditeurs avaient eu soin de dire qu'il avait été imprimé à Hambourg. Au moyen de cet artifice, ils avaient pu en débiter beaucoup plus en Hollande; mais, comme les poursuites ne tardèrent pas, les éditeurs, cinq ans après, le publièrent à Leyde sous un autre titre que voici : *Dan. Heinsii operum historicorum collectio prima. Edit.* II, *priori multo emendatior et auctior*, in-8°. Cependant on le réimprima encore à Amsterdam sous cet autre titre bizarre : *Henriquez de Villacorta m. D. à cubiculo Philippi IV, Caroli II, archiatr.; opera chirurgica omnia sub auspiciis potentissimi Hispaniarum regis*. Ce titre était évidemment inventé pour faciliter l'introduction de l'ouvrage en Espagne et en Portugal. On en fit autant pour les traductions françaises. Un nommé Saint-Glain (ce Saint-Glain paraît être un pseudonyme, et Fr. Reimann croit que Lucas est l'auteur de la traduction française) le publia sous le titre significatif de : *La Clef du sanctuaire*, Leyde, 1678, in-12. — Une autre édition parut la même année à Amsterdam sous un autre titre: *Traité des Cérémonies superstitieuses des Juifs, tant anciens que modernes*. Mais ces deux titres, dit Nicéron (*Mémoires pour servir à l'Histoire des Hommes illustres*, t. XIII, p. 47), ayant fait beaucoup de bruit, pour faciliter le débit du livre, on les remplaça de nouveau par celui-ci : *Réflexions curieuses d'un esprit désintéressé sur les matières les plus importantes au salut, tant public que particulier*. Il est beaucoup plus rare de trouver l'ouvrage sous le premier titre qu'avec les deux autres.

CHAPITRE X.

Explications demandées à Spinosa sur son *Tractatus*.—Ses réponses rationalistes.

On doit déplorer que Spinosa, tout en se montrant fidèle à ses convictions, ait tant persisté dans le cours de son ouvrage à maltraiter certains points de la doctrine judaïque pour en faire ressortir l'irrationabilité, et qu'il ait montré un secret et malicieux plaisir à découvrir ce que le moséisme pouvait avoir à ses yeux de faible et de fragile.

C'est précisément lorsque des convictions nouvelles vous ont contraint de déserter le culte de votre enfance, qu'un certain respect filial doit vous arrêter quand vous vous sentez disposé à le combattre. Et puis, il n'y a rien de plus propre, à mon avis, pour faire réfléchir sur les plus hautes questions de la philosophie, de l'histoire, que ce peuple israélite avec son antique et grand législateur. On est forcé de voir le doigt de Dieu dans les vicissitudes et la conservation de ce peuple de fer, et l'on s'oublie certainement lorsqu'on ne l'entoure pas d'un certain respect et que l'on met quelque aigreur à combattre même ses plus évidentes superstitions (1).

(1) Du reste, il est fort naturel qu'il se soit plus occupé de l'Ancien que du Nouveau-Testament, ses études précédentes lui en ayant fait connaître davantage les sources. Mais Spinosa n'ignorait pas non plus l'étroite liaison des deux Testamens, et il savait bien que renverser de fond en comble le judaïsme c'était ébranler du même coup l'édifice chrétien.

Après cette remarque, que je devais à l'impartialité qui préside à ce travail historique, je vais montrer avec quelle candeur l'auteur parle de son livre au plus respectable de ses amis. Il est à regretter sans doute que beaucoup de lettres de l'un et de l'autre se soient égarées ; cependant, malgré la grande lacune qui existe dans la correspondance d'Oldenbourg avec Spinosa, depuis octobre 1663 jusqu'en juin 1673, on peut encore renouer le fil de leurs communications philosophiques et religieuses. Dans la dernière lettre qui nous reste de 1663, Oldenbourg lui déclare qu'après y avoir mieux réfléchi, il approuve, dans son ouvrage des *Principes de Descartes,* ce qui, à une première lecture, lui avait paru sujet à caution.

Certaines choses, en effet, lui avaient semblé pouvoir tourner contre la religion ; mais il les mesurait alors avec la même mesure que le vulgaire des théologiens. Aujourd'hui il est parfaitement convaincu qu'il ne publiera jamais rien qui blesse la vraie religion et porte dommage à la philosophie, rien en particulier qui s'oppose au but essentiel de la religion chrétienne, et il le prie de lui faire part des travaux qu'il médite, vu l'intérêt réel qu'il lui porte (1). Et sans connaître la réponse de Spinosa, nous retrouvons Oldenbourg en juin 1673, époque par conséquent où il connaissait depuis longtemps le *Tractatus theologico-politicus,* demandant à son ami des nouvelles de l'ouvrage dont il l'avait déjà entretenu, sans doute de l'*Éthique,* et le conjurant de ne pas prendre en mauvaise part l'avis qu'il lui donne, au nom de la sainte amitié qui les unit, de ne rien mêler à ce nouvel ou-

(1) *Epistola,* XVII.

vrage qui puisse le moins du monde porter atteinte à
la pratique des vertus religieuses; attendu, dit-il, que
dans les temps de décadence morale où ils vivent,
les libraires ne vendaient rien de mieux que les livres
qui prenaient sous leur protection les vices les plus
grossiers (1). Spinosa lui répond qu'il a reçu sa lettre
à Amsterdam, où il était allé soigner l'impression de
son ouvrage, mais que, pendant qu'il s'occupait des
préparatifs, ses ennemis, et parmi eux les théologiens
cartésiens, avaient fait courir le bruit qu'il allait mettre
sous presse un écrit qui prendrait ouvertement la défense de l'athéisme le plus grossier, afin que les magistrats mis d'avance sur la voie lui suscitassent toutes
sortes de difficultés.

Ce que voyant, Spinosa avait jugé à propos de différer la publication de son livre jusqu'à une époque
plus favorable et qu'il ne pouvait pas fixer. « Mais,
ajoute-t-il, je vous remercie vivement de vos conseils,
dictés par l'amitié. Cependant, je désire beaucoup
que vous m'indiquiez quelles sont les doctrines que
vous croyez devoir porter atteinte à la pratique des
vertus religieuses. Car je crois que tout ce qui est d'accord avec la raison me paraît propre à inspirer la vertu. Je désire, de plus, que vous preniez la peine de
m'indiquer ce qui, dans mon *Tractatus*, a pu faire
naître des scrupules dans l'esprit des hommes instruits; je me propose d'en préparer une nouvelle édition, que j'accompagnerai de notes explicatives qui
lèveront, j'espère, tous les scrupules (2). »

(1) *Epistola*, xviii.
(2) *Epistola*, xix. — Ces notes explicatives ont été écrites, en
effet, à la marge d'un exemplaire latin, de la propre main de

7.

Oldenbourg lui répond qu'il approuve fort son dessein d'expliquer et d'adoucir certains passages du *Traité* qui ont tant torturé ses lecteurs; il lui indique ceux qui manquent de clarté et qui traitent de Dieu et de la nature. « Plusieurs s'imaginent, dit-il, que vous confondez ces deux choses. Je dois, de plus, vous avertir que d'autres prétendent que vous enlevez aux miracles toute leur autorité et leur valeur, et cependant les chrétiens sont persuadés que l'on ne peut prouver que par les miracles la certitude de la révélation chrétienne (1). On se plaint encore de ce que vous passez sous silence l'œuvre de la rédemption du

---

Spinosa, et ont été publiées pour la première fois par M. le chevalier de Murr, à La Haye, en 1802, sous ce titre : *Annotationes B. de Spinosa in Tractatum theolog. politicum.* — Dorow a aussi publié en 1835 à Berlin des notes marginales qu'il a trouvées dans un manuscrit du *Tractatus*, à Kœnigsberg; mais elles diffèrent peu de celles de M. de Murr. Voir *B. Sp. Randglossen zu seinem Tractatus th. polit. von doctor Dorow*, Berlin, 1835.

(1) Ce seraient de singuliers chrétiens et surtout de bien pauvres génies ceux qui n'auraient pas d'autre fondement de leur foi. Mais je dois dire, contre les raisonnemens subséquens de Spinosa sur les miracles, que la haute sainteté de la vie de Jésus, qu'il reconnaît, explique à une âme attentive tout le merveilleux qui entoure quelques circonstances de son histoire. On sent ici, à cette affectation d'Oldenbourg de ne parler que des miracles de la Bible, que le diplomate entrait pour quelque chose dans le conseil de l'ami. Je puis me tromper; mais, quoique le caractère d'Oldenbourg me paraisse en général noble et plein de candeur, cependant un soupçon s'élève ici, malgré moi, dans mon esprit, et me fait craindre que, connaissant à fond la pensée de son ami et la partageant entièrement, il ait seulement désiré qu'il se disculpât de manière à contenter par des raisons suffisantes les chrétiens *judicieux*, sans s'inquiéter de ce que penserait la foule.

Christ et sa dignité de médiateur, ainsi que son incarnation et sa satisfaction, et l'on souhaite que vous vous expliquiez franchement sur toutes ces questions. Si vous le faites, et si vous parvenez à satisfaire les *chrétiens judicieux*, et qui se paient de raison, vous aurez par là assuré votre propre repos (1). »

Dans sa réplique, Spinosa se plaint de ce que son ami, lui ayant signalé ce qui a inquiété ses lecteurs, ne lui ait pas marqué, en même temps, quelles sont les choses qui portent atteinte à la pratique des vertus religieuses; que, ne pouvant ainsi répondre qu'aux premières observations, il lui dira franchement sa pensée, telle qu'elle lui est demandée. « Eh bien, oui, je professe sur Dieu et la nature des sentimens différens de ceux des chrétiens *modernes*. Car je pose un Dieu qui est la cause immanente de toutes choses et non simplement passagère; et j'affirme, avec l'apôtre Paul et peut-être même avec tous les anciens philosophes, quoiqu'ils se soient exprimés d'une autre manière, j'affirme, et j'ose le dire, avec tous les anciens Hébreux, autant qu'on peut le conjecturer par quelques-unes de leurs traditions pourtant si altérées; j'affirme, dis-je, que toutes choses sont en Dieu et ont en lui leur mouvement.

« Néanmoins ceux qui affirment que Dieu et la nature, en tant que la nature n'est qu'une certaine masse ou matière corporelle, sont une seule et même chose, ceux-là se trompent gravement. Quant à ce qui concerne les miracles, je suis persuadé que la certitude de la révélation chrétienne peut se fonder sur la sa-

---

(1) *Epistola*, xx.

gesse et la bonté de la doctrine, et non sur les miracles, c'est-à-dire sur l'ignorance, ce que j'ai prouvé au chapitre vi. J'ajouterai seulement ici que j'établis une différence essentielle entre la religion et la superstition, en ce que celle-ci a pour fondement l'ignorance et celle-là, au contraire, la sagesse; et je crois que c'est pourquoi les chrétiens ne se distinguent des autres peuples que par des opinions particulières, et non par leur foi, leur charité et par les autres fruits du Saint-Esprit. Je vous dirai enfin, avec la même naïveté, qu'il n'est pas nécessaire pour le salut de croire à un Christ selon la chair, mais qu'il suffit de la croyance au fils éternel de Dieu, c'est-à-dire à l'éternelle sagesse de Dieu, qui s'est manifestée en toutes choses, mais principalement dans l'esprit humain et par-dessus tout encore dans Jésus-Christ. Quant à ce qu'on ajoute dans l'incarnation du Christ, j'avoue ne pas plus le comprendre que si l'on me parlait d'un cercle qui deviendrait carré (1). » On doit approuver ici la franchise de Spinosa qui, conséquent avec ses principes rationalistes, confesse ne pas admettre ce qu'il ne peut ni comprendre ni expliquer. D'autres panthéistes lui succéderont, qui diront parfaitement comprendre ce fait de l'incarnation et qui n'en détruiront pas moins l'idée qu'en a eue de tout temps l'Eglise chrétienne.

Oldenbourg commence sa réponse par indiquer cette fois ce qu'il entendait par les doctrines qui pouvaient porter atteinte à la pratique de la religion. C'est, suivant lui, que Spinosa semblait établir une nécessité

(1) *Epistola*, xxi.—Voila en germe toutes les idées hégeliennes sur la christologie.

fatale des choses, et en particulier de toutes les actions humaines. Cela posé, il était bien certain que la force des lois civiles, morales et religieuses était énervée, et qu'il n'y avait plus lieu dès-lors à récompenser ni à punir. On est excusé lorsqu'on a agi par la force de la nécessité, et, par là, personne devant Dieu ne serait inexcusable. Puis Oldenbourg fait remarquer que les Ecritures parlent de faits réels et positifs quand elles rapportent des miracles touchant la vie et les actions de Jésus (1), et Spinosa répond au premier chef qu'il n'a pas du tout l'intention de soumettre Dieu au destin, mais il soutient que toutes choses dérivent de la nature de Dieu par une nécessité inévitable, et cela de la même manière que l'on dit ordinairement qu'il s'ensuit de la nature de Dieu connue qu'il faut que Dieu se comprenne inévitablement lui-même; et cependant personne, dans ce cas, ne s'avise de dire que Dieu se comprend lui-même, contraint qu'il est par le destin, mais qu'il le fait librement quoique nécessairement. Or, cette nécessité inévitable des choses ne saurait effacer les droits des lois divines et humaines, parce que nous les recevons comme nous venant de Dieu, qui est le meilleur juge de ce qui nous convient. Quant à la synonymie des mots *miracle* et *ignorance*, il a entendu par là que ceux qui veulent démontrer l'existence de Dieu et appuyer la religion sur des miracles avaient voulu démontrer une chose obscure par une autre chose plus obscure. Il fait ensuite remarquer que si le Christ ne s'est point montré au sénat de Jérusalem après sa résurrection, ni à Pilate, ni à aucun de ses ennemis, mais seulement à ceux qu'il

(1) *Epistola*, XXII.

s'était choisis; que si Dieu n'a ni droite ni gauche; si par son essence il est partout et non circonscrit dans un lieu; que si la matière est partout la même et que Dieu ne puisse se manifester en dehors du monde dans l'espace imaginaire que crée l'imagination (1), alors il comprendra que les apparitions du Christ dont il est fait mention dans les Evangiles ne diffèrent en rien des apparitions de Dieu à Abraham, lorsque, sous la figure d'un homme, il prit un repas avec le patriarche. Il ne nie point que les apôtres aient cru les choses telles qu'ils les racontent, mais Abraham n'a-t-il pas également cru que Dieu avait daigné manger à sa table; et les Israélites n'avaient-ils pas également cru que Dieu était descendu en personne sur le mont Sinaï, et s'était entretenu avec eux, lorsqu'on sait pourtant que toutes ces choses n'ont été écrites que pour exprimer d'une manière figurative comment Dieu s'était révélé à eux? Il doit en être ainsi de ce qu'on nous dit de la résurrection de Jésus, qui n'exprime que l'immortalité dont il a été doué. Par les morts d'entre lesquels il est ressuscité, il faut entendre ceux dont il parlait lui-même lorsqu'il disait : *Laissez donc les morts ensevelir leurs morts* (2). Du reste, Spinosa déclare n'être pas assez vain pour prétendre tout expliquer dans les Ecritures par des raisons purement naturelles; mais il est d'avis qu'il faut alors suspendre son jugement et se résoudre à fonder la religion sur la seule excellence de la doctrine (3).

(1) Allusion au système de Descartes.
(2) *Epistola*, xxiii.
(3) *Ibid.* Licet ergo absque jactantiâ miracula per causas naturales, quantùm fieri potest, explicare, et quæ explicare non

Oldenbourg répond à Spinosa qu'il a mis le doigt dessus, mais qu'il ne peut pas se contenter des raisonnemens de son ami sur la nécessité morale. Quant à la question des miracles de l'Evangile, et en particulier de tout ce qui accompagne le récit de la passion de Jésus, il lui demande de nouvelles explications, attendu que les Evangélistes lui font tous l'effet de raconter des événemens que l'on doit prendre à la lettre (1). Et Spinosa, de clore cette correspondance que l'on regrette tant de ne pas voir complète, par les explications souhaitées sur la question de la nécessité, et enfin par cette déclaration que nous trouverions si froidement dérisoire si nous ne connaissions le cœur de celui qui l'a faite : « Oui, je prends à la lettre tous les récits des Evangélistes qui se rapportent à la passion, à la mort et à la sépulture du Christ; mais, quant à la résurrection, je l'interprète allégoriquement. Paul, ajoute-t-il encore, ne se glorifie-t-il point de n'avoir pas connu le Christ suivant la chair, mais seulement selon l'esprit (2).

Tel est l'esprit rationaliste dans lequel a été traitée la question religieuse dans cet ouvrage, que l'on n'a pas eu honte de représenter comme renfermant la semence de l'athéisme. Certes, les recherches de Spinosa, autant que ses raisonnemens, sont loin d'ébranler le moins du monde le dogme chrétien ; mais, tout en ne sympathisant pas avec les résultats de ses

possumus, nec etiam demonstrare, quos absurda sint, satius erit judicium de iis suspendere et religionem solâ doctrinæ sapientiâ adstruere.

(1) *Epistola*, XXIV.
(2) *Epistola*, XXV.

investigations scientifiques, qui pourrait refuser son estime à un adversaire qui se présente avec tant de franchise, et qui cherche la vérité avec tant de bonne foi?

Quand donc on veut préciser le genre de croyances religieuses qu'avait Spinosa, on ne saurait mieux dire que le docteur Strauss, lorsqu'il déclare que Spinosa n'est pas seulement le père de la théologie spéculative, mais encore celui de la critique biblique rationaliste (1). Lorsqu'un jeune écrivain français (2) disait qu'en lisant le *Tractatus* et les lettres à Oldenbourg on y trouvait le germe de toutes les propositions soutenues dans l'exégèse allemande, il ne faisait pas cette imputation à la légère; avec un de ses coups-d'œil pénétrans qui le distinguent dans sa critique, il jugeait sans appel l'origine du rationalisme. On sait, en effet, que la cérémonie du baptême n'est plus qu'une affaire de forme pour le rationalisme, et que Spinosa n'a jamais demandé à le recevoir; il s'ensuit que, s'il a cru en Dieu et en une espèce d'immortalité de l'âme ou de l'esprit humain, s'il a eu sur la nature des saints livres, ainsi que sur la manière de les interpréter, les mêmes sentimens que les rationalistes modernes, il doit être considéré comme le fondateur de cette école rationaliste qui s'est propagée en Allemagne avec tant de rapidité depuis que Semler en proclama les principes vers le milieu du xviiie siècle, et qui, pour s'être divisée en une infinité de partis, n'en persiste pas moins à en défendre inexorablement les principes fondamentaux. Or, on a vu que, quand

(1) *Die christliche Glaubenslehre*, t. 1.
(2) Edgar Quinet dans son *Examen de la vie de Jésus* de Strauss.

il s'agit de principes exégétiques, Spinosa insiste, comme Ernesti et tous ses successeurs, pour n'avoir aucun égard à la foi ancienne et universellement reçue, mais pour s'en tenir au sens purement littéral, c'est-à-dire à celui que l'on peut induire de la connaissance que l'on a d'autres livres écrits dans la même langue et à la même époque que les livres saints que l'on traduit. S'agit-il ensuite de miracles ou de prophéties, Spinosa ne fait pas moins que Eichhorn, Gabler et Paulus lorsqu'il en attribue tout le surnaturel à la manière orientale de s'exprimer des auteurs sacrés, ou qu'il conseille d'y chercher l'idée que l'écrivain y a cachée sous le voile du récit allégorique.

Du reste, dans Spinosa comme chez tous les rationalistes sérieux, vous trouverez toujours le plus grand respect pour la morale évangélique et la plus haute vénération pour la personne de Jésus (1). Quant à ses idées sur l'inspiration de la Bible, il suffit de l'en-

---

(1) Strauss, dans sa *Dogmatique chrétienne* dit à propos des idées de Spinosa sur l'incarnation : « Par la négation autant que par son affirmation, il a montré aux rationalistes comment ils devaient construire leur Christologie.» (*Die christliche Glaubenslehre*, t. II, p. 166.) Pour être tout-à-fait impartial, Strauss aurait dû ajouter que Spinosa lui a frayé le chemin à lui-même, non-seulement lorsqu'il regarde la doctrine du Christ, c'est-à-dire l'idée, pouvant seule se préserver des attaques de la critique, mais encore lorsqu'il dit expressément : « Qu'il n'est pas nécessaire pour le salut de croire à un Christ selon la chair, mais qu'il suffit de la croyance à l'éternel fils de Dieu, c'est-à-dire à l'éternelle sagesse de Dieu qui s'est manifestée en toutes choses, principalement dans l'esprit humain, et par-dessus tout dans Jésus-Christ. » Dans ce peu de mots se trouve le résumé de toute la christologie de Strauss et de toute l'école hégelienne.

tendre parler des écrits des apôtres pour être sur la voie de sa théorie rationaliste sur ce sujet si capital dans le christianisme. « Faites attention, disait-il, à la manière de parler des apôtres, et vous comprendrez de suite que leur intention n'est pas de se donner pour prophètes. Loin de là, vous les entendrez, au contraire, émettre leur avis particulier (1 *Corinth.*, 7, 40), ou bien ils vous diront, avec plus de franchise encore, que ce n'est point un commandement qu'ils apportent, mais un humble conseil qu'ils donnent (1 *Corinth.*, 7, 6); et si ailleurs le même apôtre semble s'exprimer par ordre de Dieu, il ne parle pas d'un ordre qui lui a été donné expressément par révélation; il fait seulement allusion aux exhortations du Christ lorsqu'il instruisit ses disciples sur la montagne (1). Et un peu plus bas, il ajoute que l'esprit argumentateur de saint Paul éloigne toute idée d'inspiration prophétique. D'où il conclut que l'on ne peut proprement regarder comme révélés que les enseignemens faits de vive voix par les apôtres, et qu'ils ont confirmés par leurs miracles; que toutes les fois qu'ils s'annoncent dans leurs écrits comme inspirés par l'Esprit saint, on ne doit l'entendre que d'une intelligence saine qui était en effet leur partage, et les rendait éminemment propres à adresser des exhortations fraternelles (2). Du reste, ce rejet que faisait Spinosa de

(1) *Tractatus th. polit.*, xi.—Il dit cependant de Jésus : « Il ne fut pas tant un prophète que la bouche même de Dieu. » *Tract. th. polit.*, iv.

(2) Chap. xi ; voir également le chap. xii où il établit ce que l'on doit chercher surtout dans les Saintes-Écritures, savoir : la religion naturelle, et comment il aime à prouver qu'en cela l'É-

l'inspiration de la Bible était une conséquence de ses
sentimens sur la non-authenticité de plusieurs de ses
livres, principalement de l'Ancien-Testament, dont il
attribuait la rédaction à Esdras; de là découlaient nécessairement les idées fausses qu'il s'était faites d'une
révélation. Il jugeait l'idée d'une révélation telle que
l'ont admise, pendant dix-huit siècles, toutes les communions chrétiennes, non-seulement incompatible
avec l'idée qu'il se faisait de Dieu; de Dieu, en qui
nous vivons et qui inspire, en tout temps, chacun de
ceux qu'il juge à propos d'éclairer d'une plus vive
lumière et qui ne mettent pas obstacle à ses communications directes; mais encore contraire aux enseignemens de la Bible elle-même. De là ses efforts exégétiques pour expliquer, au moyen de la philologie,
la manière toute naturelle par laquelle il est dit que
Dieu est intervenu dans le monde (1).

Mais si Spinosa est tombé à ce sujet dans de graves
erreurs que lui faisait nécessairement commettre son
principe d'arriver à Dieu par la seule connaissance, et
par là à l'accomplissement de tous ses devoirs, uniquement par cette voie, c'est qu'il ne pensait pas que
les faits moraux ont un autre genre de démonstration,
et qu'une révélation qui répond aux besoins moraux

---

criture n'est nullement « *mendosa, depravata, atque truncata.* » —
Il n'est pas jusqu'à la doctrine rationaliste de l'accommodation
que Spinosa ne proclame en termes formels : « Le Christ, dit-il,
s'est accommodé aux opinions et aux principes de ceux avec lesquels il vivait. » *Ibid.*, chap. xi; comparez ce sujet, *Histoire critique du Rationalisme en Allemagne*, chap. III.

(1) Voir en particulier les trois premiers chapitres du *Tractatus th. politicus.*

de la nature humaine implique sa nécessité et celle-ci sa possibilité. S'il est vrai également que Spinosa a méconnu les moyens principaux que met en jeu la religion chrétienne pour faire atteindre à l'homme sa fin, il n'a pas laissé que de reconnaître le but essentiellement moral qu'elle se propose dans ses enseignemens. Il l'a fait dans des termes que Leibnitz et beaucoup d'autres illustres défenseurs du christianisme n'eussent pas désavoués. L'amour de la justice et de la charité est le mobile le plus puissant qu'il voudrait voir mis en jeu dans la vie ordinaire, et il affirme que c'est surtout à cette fin que conspirent les préceptes de nos saints livres (1). Il ne pouvait se faire une idée quelconque de la religion, si elle ne plaçait pas au premier rang la pratique de ces deux vertus éminentes ; et il ajoutait que la religion chrétienne plus que toutes les autres portait en elle ces principes de vie. Voici de quelle manière il résumait les idées qui devaient constituer, suivant ses principes, une doctrine religieuse. Si ce symbole n'est pas sans défauts, on les trouve plutôt dans ce qu'il omet que dans ce qu'il exprime : « Les dogmes d'une église catholique (universelle), dit-il, pourraient être réduits à confesser, 1° qu'il y a un Dieu ; savoir, un être suprême, souverainement juste et miséricordieux, modèle d'une vie véritable ; 2° que ce Dieu est unique ;

---

(1) Novimus scripturæ intentum non fuisse scientiam docere ... nullam aliam quàm cognitionem divinæ suæ justitiæ et charitatis, quæ cognitio non ad scientias sed tantùm ad obedientiam necessaria est. — Ad fidem ergò catholicam solummodò pertinent quæ ergà Deum obedientiam absolutè ponit. *Tract. theol. polit.* XIII et XIV.

car la piété, le respect et l'amour que nous lui devons, proviennent surtout de ce que nous le savons seul supérieur à tout ce qui existe ; 3° qu'il est présent partout, et, en conséquence, que tout lui est connu ; si quelque chose pouvait nous faire douter de cette vérité, nous douterions alors de la justice avec laquelle il dirige toutes choses ; 4° qu'il a une domination suprême sur tout, qu'il n'est nullement contraint, mais qu'il agit suivant son bon plaisir et sa bonté ; que tous sont tenus à lui obéir, et qu'il n'obéit à personne ; 5° que le culte et l'obéissance qu'on lui doit consistent dans la pratique de la justice et de la charité, dans l'amour du prochain ; 6° que ceux-là seront sauvés, qui montrent par ce genre de vie leur obéissance à Dieu ; tandis qu'ils seront réprouvés ceux qui s'abandonnent à l'amour des voluptés ; 7° enfin, que Dieu pardonne leurs fautes à ceux qui se repentent, et il n'y a personne qui ne commette des péchés ; si cet article du pardon des péchés n'était pas cru, on serait dans le désespoir, parce que tous savent qu'ils en ont commis ; tandis que si l'on croit fermement que Dieu, par miséricorde et *par grâce*, pardonne aux hommes leurs péchés, et que, pour cette raison, l'homme brûle toujours d'amour pour Dieu, alors on est arrivé à la connaissance spirituelle du Christ, alors l'on vit en Christ (1).

Ce résultat moral d'une doctrine religieuse qui, bien qu'incomplète, place le souverain bien de

---

(1) *Tractatus th. polit.*, xiv. On remarquera le mot de *grâce* employé ici par Spinosa, et qui exprime ce salut gratuit, doctrine fondamentale dans toutes les communions chrétiennes, doctrine, disait Luther, sans laquelle une église ne saurait subsister.

l'homme dans la connaissance de Dieu et dans son amour (*cognitio et amor Dei*), c'est-à-dire dans une vie active en Dieu, connaissance et amour qui sont le pivot sur lequel roule tout ce que Spinosa a eu l'intention de développer géométriquement dans son *Ethique ;* ce résultat, dis-je, fait regretter que ce grand homme se soit arrêté à mi-chemin de la vérité, et n'ait consulté que son intelligence, lorsqu'il eût fallu faire un puissant appel aux nobles facultés de son cœur et au cri incessant de toute conscience humaine. Mais on doit également déplorer que, si d'un côté le fanatisme ne tenant aucun compte de ses pures intentions, le condamnait sans miséricorde, et le traînait aux gémonies, le rationalisme se soit prudemment affublé de ses idées exégétiques, et tout en demeurant dans le sein de l'Eglise d'où s'excluait volontairement Spinosa par délicatesse de conscience, il s'en fasse une arme contre les doctrines vitales de l'église chrétienne. Certes, j'admire Spinosa à l'égal de tant d'autres grands hommes de l'antiquité païenne, qui ont honoré l'espèce humaine par la noblesse de leur caractère; mais je ne voudrais pas qu'il fût dit qu'il est mon initiateur dans la vérité pure de l'Evangile, ce que tout rationaliste est pourtant contraint d'avouer. Et, dans ce cas, pourquoi n'ont-ils pas le courage de leur foi? Pourquoi n'imitent-ils pas la franchise de Spinosa?

THÉORIE DE LA SUBSTANCE.   113

CHAPITRE XI.

Analyse de l'Éthique.

§ I. *Théorie de la substance, de ses modes et de ses attributs.—Dieu et l'univers.*

L'ouvrage dans lequel Spinosa avait développé toute sa doctrine sur Dieu et le monde, n'ayant paru qu'après sa mort, il serait peut-être plus naturel de n'en révéler le contenu qu'après avoir raconté les derniers momens de la vie de son auteur. Mais la doctrine philosophique de Spinosa préoccupe tellement notre esprit quand il s'agit de ce philosophe, que l'on désire avoir le cœur net des accusations qu'on lui a intentées, avant même de savoir comment il a terminé une vie qu'il avait consacrée tout entière à mûrir cette doctrine (1).

On sait déjà qu'il avait étudié avec ardeur la philosophie de Descartes, et qu'il avait cherché à la réduire en théorème, au point de la démontrer avec des formes géométriques : or, soit que l'on considère la méthode, soit que l'on s'attache à l'examen du contenu, on voit, à n'en pas douter, que les conséquences philosophiques de Spinosa dérivent tout

(1) Quoique œuvre posthume, l'*Ethique* était déjà composée en juin 1675, puisqu'il en parle ouvertement dans sa correspondance.

aussi bien de la manière dont Descartes avait défini l'être (1).

Mais comme le dessein de Spinosa n'était pas de présenter à l'esprit humain une pâture fantastique, comme il désirait au contraire ne l'éclairer que dans des vues utiles, il appliqua à la pratique de la vie toutes ses idées spéculatives, et son principal tort en ceci est d'avoir exagéré la méthode géométriquement démonstrative quand il s'agissait de faits moraux et intellectuels qui peuvent bien être pressentis ou même perçus par l'intelligence, mais non mesurés ou démontrés avec une rigidité mathématique (2). Quoi qu'il en soit, cet esprit de démonstration l'amena à composer une *Ethique* qui devait être la compréhension du monde intellectuel, moral et physique. L'ensemble de cette œuvre est tel, en effet, qu'il trouble d'abord un lecteur peu exercé, qui se voit comme contraint d'adopter ce que les lois d'une exacte logique semblent lui imposer; mais si l'on revient quelque peu de son étonnement, et qu'affermi dans la foi chré-

(1) Voir de Henri Richter : *Ueber der Philosophie des Cartesius und Spinosa und ihre gegenseitigen Berührungs-Puncte*, Leipzig, 1817. Ainsi que de Sigwart, *Ueber den Zusammenhang des Spinosismus mit der cartesiamischen Philosophie*. Tubingen, 1816.

(2) « ... Vous dites, monsieur, que vous ne pouvez penser à cet homme illustre sans le plaindre de n'avoir pas vécu trente ans plus tard; qu'il aurait vu de ses propres yeux, par les progrès mêmes de la physique, que l'application directe de la géométrie ne saurait se faire qu'au physique; et ensuite, qu'il avait confondu la méthode formulaire des géomètres avec l'esprit géométrique, dont l'application à la métaphysique lui aurait fait produire des choses plus dignes de son beau génie. » Lettre de Jacobi à Hemsterhuis dans l'ouvrage, *Ueber die Lehre*. Doc., page 101.

tienne on tienne ferme à la dualité que confessent à-la-fois tous nos instincts, on ne tarde pas à s'apercevoir des parties faibles de l'édifice qui avait entraîné notre admiration. Si le célèbre Lessing a été d'avis « qu'il n'y a pas d'autre philosophie que le spinosisme, » c'est parce qu'il méconnaissait la philosophie de la foi. Si vous excluez celle-ci du domaine de la philosophie, je ne vois pas trop ce que vous pourriez objecter à Lessing, pour peu que vous preniez garde à l'enchaînement logique des idées que l'*Ethique* développe.

L'*Ethique* est divisée en cinq livres, qui sont eux-mêmes la division des divers sujets qui y sont traités; et déjà cette division montre qu'il n'était pas dans l'intention de l'auteur de formuler un système anti-théiste, mais plutôt d'étendre, de corriger, de perfectionner et de compléter le cartésianisme. Tandis que les deux premiers livres ne font que poser la base scientifique du système, et que le troisième n'en est, pour ainsi dire, que la propédentique, Spinosa paraît ne commencer son *Ethique* qu'au quatrième livre, parce que, en effet, c'est dans les questions qui se rattachent aux affections humaines et particulièrement à la liberté morale, que se trouve toute la spécialité de sa doctrine en même temps que la difficulté véritable de son exposition. Mais, comme ce qui en fait la base est précisément ce que l'empirisme lui dispute, il convient d'en analyser les idées avec soin, sans toutefois m'astreindre trop à le suivre dans les divisions qui lui sont propres (1).

(1) Les ouvrages de Spinosa étant fort rares en France, je suis forcé de citer textuellement dans la langue originale les paroles de l'écrivain.

8.

Le premier livre, ou la première partie de l'*Ethique*, est intitulé *de Dieu*, et a pour but de démontrer qu'il existe nécessairement. Voici sa manière de procéder dans cette démonstration.

Pour arriver à s'entendre sur une matière, il faut d'abord s'entendre sur les termes que l'on emploie pour la traiter. Et comme il s'agira principalement de substance, d'attributs, de modes de substance, il faut les définir d'une manière exacte. Spinosa entend donc par substance l'être dont la conception n'exige pas la conception d'une autre chose; par attributs, tout ce que l'on reconnaît comme constituant l'essence de la substance; et par modes, l'affection au moyen de laquelle on la conçoit. Ainsi, la substance serait ce qui existe nécessairement, et les affections de la substance, ce qui *devient*; d'où il suit que la substance ou l'être nécessaire a dû exister avant ses affections (1).

Cette substance est une; elle ne saurait être multiple, parce que, si on lui accorde la souveraine perfection, elle ne saurait la partager avec une autre substance. Mais de ce qu'elle est unique, quoiqu'elle revête autant de formes qu'il paraît y avoir d'êtres dans l'univers, elle est, par cela même, immense; et puisqu'elle existe nécessairement, attendu que personne ne lui a donné l'être et qu'elle subsiste par elle-

(1) Per substantiam intelligo id quod in se est et per se concipitur; hoc est, id cujus conceptus non indiget conceptus alterius rei, à quo formari debeat. — Per attributum intelligo id quod de intellectus de substantiâ percipit, tamquàm ejusdem essentiam constituens. — Per modum intelligo substantiæ affectiones, sive id, quod in alio est, per quod etiam concipitur (*Eth.* 1, definitio 3, 4, 5).

même, elle est donc encore éternelle, indivisible, immuable (1).

Quoique la substance puisse être douée d'une infinité d'attributs, cependant l'esprit humain ne saurait les préciser par le seul moyen de l'idée que nous avons de la substance. Mais si elle se révèle dans l'infini, alors nous commençons à lui reconnaître les attributs essentiels, qui sont l'étendue et la pensée. Spinosa insiste pour que l'on ne croie pas que l'essence de la substance soit épuisée par ces deux attributs, et l'on doit lui savoir gré de cette sincérité scientifique (2).

Avoir défini la substance et l'avoir désignée par ses deux attributs essentiels, c'est avoir défini Dieu, qui est ainsi l'Etre doué d'attributs infinis, dont chacun d'eux exprime l'éternelle et infinie essence divine (3). Dieu donc est la cause de lui-même (*causa sui*), et comme on ne saurait concevoir des modes sans une substance, et qu'il ne peut exister qu'une seule sub-

---

(1) Substantia absoluta infinita est indivisibilis. *Demonstr.*—Si enim divisibilis esset partes in quas divideretur, vel naturam substantiæ absolutæ retinebunt, vel non : Si primum, dabuntur ergò plures substantiæ ejusdem naturæ, quod est absurdum. Si secundum ponetur, ergò poterit substantia absolutè infinita desinere esse, quod est absurdum (*Eth.* 1, prop. 13).

(2) Voir particulièrement ce qu'il en dit dans les lettres 65 et 66. — Comment a-t-on pu attribuer à un écrivain, à qui l'on reconnaissait de la profondeur et une conséquence de fer, l'étrange opinion que l'on pouvait *à priori* définir Dieu comme l'Etre infini doué d'attributs infinis, lorsqu'il aura soutenu qu'*à posteriori* l'on ne pouvait plus lui en reconnaître que deux ?

(3) Per Deum intelligo ens absolutè infinitum, hoc est substantiam constantem infinitis attributis, quorum unumquodque æternam et infinitam essentiam exprimit. *Eth.* 1, defin. 6.

stance, il s'ensuit que rien n'existe, à part Dieu, et ce qui peut en être considéré comme les modes.

Ces modes de la substance, c'est tout ce qui nous apparaît dans le domaine de la nature, c'est nous-mêmes qui sommes appelés à la contempler. D'où il pourrait sembler que Dieu est déclaré par Spinosa un être matériel, tandis que le philosophe repousse avec force une telle supposition. Il admet, il est vrai, que l'étendue et la pensée sont les deux attributs essentiels de la substance, et que les modes de la substance impliquent l'identité de nature avec les attributs; mais de ce que les corps sont des modes de Dieu, il ne s'ensuit pas nécessairement que Dieu soit corporel, car autrement il ne serait pas incréé.

Dieu, en même temps qu'il est la cause de soi, peut être également dit la cause de toutes choses, pourvu que l'on ajoute qu'il n'en est pas la cause passagère, mais immanente. Spinosa ajoute qu'il est encore la cause la seule libre et absolument libre. Car Dieu existe seul par la seule nécessité de sa nature et il agit également par la seule nécessité de sa nature. Ce qui fait qu'il n'est pas cause fatale et qu'il n'agit pas lui-même fatalement, parce qu'en vertu de ce qu'il est il agit conformément à son éternelle essence (1).

Si Dieu est déterminé, non point par la nécessité, mais par la nécessité de sa nature infinie, il n'y a pas de casualité; toute chose, dans son existence comme dans son opération, est déterminée par la nécessité de

---

(1) Sequitur solum Deum esse causam liberam. Deus enim solus ex solâ suæ naturæ necessitate existit, et ex solâ suæ naturæ necessitate agit, adeoque solus est causa libera (*Eth.* 1, prop. 17, Coroll.).

la nature divine; et aucune chose ne pourrait être produite autrement qu'elle n'a été produite. D'où il suit encore que la *natura naturata*, c'est-à-dire les modes sous lesquels se manifestent les attributs divins doivent participer de la nature de ces attributs, en d'autres termes, que l'univers avec tout ce qu'il renferme, possède aussi l'éternité, l'indivisibilité et l'immutabilité (1).

Spinosa appelle choses particulières en opposition à l'absolue existence, tout ce qui est fini et qui a une existence déterminée. Nous ne pouvons concevoir au nombre des choses particulières que les corps et les modes de nos pensées. D'où il arrive que l'esprit humain voulant se faire une idée juste et claire de la substance se la représente sous le double attribut de l'étendue et de la pensée. Or, un attribut étant ce que l'esprit conçoit comme constituant l'essence de la substance, il s'ensuit que, malgré notre ignorance de certaines choses, nous devons conclure que la substance, en tant même que douée d'étendue, n'est point sujette à la division (2).

(1) Omnia, quæ ex absolutâ naturâ alicujus attributi Dei sequuntur, semper et infinita existere debuerunt, sive per idem attributum æterna et infinita sunt. — Quidquid ex alio Dei attributo, quatenùs modificatum est tali modificatione, quæ et necessario et infinita per idem existit, sequitur, debet quoque et necessario et infinitum existere (*Eth.* 1, prop. 21, 22).

(2) Nullas res singulares præter corpora et cogitandi modos sentimus et percipimus. *Eth.* 11, axiom. 5. — Multa sunt quæ captum nostrum excedunt et tamen à Deo scimus facta esse, uti ex. grat. est materiæ realis divisio in indefinitas partes satis evidenter à nobis demonstrata, quamvis ignoremus, quomodo divisio illa fiat (*Cog. met.*; p. 1, cap. 3).

« Toutes choses sont en Dieu; tout ce qui se fait, se fait suivant les lois de l'infinie nature de Dieu et par la nécessité de son essence. On ne peut donc dire avec raison que Dieu est soumis à l'action d'un autre, ou que l'étendue est indigne de sa nature divine, pourvu que l'on accorde que la substance est éternelle et infinie. Et comme un attribut peut se révéler par une infinité de modes, quoiqu'il doive demeurer toujours le même dans son essence, il se révèle en tant que cet attribut se pose comme divisé, sans pourtant laisser de vide, et par ce mouvement détermine des modes ou affections de la substance. De sorte que pour que des choses particulières existent il faut que certaines d'entre elles aient été produites immédiatement par Dieu, et les autres au moyen de celles-là, quoique ni les unes ni les autres ne puissent être conçues sans Dieu. De là il suit, 1° que Dieu est la cause absolument prochaine des choses produites immédiatement par lui; 2° que Dieu ne peut être dit la cause éloignée des choses particulières, à moins que nous les distinguions de celles qu'il a produites immédiatement, ou plutôt de celles qui découlent de son absolue nature. Car nous devons entendre par cause éloignée celle qui n'est nullement liée à son effet. Cependant toutes les choses qui existent, existent en Dieu et dépendent tellement de Dieu, que sans lui elles ne peuvent ni exister ni être conçues (1). »

---

(1) Cum quædam à Deo immediatè produci debuerunt, videlicet ea, quæ ex absolutâ ejus naturâ necessario sequuntur, quædam mediantibus his primis, quæ tamen sine Deo nec esse nec concipi possunt; hinc sequitur, 1° quod Deus sit rerum immediatè

Chacun des attributs de la substance doit être conçu en lui-même, de telle sorte néanmoins que l'on ne puisse en conclure qu'ils constituent plusieurs substances; car si c'est le propre d'un attribut d'être conçu en soi, c'est aussi le propre d'une substance infinie de réunir en elle tous les attributs qui font son essence, et c'est ainsi que l'on conçoit l'étendue et la pensée (1).

La substance, considérée sous l'attribut de l'étendue, est corporelle, et on nomme corps simples les parties dans lesquelles la substance se pose, divisée sans un vide intermédiaire. Les corps simples ne diffèrent entre eux qu'en raison de leur mouvement et de leur vitesse. Il n'en existe aucun qui de sa nature ne produise quelque effet, car tout ce qui existe exprime d'une manière certaine et déterminée la nature et l'essence de Dieu; en d'autres termes, tout ce qui existe exprime par un mode certain et déterminé la puissance de Dieu, et c'est à cause de

---

ab ipso productarum causa absolutè proxima; non vero in suo genere, ut aiunt. Nam Dei effectus sine suâ causâ nec esse nec concipi possunt. Sequitur, 2° quod Deus non potest propriè dici causa esse remota rerum singularium, nisi fortè eâ de causâ, ut scilicet has ab iis, quas immediatè produxit, vel potiùs, quæ ex absolutâ ejus naturâ sequuntur, distinguamus. Nam per causam remotam talem intelligimus, quæ cum effectu nullo modo conjuncta est. At omnia quæ sunt, in Deo sunt et à Deo ita dependent ut sine ipso nec esse nec concipi possunt (*Eth.* 1, prop. 28 Schol.).

(1) Unumquodque unius substantiæ attributum per se concipi debet (*Eth.* 1, prop. 10). — Ex his apparet, quod, quamvis Dei attributa realiter distincta concipiantur, hoc est unum sine ope alterius, non possumus tamen inde concludere, ipsa duo entia, sive duas diversas substantias constituere (*Eth.* 1, pr. 10, Schol.).

cela qu'un effet doit nécessairement s'ensuivre (1).

Les idées simples répondent aux modes simples de l'étendue, lorsque l'on considère la substance dans son attribut de la pensée. En ceci s'accordent toutes les idées : c'est qu'elles impliquent la conception de la pensée. On les distingue entre elles par l'affirmation et la négation, choses qui répondent au mouvement ou au repos de l'étendue. Leur effet consiste en ce que les individus pensans, ou les hommes doués d'esprit et de corps, sont formés de la réunion d'idées simples, et il existe autant de genres de ces individus qu'on en compte dans l'étendue. Cependant notre esprit, en tant qu'il comprend, est un mode éternel de la pensée, qui est déterminé à son tour par un autre mode éternel de la pensée, et ainsi de l'un à l'autre, jusqu'à l'infini, de sorte que tous ces modes réunis constituent l'éternelle et infinie intelligence de Dieu (2).

(1) Corpora ratione motus et quietis, celeritatis et tarditatis et non ratione substantiæ distinguuntur (*Eth.* II, Lemma 1). Quidquid existit, Dei naturam seu essentiam certo et determinato modo exprimit, hoc est, quidquid existit, Dei potentiam, quæ omnium rerum causa est, certo et determinato modo exprimit, adeòque ex eo aliquis effectus sequi debet (*Eth.* 1, prop. 36, demonstr.).

(2) In mente nulla datur volitio sive affirmatio et negatio præter illam, quam idea quatenùs idea est, involvit (*Eth.* II, prop. 49). — Mens et corpus una eademque res est, quæ jam sub extensionis, jam sub cogitationis attributo concipitur (*Eth.* III, prop. 2, Schol.). — Hæc sunt quæ de mente quatenùs sine relatione ad corporis existentiam consideratur, ostendere constitueram. Ex quibus et simul ex prop. 26 et aliis apparet, quod mens nostra, quatenùs intelligit, æternus cogitandi modus sit, qui alio æterno cogitanti modo determinatur, et hic iterùm ab alio, et sic in infinitum, ita ut omnes simul Dei æternum et infinitum intellectum constituant (*Eth.* v, prop. 40, Schol.).

CHAPITRE XII.

Suite de l'analyse de l'Éthique.

§ II. *Théorie psychologique.*

1° *Des conceptions de l'esprit humain.* — L'esprit humain est distinct du corps en ce qu'il est cette modification de Dieu considéré dans l'attribut de la pensée, tandis que le corps de l'homme est composé de divers individus durs et fluides qui ne sont une modification de la substance que quand elle est considérée sous le rapport de l'étendue. On ne peut bien connaître l'esprit humain que lorsqu'on connaît bien la nature du corps humain.

L'esprit humain perçoit les choses de trois manières : par l'imagination, par la raison, par l'intelligence. Par le premier de ces moyens l'esprit ne peut avoir qu'une connaissance confuse et incomplète des choses, tant en ce qui le concerne lui-même qu'en ce qui a rapport à son propre corps et à tous les objets qui nous environnent. Mais il en est autrement de la raison, qui consiste dans l'usage que fait l'esprit humain de certaines notions communes à tous les individus, et que par là même on conçoit clairement et distinctement; notions qui deviennent la base de nos raisonnemens lorsqu'en les examinant nous discernons leurs ressemblances, leurs dissemblances ou leurs oppositions. C'est donc par la raison que l'esprit parvient à la connaissance des choses qui, par un enchaînement infini de causes, arrivent nécessairement et ont leur source dans une sorte d'éternité (1).

Spinosa n'entend point par intelligence, la pensée absolue, mais un certain mode de penser. Or cette intelligence nous suffit pour nous faire acquérir la connaissance parfaite de l'éternelle essence de Dieu, parce que l'idée de Dieu implique son essence infinie. C'est ainsi que l'esprit humain connaît Dieu comme la cause éternelle de toutes choses, et au moyen de cette connaissance il arrive à cette autre plus parfaite que Spinosa désigne par le nom de *connaissance intuitive*.

Veut-on connaître au juste comment cette intelligence arrive à une telle connaissance, que l'on réfléchisse à la liaison intime qui existe entre la pensée humaine et la pensée divine. Les idées particulières ne sont-elles pas perçues dans l'idée infinie de Dieu de la même manière que les modes d'extension dérivent

---

(1) Hinc sequitur mentem humanam, quoties, ex communi naturæ ordine (imaginatione) res percipit, nec sui ipsius, nec sui corporis, nec corporum externorum adæquatam, sed confusam tantùm et mutilatam habere cognitionem (*Eth.* II, prop. 39, Coroll.). — Hinc sequitur dari quasdam ideas, sive notiones omnibus hominibus communes. Nam omnia corpora in quibusdam conveniunt, quæ ab omnibus debent adæquatè, sive clarè et distinctè percipi (*Eth.* II, prop. 38, Coroll.). — His causam rationum, quæ communes vocantur, quæque ratiocinii nostri fondamenta sunt, explicui (*Eth.* II, prop. 40, Schol.). — De natura rationis est, res sub quàdam æternitatis specie percipere. De naturà enim rationis est, res ut necessarias et non ut contingentes contemplari (*Eth.* II, prop. 44, Coroll. 11). — Unaquæque cujuscumque corporis vel rei singularis, actu existentis, idea Dei æternam et infinitam essentiam involvit (*Eth.* II, prop. 45).

de l'infinie étendue? Or, Dieu ne perçoit d'autre idée des objets que celles qui constituent sa propre pensée, de sorte que chaque idée, qui à son tour a Dieu pour objet, ne peut être que vraie et adéquate. Tout ce qui se passe dans l'objet d'une idée quelconque, Dieu en donne lui-même la connaissance puisqu'il est affecté lui-même de l'idée de cet objet (1), et de cette manière il n'y a pas d'idée positive hors de Dieu, et les idées de toutes choses ayant pour cause Dieu, considéré sous l'attribut dont elles sont les modes, doivent impliquer la conception de l'attribut, c'est-à-dire de l'existence de Dieu (2).

(1) Quidquid in objecto cujuscumque ideæ contingit, ejus rei datur necessario in Deo cognitio, quatenùs in Dei attributis comprehenduntur, earum esse objectivum, sive ideæ non existunt, nisi quatenùs infinita Dei idea existit ; et ubi res singulares dicuntur existere, non tantùm, quatenùs in Dei attributis comprehenduntur, sed quatenùs etiam durare dicuntur, earum ideæ etiam existentiam, per quam durare dicuntur, involvunt (*Eth.* II, prop. 8, Coroll.) — Cogitatio attributum Dei est, adeòque tam ejus, quam omnium ejus affectionum, et consequenter mentis humanæ debet necessario in Deo dari idea. Deinde hæc mentis idea sive cognitio non sequitur in Deo dari, quatenùs infinitus, sed quatenùs alia rei singularis idea affectus est. Sed ordo et connexio idearum idem est ac ordo et connexio rerum, sequitur ergo hæc mentis idea sive cognitio in Deo, et ad Deum eodem modo refertur ac idea sive cognitio corporis (*Eth.* II, prop. 20). — Ideæ omnes in Deo sunt, et quatenùs ad Deum referuntur, sunt veræ et adæquatæ. (*Eth.* II, prop. 36, demonstr.).

(2) Unaquæque cujuscumque corporis, vel rei singularis, actu existentis, idea Dei æternam et infinitam essentiam necessario involvit... At res singulares non possunt sine Deo concipi ; sed quia Deum pro causa habent, quatenùs sub attributo consideratur, cujus res ipsæ modi sunt, debent necessario earum ideæ ipsarum

Il est nécessaire de ne pas confondre les images, les idées et les mots dont nous nous servons pour exprimer nos idées. Ceux qui croient que les idées consistent dans les images qu'ils aperçoivent, s'imaginent que les idées dont on ne peut se former d'images ne sont pas proprement des idées, mais des illusions (*figmenta*) arbitraires. Ils regardent donc les idées comme ils regarderaient des peintures muettes sur une table, et ne comprennent pas qu'une idée, comme telle, implique ou une affirmation ou une négation. Quant à ceux qui confondent les mots avec les idées, ils s'imaginent qu'ils peuvent vouloir quelque chose de contraire à ce qu'ils aperçoivent, parce qu'ils peuvent l'affirmer ou le nier à l'aide de mots. Ces préjugés seront rejetés par ceux qui réfléchissent que la pensée n'emporte pas avec elle l'idée de l'étendue, et par conséquent qu'une idée étant un mode de la pensée, ne consiste ni en images ni en mots dont l'essence consiste en mouvemens corporels qui n'impliquent pas la conception de la pensée.

Une source de beaucoup d'erreurs, c'est que l'on ne donne pas aux choses leur véritable nom; alors l'erreur n'est pas dans l'esprit de l'homme, mais dans la fausse manière dont il a exprimé son idée. C'est comme dans une opération arithmétique où celui qui

---

attributi conceptum, hoc est Dei æternam et infinitam essentiam involvere.... Hic per existentiam non intelligo durationem, hoc est existentiam, quatenùs abstractè concipitur et tamquam quædam quantitatis species. Nam loquor de ipsá naturá existentiæ, quæ rebus singularibus tribuitur, propterea quod ex æterna necessitate Dei naturæ infinita infinitis modis sequuntur. (*Eth.* II, prop. 45, demonstr. Schol.).

s'est trompé voit, dans son esprit, un chiffre différent du véritable résultat (1).

« L'esprit n'a pas de libre arbitre ; mais il est déterminé par une cause qui est elle-même déterminée par une autre cause et ainsi jusqu'à l'infini, et par conséquent jusqu'à Dieu, cause première et seule libre. En pourrait-il être autrement si l'esprit n'est qu'un mode de la pensée ? Il ne possède pas non plus la faculté absolue d'aimer, de désirer, de comprendre, car ce ne sont là que des abstractions métaphysiques, et l'on n'a pas assez enseigné encore que la volonté se confond même avec l'intelligence (2).

2° *Des affections de l'esprit humain ou des passions.* — La plupart de ceux qui ont écrit sur la morale, dit

---

(1) Voir tout le *Scholia* de la propos. 49ᵉ. In mente nullà datur volitio, sive affirmatio et negatio præter illam, quam idea, quatenùs idea est involvit. (Dans cette même 2ᵉ partie de l'*Eth*.) — Plerique errores in hoc solo consistunt quod scilicet nomina rebus non rectè applicamus... sic cum homines in calculo errant, alios numeras in mente, alios in charta habent. Quare si ipsorum mentem spectes, non errant sanè : videntur tamen errare, quia ipsos in mente putamus, habere numeros qui in charta sunt. Si hoc non esset, nihil eosdem errare crederamus ; ut non credendi quemdam errare, quem nuper audivi clamantem, suum atrium volasse in gallinam vicini, quia scilicet, ipsius mens satis perspecta nudi videbatur (*Eth.* II, prop. 47, Schol.].

(2) In mente nulla est absoluta sive libera voluntas ; sed mens ad hoc, vel illud volendum determinatur à causâ quæ etiam ab aliâ determinata est, et hæc iterum ab aliâ et sic in infinitum. — Eodem hoc modo demonstratur in mente nullam dari facultatem absolutam intelligendi, cupiendi, amandi, etc. Undè sequitur, has et similes facultates, vel prorsùs fictitias, vel nihil esse, præter entia metaphysica sive universalia, quæ ex particularibus formare solemus (*Eth.* II, prop. 48, Schol.).

Spinosa, ont traité des passions, non point en tant qu'elles sont dans les lois de la nature, mais comme de quelque chose qui lui est étranger. Ils ont conçu l'existence de l'homme sur la terre comme s'il était un Etat dans un Etat, tandis qu'il fait essentiellement partie de l'ordre général. Ils se sont figuré que l'homme pouvait, à son gré, troubler les lois de l'ordre établi, et cela par sa propre volonté et encore par des vices inhérens en lui, qui sont tour-à-tour l'objet de leurs douleurs, de leurs moqueries ou de leurs haines ; mais les actions des hommes ne sont, en réalité, que les anneaux d'une longue chaîne, et elles entrent dans l'harmonie de l'ordre universel.

Après ces idées, dont je ne donne ici, comme de coutume, que la substance, et qui servent d'introduction au troisième livre de l'*Ethique*, Spinosa entre en matière en définissant les passions de l'homme (*affectus*). « J'entends par passions, dit-il, les affections du corps par lesquelles sa puissance d'agir est accrue ou diminuée, est aidée ou contrainte, ainsi que les idées de ces affections. Or, si l'on ne perd pas de vue que tout ce qui a lieu dans le corps doit avoir pour cause Dieu considéré sous son attribut d'étendue, et que tout ce qui a lieu dans l'esprit doit avoir pour cause Dieu considéré sous son attribut de pensée, on conclura que l'esprit et le corps ne sont qu'une chose considérée sous des modes différens, et, par conséquent, que les passions dans le corps sont de la même nature que les passions dans l'esprit, et que les unes et les autres sont dans l'ordre de la nature.

« Ainsi, lorsque la puissance du corps est accrue, l'esprit en reçoit un effet correspondant ; il en est de même lorsque cette puissance a diminué. L'esprit passe donc par différens états de pouvoir plus ou moins parfait de penser. On appelle joie la transition d'une perfection moindre de l'esprit à une plus grande; et tristesse, la transition d'une plus grande à une moindre perfection. Si l'on joint à ces passions le désir, on aura les trois passions primitives et pour ainsi dire normales de l'homme. Elles donnent naissance à toutes les autres (1). Quand une cause antérieure vient s'associer à la joie, il en résulte l'amour; ce sera, au contraire, la haine si cette cause antérieure vient s'unir à la tristesse (2). Si la joie ou la tristesse a pour cause la représentation d'une chose à venir ou le souvenir d'une chose passée, il en résulte une nouvelle espèce de passion que l'on nomme espérance, crainte, sécurité, désespoir, et même déchirement de la conscience. On compte autant de ces passions

(1) Quidquid corporis nostri agendi potentiam auget, vel minuit, juvat, vel coercet, ejusdem rei idea mentis nostræ cogitandi potentiam auget, vel minuit, juvat, vel coercet (*Eth.* III, prop. 11). — Videmus mentem magnas pati posse mutationes et jam ad majorem, jam ad minorem perfectionem transire, quæ quidem passiones nobis explicant affectus lætitiæ et tristitiæ... Quid deinde cupiditas sit, in Scholio prop. 9 hujus partis explicui, et præter hos tres nullum alium agnosco affectum primarium; nam reliquos ex his tribus oriri in sequentibus ostendam. (*Eth.* III, prop. 11, Schol.).

(2) Amor nihil aliud est quam lætitia, concomitante idea causæ externæ; et odium nihil aliud, quam tristitia concomitante idea causæ externæ... ille, qui amat, necessario conatur rem, quam amat præsentem habere et conservare; et contrà, qui odit, rem, quam odio habet, amovere et destruere conatur (*Eth.* III, prop. 13, Schol.).

que d'objets capables d'affecter le corps humain (1).

Les passions qui naissent de l'esprit, en tant que l'esprit agit, prennent le nom de force, que Spinosa distingue ensuite en animosité ou en générosité. Car l'animosité est le désir par lequel chacun s'efforce de conserver, dans un but d'utilité réelle, ce qui lui appartient; et la générosité est le désir qui nous porte, par la seule inspiration de la raison, à secourir les autres hommes. De l'intelligence naît le désir de connaître intuitivement, et ce désir procure la joie, car la puissance de l'esprit, élevée alors à sa plus haute expression, ne peut plus recevoir d'accroissement. Une fois, cette joie est ainsi accompagnée par l'intuition de l'idée de Dieu, elle se transforme en amour, et c'est l'amour de l'esprit envers Dieu, amour de la même nature que celui par lequel Dieu s'aime lui-même. L'amour infini dont Dieu s'aime nécessairement (parce que l'idée qu'il a de lui-même est toujours accompagnée de la connaissance qu'il a de toutes les choses qui procèdent de lui) est la seule passion propre à la Divinité, et cette passion ne peut être troublée par aucune autre; tandis que le corps humain est ainsi disposé qu'il peut être affecté par plusieurs objets à la fois et troublé, par conséquent, par des passions diverses (2).

(1) ... Tot species dantur, quot sunt species objectorum, à quibus afficimur (*Eth.* III, 56).

(2) Omnes actiones, quæ sequuntur ex affectibus, qui ad mentem referuntur, quatenùs intelligit, ad fortitudinem refero, quàm in animositatem ac generositatem distinguo... Omnes actiones quæ solum agentis utile intendunt, ad animositatem, et quæ alterius etiam utile intendunt, ad generositatem refero (*Eth.* III, prop. 59,

On doit nommer fluctuation de l'esprit cet état de l'âme qui la rend pour ainsi dire le jouet de différentes passions à la fois. On ne saurait dire le nombre des passions qui peuvent surgir les unes des autres (1); mais ce qu'il importe le plus de connaître, c'est leur force et leur puissance; et c'est à les examiner que sont consacrées les quatrième et cinquième parties de l'*Ethique.*

3°. *De la puissance des passions et de la vertu ou puissance de l'homme.* — L'homme, avait dit

Schol.). — Summus mentis conatus, summaque virtus est res intelligere tertio cognitionis genere (*Eth.* v, prop. 25). — Quidquid intelligimus tertio cognitionis genere, eo delectamur et quidem concomitante idea Dei, tamquam causa (*Eth.* v, prop. 32). Et *au Corollaire de la même proposition, il est dit* : Ex tertio cognitionis genere oritur necessario amor Dei intellectualis. Nam ex hoc cognitionis genere oritur lætitia concomitante idea Dei, tamquam causa, hoc est, amor Dei, non quatenùs ipsum ut præsentem imaginamur; sed quatenùs Deum æternum esse intelligimus et hoc est, quod amorem Dei intellectualem voco. — Deus est absolute infinitus, hoc est, Dei natura gaudet infinita perfectione, idque concomitante idea sui, hoc est, idea suæ causæ et hoc est, quod amorem intellectualem esse diximus (*Eth.* v, prop. 35). — Deus expers est passionum, nec ullo lætitiæ, aut tristitiæ affectu afficitur. Nam Deus neque ad majorem, neque ad minorem perfectionem transire potest; adeòque nullo tristitiæ aut lætitiæ affectu afficitur (*Eth.* v, prop. 17). — Deus propriè loquendo neminem amat, neque odio habet. Nam Deus nullo lætitiæ, neque tristitiæ affectu afficitur et consequenter neminem etiam amat, nec odio habet (*Eth.* v, prop. 17, Coroll.).

(1) Hæc mentis constitutio, quæ scilicet ex duobus contrariis affectibus oritur, animi vocatur fluctuatio. — Corpus humanum ex plurimis diversæ naturæ individui, componitur atque adeo ab uno eodem corpore plurimis diversisque modis unam eamdemque corporis partem poterit afficere.

9.

Spinosa, est en butte aux choses extérieures et en est agité de la même manière que les ondes de la mer le sont par des vents contraires (1). Cette agitation ne provient pas seulement de la puissance humaine, mais encore de la puissance des choses extérieures qui, se combinant ensemble, excitent ces passions. La puissance de l'homme étant de beaucoup inférieure à celle de la nature, il s'ensuit que nous sommes déterminés, non pas tant d'après notre droit, que d'après l'obligation où nous sommes de nous soumettre à une puissance supérieure à la nôtre (2).

La passion est d'autant plus forte que la puissance des choses antérieures se révèle contre l'homme, et qu'il doit lutter contre une foule de causes qui l'excitent. Toutes choses étant égales, les passions de l'esprit peuvent être ou augmentées ou diminuées par le premier genre de connaissances, l'imagination. Par exemple, les passions dont l'esprit imagine la cause comme étant présente, sont sans doute plus fortes que celles dont il se représente la cause comme étant éloignée. Tandis que la passion pour une chose que l'esprit sait ne pas exister au présent, et qu'il sait seulement dans le rang des choses possibles, est assurément

(1) *Eth.* III, prop. 59, Schol.).
(2) Vis, qua homo in existendo perseverat, limitata est et à potentia causarum externarum infinite superatur. *Demonstr.* Patet ex axiomate hujus. Nam dato homine datur aliquid aliud, puta A potentius et dato A datur deinde aliud, puta B, ipso A potentius et hoc in infinitum; ac proinde potentia hominis potentia alterius rei definitur et à potentia causarum externarum infinite superatur (*Eth.* IV, prop. 3).

bien plus faible que s'il pouvait la contempler de ses yeux (1).

La vertu, dans l'homme, consiste dans les efforts à demeurer dans ce qui fait ce qu'il est (2), c'est-à-dire, dans sa nature. En définitive, chercher à conserver ce qui nous est utile est la même chose qu'agir absolument par esprit de vertu, ou que vivre guidé par la raison. Or comme il n'y a d'utile que le bon, l'homme doit s'appliquer à connaître ce qui est vraiment utile (3).

Tout désir que la puissance ou la vertu de l'homme peut satisfaire, est bon en lui-même; quant aux autres, ils peuvent être indifférens, excepté celui qui aurait sa source dans la haine, qui, dans aucun cas, ne saurait être bon. Par conséquent, l'envie, la moquerie, le mépris, la colère, la vengeance; en un mot, ce que la haine inspire est mauvais et honteux. Le meilleur moyen d'éteindre cette passion chez les autres, quand on est le sujet de leur haine, c'est de les aimer. Donc celui qui se laisse guider par la raison s'efforcera de paralyser la haine d'autrui par l'amour qu'il lui

(1) Effectus potentia definitur potentia ipsius causæ, quatenùs ejus essentia per ipsius causæ essentiam explicatur vel definitur (*Eth.* v, axiom. 2).—Quo affectus aliquis à pluribus causis simul concurrentibus excitatur, eo major est (*Eth.* v, prop. 8.)—Affectus, cujus causam in præsenti nobis adesse imaginamur, fortior est, quam si eamdem non adesse imaginaremur (*Eth.* iv, prop. 9).

(2) Virtus, quatenùs ad hominem refertur, est ipsa hominis essentia seu natura, quatenùs potestatem habet, quædam efficiendi, quæ per solas ipsius naturæ leges possunt intelligi (*Eth.* iv, Def. 8).

(3) Per bonum id intelligam, quod certo scimus nobis esse utile (*Eth.* iv, Def. 1).

portera et pratiquera par cela même la vertu de la générosité (1).

1. Nous ne jugeons point qu'une chose est bonne parce que nous tendons vers elle, que nous la voulons, que nous la souhaitons vivement; au contraire, nous la jugeons bonne précisément à cause de nos désirs et de notre volonté de l'acquérir. C'est par cette vraie connaissance du bien et du mal que nous pouvons dompter nos passions, non parce que cette connaissance, en tant que vraie, peut obtenir ce triomphe, mais en tant qu'elle peut considérer les passions, parce qu'une passion ne peut être chassée que par un autre qui sera plus forte (2).

La puissance de l'esprit relativement aux passions consiste donc à savoir régler les affections du corps sur l'ordre et l'harmonie des idées. Cependant si l'on ne parvient point à les dompter toutes, la raison et la

(1) Odium numquam potest esse bonum (*Eth.* IV, prop. 45). Dans la scholie de cette proposition on trouve cette remarque : Inter irrisionem (quam in I Coroll. malam esse dixi), et risum magnam agnosco differentiam. Nam risus, et jocus, mera est lætitia; adeoque, modo excessum non habeat, per se bonus est. Nihil profecto nisi torva et tristis superstitio delectari prohibet.

(2) Vera boni et mali cognitio, quatenùs vera, nullum affectum coercere potest; sed tantum, quatenùs ut affectus consideratur — *Demonstr.* Affectus est idea, qua mens majorem, vel minorem sui corporis existendi vim, quam antea, affirmat; atque adeo nihil positivum habet, quod præsentia veri tolli possit; et consequenter vera boni et mali cognitio, quatenùs vera, nullum affectum coercere potest. At quatenùs affectus est, eatenùs tantùm affectum coercere poterit (*Eth.* IV, prop. 14). — Cupiditas quæ ex verâ boni et mali cognitione oritur, multis aliis cupiditatibus, quæ ex affectibus, quibus conflictamur, oriuntur, restingui vel coerceri potest (*Eth.* IV, prop. 15).

science intuitive nous apprennent alors comment on doit y acquiescer. L'acquiescement, dans ce cas, est la joie qui dérive de la contemplation que fait l'homme de sa puissance d'agir (1).

" S'il nous arrive quelque chose qui semble contrarier nos désirs, l'homme intelligent le supportera avec calme, dans la persuasion que tout s'est fait suivant les lois éternelles de la nature et que sa puissance n'a pu l'empêcher (2).

Cependant la plus haute vertu de l'esprit consiste à connaître les choses de la troisième espèce de connaissance. Car de cette connaissance dérive l'amour intellectuel envers Dieu, qui est la passion la plus élevée en ce qu'il a sa cause dans toutes les choses. L'esprit doit être d'autant plus occupé de cet amour, que toutes les affections du corps tendent à l'entretenir. Une fois cet amour acquis, on est arrivé à la béatitude. Celle-ci n'est point le prix de la vertu, mais elle est la vertu même; et l'homme n'en jouit point parce qu'il dompte ses convoitises, mais il les dompte parce qu'il jouit de la béatitude ou de la vertu. Cette béatitude ne s'éteint point avec la vie du corps, parce que si ce corps change de nature en se décomposant et en se transformant, l'esprit lui survit parce qu'il y a

---

(1) Acquiescentia in se ipso, est lætitia orta ex eo quod homo se ipsum, suamque agendi potentiam contemplatur.

(2) ..... Attamen ea, quæ nobis eveniunt contrà id, quod nostræ utilitatis ratio postulat, æquo animo feremus, si conscii sumus nos functos nostro officio fuisse et potentiam, quam habemus, non potuisse eo usque extendere, ut eadem vitare possemus, nosque partem totius naturæ esse, cujus ordinem sequimur (*Eth.* IV, app. cap. 32).

quelque chose d'éternel qui appartient à l'essence de l'esprit (1).

(1) Beatitudo non est v rtutis præmium, sed virtus ipsa; nec eadem gaudemus, quia libidines coercemus, sed contra quia eadem gaudemus, ideo libidines coercere possumus (*Eth.* v, prop. 42).— In Deo datur necessario conceptus, seu idea, quæ corporis humani essentiam exprimit, quæ propterea aliquid necessario est, quod ad essentiam mentis humanæ pertinet. Sed menti humanæ nullam durationem, quæ tempore definiri potest, tribuimus, nisi quatenùs corporis actualem existentiam, quæ per durationem explicatur et tempore definiri potest, exprimit, hoc est, ipsi durationem non tribuimus, nisi durante corpore. Cum tamen aliquid nihilominùs sit id, quod æterna quâdam necessitate per ipsam Dei essentiam concipitur, *erit necessario hoc aliquid, quod ad mentis essentiam pertinet, æternum* (*Eth.* v, prop. 23).

CHAPITRE XIII.

Réflexions critiques sur l'Éthique de Spinosa.

J'ai donné, dans le chapitre précédent, le résumé de la théorie de Spinosa sur l'Etre infini ou Dieu, et sur l'être fini, ou la nature et l'homme qui en fait partie. Comme on a pu le voir, celui pour qui Dieu est le premier et le dernier, et dont tous les sentimens étaient dominés par cette idée puissante, celui-là ne saurait en aucune manière être flétri du nom d'athée. N'est-ce pas, en effet, sur cette idée de Dieu qu'il fonde toute vertu, tout perfectionnement moral, et n'est-ce pas d'elle, en même temps, qu'il fait naître tout bonheur ou plutôt le seul bonheur qui consiste dans l'amour intellectuel de la Divinité. Il n'est que trop vrai que cette doctrine prête dans une infinité de points le flanc à la critique, par l'obscurité des expressions dont se sert le philosophe, et qui souvent ne rendent que bien faiblement ou pas du tout sa pensée. Faisons d'abord remarquer, pour l'acquit de notre conscience, ce que nous croyons être l'erreur fondamentale de son système. Trop préoccupé de l'attribut pensant de la Divinité, il a fait, par une conséquence nécessaire, la plus large part à l'intelligence humaine, aux dépens du cœur; ainsi, outre qu'il exalte, à ne pas pouvoir ensuite le démontrer, les facultés intellectuelles de l'homme, il oublie, par une négligence que l'on conçoit dans un homme prévenu contre la révélation chrétienne, il oublie, dis-je, de désigner le véritable point de contact de l'homme avec la Divinité, je veux dire, non la puissance de connaître, mais la puissance d'aimer. Si le philosophe avait d'abord scruté les affections du cœur au lieu de se fatiguer dans la sphère des idées, il eût, il est vrai, renversé lui-même l'édifice que son imagination plus que son intelligence avait élevé, mais il l'eût réédifié sur une base plus solide. L'esprit séparé du cœur se perd ordinairement dans les abstractions que l'on prétend rationnelles, mais qui doivent être étrangères à l'état actuel de notre nature, puisqu'elles n'ont sur elle aucune influence morale de quelque durée. Une preuve que c'est par le cœur que l'on connaît mieux la Divinité et que l'on se met plus facilement en rapport avec elle en obéissant à ses lois, c'est la puissance d'amour dont sont capables les individus les moins cultivés, tandis que l'intelligence la plus vaste a des limites que personne n'a de peine à reconnaître. Rarement les intelligences se consument dans leur savoir, mais combien d'âmes se sont consumées dans les feux de l'amour! Ceci doit rassurer ceux qui se mettent à la recherche de la vérité *avec un cœur droit;* car, puisqu'ils cherchent, la vérité éternelle leur a dit qu'ils trouveront.

Ainsi, tout en rendant justice aux intentions de Spinosa, qui a prétendu que toute la doctrine de l'*Éthique* exprimait identiquement toute la vraie doctrine chrétienne, je dois dire qu'avec la méthode qu'il prétendait suivre, il n'aurait jamais pu atteindre ce qu'il espérait de réaliser. Ce n'est point par la connaissance qu'on arrive à bien faire; mais c'est en posant les bases de la morale sur le principe de l'amour que l'on arrive à la connaissance. N'est-ce pas un apôtre qui a dit que l'*illumination* naît de l'amour(1)? Donc, le progrès dans la connaissance ne se développera qu'en proportion des progrès de l'amour. « Non, ce n'est point la science qui a produit l'amour, dit l'auteur de l'*Homme du désir,* mais l'amour qui a produit la science; et quand on dit amour, on n'exprime aucun de ces petits sentimens que l'on pare de ce beau nom et dont se targuent une infinité de personnes de toutes les dénominations chrétiennes, qui connaissent le mot, il est vrai, mais dont elles limitent le sens sans éprouver la chose qui est infinie comme Dieu. »

Après ces réserves que je devais à mes convictions chrétiennes, je me hâte d'ajouter qu'en se plaçant au point de vue que Spinosa avait cru devoir adopter, on s'explique très bien l'enseignement logique de ses idées, et l'on n'est guère effrayé des conséquences que l'inflexible loi de la sincérité le forçait à tirer (2).

Quel est, en effet, le symbole de Spinosa en matière de philosophie religieuse? Il croit à un Dieu, cause première de toutes choses. Voilà donc le théiste; mais il a parlé d'*une cause immanente et non passagère des choses,* et l'on a cru le convaincre par là de panthéisme matérialiste. Spinosa a répondu qu'il ne voulait point placer la Divinité en dehors de la nature et

(1) *Epître aux Coloss.* 1, 9, et *aux Éphés.* 1, 18.
(2) J'en excepte pourtant ses argumens contre ce que l'on nomme improprement dans l'école, les causes finales.

établir un empire dans l'empire de Dieu ; et par conséquent, que sa cause immanente plaçant Dieu au sein de la nature, ne la lui rendait pas étrangère, mais la conservait, la vivifiait, la rendait éternellement belle, éternellement magnifique. Placez le soleil au-delà de notre système planétaire, et vous verrez si cette partie de la nature qu'il vivifie autant qu'il l'éclaire ne présentera pas l'image de la plus affreuse désolation : Dieu n'est-il pas le soleil de la nature entière? Moralement, dites-vous, mais en dehors de la philosophie de la foi, expliquez-nous cette action morale et même physique de la Divinité, puisqu'enfin vous admettez aussi une Providence; expliquez-nous comment peut s'exercer une telle action sur l'univers par un être à la présence duquel vous avez soustrait cet univers par votre *cause passagère?* On ajoute : Cette cause immanente exprime un fatalisme aveugle auquel n'était pas soumis le Dieu généralement reconnu par le théisme.

Je dirai d'abord que Spinosa n'a jamais admis de fatalisme ni de nécessité aveugle, mais qu'il a toujours eu soin de dire, en termes formels, que tout provenait de l'invincible nécessité de la nature divine. Certes, ou admettra qu'il y a une énorme différence entre cette proposition : Je suis contraint fatalement à manger pour vivre, et celle-ci : La nature de ma constitution demande que je mange pour vivre (1). Ensuite,

---

(1) Spinosa dit formellement dans sa correspondance avec Oldenbourg : Deum nullo modo fato subjicio, sed omnia inevitabili necessitate ex Dei natura sequi concipio eodem modo, ac omnes concipiunt, ex ipsius Dei natura sequi, ut Deus se ipsum intelligat;

je remarquerai que, dans ses *Cogitatis metaphysicis*, il se prononce franchement contre l'idée d'un monde qui serait une dépendance de Dieu sans succession. Il la rejette comme celle d'un panthéisme qui n'était pas le sien, ajoutant que Dieu ne pouvait partager avec les êtres finis son éternité de la même manière qu'il avait engendré le Fils co-éternel au Père. Du reste, il affirmait, avec Platon et avec tous les idéalistes même chrétiens, qu'une durée éternelle du monde en Dieu n'impliquait pas une identification avec le monde.

Par là même que Spinosa admet une *cause*, quelle qu'elle soit, il admet, par ce seul fait, une distinction entre l'ouvrier et son œuvre. Le mot cause implique quelque chose de générateur; or, celui qui engendre a nécessairement précédé le produit de la génération. Si donc il avait confondu dans sa pensée la cause et l'effet, Dieu et le monde, il se serait assurément servi d'une autre expression que celle de *cause* pour révéler sa pensée.

Ses idées sur l'*étendue*, comme constituant un attribut essentiel de la Divinité, ont donné prise à une accusation de matérialisme; mais après la manière dont il les a expliquées lui-même, on doit revenir sur ce préjugé. Spinosa eut le malheur de ne pas rencontrer dans les langues connues un mot qui eût probablement mieux exprimé son dessein, et il employa le mot *étendue*, qui choque nécessairement quand on le

---

quod sane nemo negat ex divinâ naturâ necessario sequi, et tamen nemo concipit, Deum fato aliquo coactum, sed omninò libere, tametsi necessario, se ipsum intelligere (*Epist.* xxIII).

rapproche du mot *pensée*, qui exprime l'autre attribut essentiel de la Divinité. Herder prétend que s'il eût mis les *forces organiques* (organische kräfte) à la place de *pensée* et d'*étendue*, il eût mis plus d'unité dans son système (1). Les expressions ainsi changées, Spinosa aurait donc pu dire que la Divinité se révélait organiquement d'une manière infinie par des forces infinies, « et par là, ajoute Herder, auraient disparu les objections lorsqu'on demandait sous quels attributs autres que la pensée et l'étendue la Divinité se révélait dans les autres systèmes du monde, puisque, d'après les savans, Dieu doit posséder des attributs infinis, dont Spinosa ne sait en nommer que deux (2). » En effet, dans tous les mondes à la fois se révèle la Divinité par des forces agissantes, et aucun système solaire ou planétaire n'a rien à envier à un autre, tous étant placés sous l'action des mêmes forces organiques. Est-ce que Spinosa ne pressentait pas lui-même la faiblesse de cette qualification, quand il a parlé de la puissance de Dieu qu'il a rendue égale à l'action ou au mouvement? mais en employant le mot *puissance*, ainsi qu'il l'a fait exclusivement pour le monde spirituel, il ne pouvait, sans confusion, risquer le même mot dans le monde phénoménal de la nature extérieure.

La confusion qu'a faite Spinosa de l'intelligence et de la volonté, et dont la célèbre maxime du poète : *video meliora proboque deteriora sequor* est la condamnation, pourrait s'expliquer comme un simple

---

(1) *Gott*, page 76.
(2) *Ibid.*

abus de mots. Si l'on s'entendait mieux sur les mots, peut-être trouverait-on avec Herder, que Spinosa pense mieux sur cet article, que Leibnitz « qui suivait ici Spinosa avec prudence, et peut-être avec trop de prudence (1). » Quoi qu'il en soit, puisque l'intelligence et la volonté font, d'après Spinosa, une seule et même chose, ne s'ensuit-il pas qu'une intelligence qui reconnaît ce qu'il y a de mieux à faire doit nécessairement vouloir ce mieux; et lorsque la puissance en existe, cette volonté ne doit-elle pas tendre à la réalisation immédiate du mieux conçu. Et puis si Spinosa admet un être intelligent, et comment un penseur de cette trempe eût-il pu nier la réalité de cet attribut de la substance divine! s'il admet une intelligence d'où toutes les intelligences découlent, que deviennent encore les accusations de divinité inerte, aveugle, qu'on a lancées contre lui? Que serait une intelligence sans activité? Que l'on s'avise de vouloir exercer sa pensée, c'est-à-dire de vouloir être intelligent sans exercer cette intelligence sur un objet quelconque, qu'il soit abstrait ou concret; et cet objet, c'est le monde, dont il est la cause nécessaire par la nécessité de son être divin (2). Que l'on rejette cette idée et l'on pourra demander au théiste vulgaire comment Dieu existait avant le monde; sous quelle forme il se pensait lui-même; où il était; s'il occupait un espace ou non; s'il était pensant, ou si sa pensée sommeillait? Dans le

---

(1) *Gott*, page 115.

(2) Quare Dei intellectus, quatenùs Dei essentiam constituere concipitur, est reverà causa rerum, tam earum essentiæ, quam earum existentiæ (*Eth.* 1, prop. 17, Sch.).

premier cas, on avoue l'immanence puisque penser c'est agir; dans le second cas, pourquoi et comment a-t-il pu sortir de sa léthargie.
Mais, dit-on de nouveau, Spinosa avec sa cause immanente et nécessaire, ne peut admettre de puissance en Dieu, et n'est-ce pas cet attribut qui se révèle le mieux à nos yeux étonnés autant qu'à notre intelligence, lorsqu'elle plonge dans l'immense domaine de l'univers? Oui, Spinosa parla sans cesse de la puissance divine. Mais il la considère comme la mise en action nécessaire de ses attributs infinis, et non comme l'expression d'une faculté qui aurait pu créer, ou ne pas créer, former le monde tel qu'il est ou en former d'autres plus ou moins vastes, plus ou moins resplendissans de sa splendeur. Peut-on dire que l'on admet une toute-puissance en Dieu, si on ne la force pas à se manifester? quelle confusion dans les mots! On admettrait donc que la toute-puissance divine consiste à pouvoir créer tout ce qu'elle veut et à pouvoir ne rien vouloir. Spinosa ne craint pas de dire que ses adversaires nient eux-mêmes la toute-puissance de Dieu lorsqu'ils lui en contestent à lui-même l'admission (1). Non, la toute-puissance de Dieu se montre en ceci, que tout ce qui a été, tout ce qui est, et tout ce

---

(1) Adversarii Dei omnipotentiam (liceat apertè loqui) negare videntur. Coguntur enim fateri, Deum infinita creabilia intelligere quæ tamen numquam creare poterit.... Ut igitur Deum perfectum statuant, eo rediguntur, ut simul statuere debeant, ipsum non posse omnia efficere, ad quæ ejus potentia se extendit; quo absurdius, aut Dei omnipotentiæ magis repugnans, non video, quid fingi possit (*Eth.* 1, prop. 17, Sch.).

qui sera, a son fondement dans la cause première qui est Dieu (1).

Mais qu'est-ce donc que l'univers s'il est l'effet immédiat et nécessaire de la cause première? Que sommes-nous, nous habitans de cet univers, si Spinosa nous qualifie de modes de la substance? Qu'est-ce, en un mot, que la nature entière et tout ce qu'elle renferme, si ce n'est Dieu? Nous avons déjà vu que l'univers n'étant pas lui-même cause, devait nécessairement être distingué de Dieu, il y aurait sans cela contradiction dans les termes. Puis, avec tous les théistes, Spinosa pose cet axiome : *Causatum differt à suâ causâ præcisè in eo quod à causa habet*. Donc l'univers tenant de Dieu l'existence, doit par cela même différer de Dieu. Mais il n'en résulte pas que l'univers ne puisse posséder quelque chose qui ne lui soit pas commun avec Dieu, en vertu de cet autre axiome reçu : *quæ res nihil commune inter se habent earum una alterius causa esse non potest*.

Mais on se rejette sur les termes de *modes*, de modifications, et l'on en conclut une identification avec la substance. Il est vrai que les termes sont impropres, et j'aimerais à les mettre sur le compte des tâtonnemens que Spinosa montre parfois dans l'usage qu'il fait de la langue latine; mais aux yeux du penseur les *modifications* de Spinosa ne choquent pas plus que les *erscheinungen aüssere* de la substance de Leibnitz ou

---

(1) Voir, de Schleiermacher, la *dogmatique* (Christliche glaubenslehre, t. 1, § 54). Spinosa a suffisamment expliqué dans quel sens il prenait le mot de *cause*; voir principalement dans la première partie de l'*Ethique* la prop. 25, ainsi que sa Scholie et son Corollaire.

les causes occasionnelles de Descartes, que néanmoins l'on n'a pas jugé à propos d'accuser de tendance au panthéisme. Quoi qu'il en soit, Spinosa a parlé de deux infinis, l'un absolu, l'autre relatif. Et ne voit-on pas de suite que le premier implique le second, et que cette question dépend entièrement de la manière d'envisager la première cause. Ou l'on considère l'univers fini relativement au temps et à l'espace; ou bien on l'envisage comme renfermé en Dieu qui le pénètre de sa substance et ressortant de la nécessité de la nature divine. Sous le premier point de vue, les choses provenant *occasionnellement* les unes des autres, on devra prendre le mot de fini dans le sens le plus vulgaire; sous l'autre point de vue, on se les représente dans l'éternelle et infinie essence de Dieu, et le terme de modes ou de modifications, quoique impropre, est cependant compris par la pensée. Dans le système théiste l'âme humaine est de même une modification transitoire, et chacune d'elles est censée avoir sa raison d'être dans une autre; mais que l'on envisage la force avec laquelle elle se soutient comme intelligence, ou plutôt qu'on la prenne pour ce qu'elle est, douée d'immortalité, que dire alors de ceux qui avec Spinosa la croient une partie de l'infinie intelligence de Dieu, et comme telle n'implique-t-elle pas l'éternelle et infinie essence de Dieu? Qui ne serait tenté d'admettre la fin d'une chose dont on *sait le commencement?* dit un célèbre professeur de Berlin (1). Quant à cette observation, que la

---

(1) C. Michelet, dans son ouvrage : *Uber die persönlickeit und unster blickeit der seele oder die ewige persönlichkeit des geistes*, Berlin, 1841. — Cependant je serais curieux d'entendre M. Mi-

personnalité humaine semble se perdre dans ce gouffre de l'infini, on peut répondre d'abord que cette objection ne saurait avoir de portée qu'en tant que nous aurions une idée claire et distincte de ce qui constitue la personnalité. On a bien longtemps cru dans l'Église, que trois hypostases étaient pourtant confondues dans une même nature; pourquoi n'en pourrait-il pas être de même de ces portions de l'intelligence divine qui ne laisseraient pas d'avoir le sentiment de leur propre personnalité. Et puis, qu'on se souvienne de la double manière de considérer l'âme humaine, ou comme le produit de causes naturelles et n'étant qu'une modification transitoire, ou comme étant en Dieu, et procédant de Dieu par une nécessité de sa nature divine, et l'on verra que la première explication n'est pas plus propre que l'autre pour démontrer qu'une telle production implique une existence personnelle (1).

« Du reste, je crains qu'il en soit de cette accusation de nous avoir ravi la personnalité, comme de celle d'en avoir dépouillé la Divinité, qu'il proclame souverainement intelligente. On ne pourrait, en effet, se plaindre de cet attentat à notre dignité que tout autant que Spinosa aurait enseigné le matérialisme. Mais, du moment qu'il reconnaît certaines qualités dans notre esprit qui doivent subsister éternellement, cette existence implique nécessairement que l'on en aura le sentiment et la conscience. Il est vrai qu'il regarde

chelet répondre à cette question : Comment et depuis quand *savez-vous* le commencement de l'âme ?

(1) Les passages de Spinosa qui se rapportent à cette question se trouvent principalement dans la 2ᵉ partie de l'*Ethique*, 45ᵉ prop. avec sa Scholie, et dans la 5ᵉ partie, 29ᵉ proposition.

le corps comme l'instrument absolument nécessaire à l'esprit, mais il n'a jamais dit qu'il ne pouvait pas en être autrement dans une autre économie. Qui nous assure, qu'après avoir lu la *Palyngénésie* de Bonnet, s'il avait pu faire cette lecture, il n'eût pas adopté un sentiment qui se fût accordé si bien avec ses opinions sur l'union du corps et de l'âme sur la terre? N'appelle-t-il pas quelque part l'esprit la meilleure partie de nous-mêmes (1)? Or, ce qui a un mode d'exister supérieur, n'a pas un besoin *sine quâ non* d'un autre mode pour être ce qu'il est. Si cette pensée peut s'avouer en thèse générale, elle acquiert un plus fort degré de certitude lorsqu'il s'agit du domaine de la vie à venir.

Certes, tout le monde avoue que ce n'est pas le corps qui est pensant, quoique le corps soit le moyen unique, *ici-bas*, par lequel il est donné à l'homme de penser, et cependant le corps n'est-il pas notre propriété? A l'égard d'autrui, ne constitue-t-il pas notre personnalité? N'est-ce pas lui qui nous fait distinguer de ce qui n'est pas nous? Voyez néanmoins; êtes-vous bien cette figure que vous apercevez sur cette toile où l'on vous a peint dans votre enfance? Votre miroir ne vous dit-il pas que, dans la joie et dans la peine, dans la santé et dans les maladies, ces membres, et surtout cette physionomie, partie si essentielle de votre corps, ne sont plus reconnaissables? Mais que parlé-je du corps lorsque je pourrais citer en témoignage vos désirs, vos goûts, vos penchans, toutes vos inclinations, qui varient suivant les temps,

---

(1) Pars melior nostri (*Eth.* IV, cap. 32).

suivant les circonstances, suivant l'atmosphère morale où vous vous trouvez? Ce n'est donc pas, à proprement parler, notre corps qui vit, mais cette *partie meilleure de nous-mêmes*, qui seule, au milieu de ces changemens, a gardé le sentiment de son individualité; cette partie qui n'a pu être affectée dans son existence ni par les maladies, ni par les chagrins, ni par les atteintes si meurtrières de l'âge; cette partie qui devra poursuivre sa même existence au-delà du temps, dût-elle se revêtir, pour perpétuer son activité, d'une nouvelle enveloppe, se saisir d'un nouvel instrument dont nous n'avons pas encore l'idée, mais qui ne répugne nullement à nos connaissances naturelles (1).

(1) Voici comme Herder s'exprime sur ce sujet : « La persuasion de notre individualité est plus profonde que celle de notre entendement, de notre raison, de notre imagination ; et c'est la conscience que nous en avons qui fait notre réalité. C'est sur elle que repose tout ce que nous pouvons cultiver en nous, et qui s'étend de la terre au ciel. Mais comme le sentiment de notre propre être (*Selbstgefuhl*) n'existe pas au même degré chez tous les êtres, pas même chez tous les hommes, il s'ensuit que nous sommes de modes différens de la réalité, soit que l'on descende, soit que l'on monte les degrés (*Gott*, p. 296). » Et un peu plus bas, p. 299, il ajoute : « Spinosa développe l'éternel principe de l'individualisation par un fil qui conduit dans notre plus intime individualité. Plus un être a de vie et de réalité, c'est-à-dire, plus il a une énergie puissante à manifester pour la conservation du tout à qui il se sentait appartenir, plus grande alors est son individualité. » Il termine en ces termes à la page 300 : « Plus il y a en nous d'esprit et de vérité, ou réalité agissante, plus il y a en nous de connaissance du tout pour tout, plus nous possédons Dieu et en jouissons. Il n'y a que celui en qui tout est, qui embrasse tout, qui porte tout en lui, qui puisse dire en réalité : « Je suis moi ! et personne n'est en dehors de moi. »

« La difficulté la plus sérieuse que l'on puisse opposer à la doctrine morale de Spinosa, c'est la nécessité morale à laquelle il nous soumet. Mais si elle est vigoureusement déduite des principes qu'il a établis sur la cause première et sur la nécessité où elle est d'agir d'après sa nature, il faut bien qu'il y ait quelque malentendu dans la manière dont nous définissons d'ordinaire la liberté. Ce qu'il y a de certain, c'est que Spinosa, s'il a méconnu les bases sur lesquelles repose la vraie moralité, ou plutôt s'il n'a pas fait reposer ses principes de morale sur quelque chose de plus solide que la froide raison qui trouve toujours des motifs pour éluder les prescriptions de la loi, il faut cependant avouer qu'il ne néglige rien pour presser l'exécution de tous les préceptes moraux que le christianisme commande. Quand on a voulu dire à Spinosa lui-même que les libertins pourraient se prévaloir de ses théories, il répondait : « J'avoue que certains hommes mal famés, pour qui la religion est un fardeau, peuvent prendre occasion de ces principes pour pécher ; — mais, avec de telles gens, tout ce que vous pourriez dire pourrait être mal interprété. Ceux qui veulent flatter leurs voluptés n'ont pas de peine à trouver des raisons pour le faire avec apparence de légitimité (1). »

(1) *Tractatus theologico-politicus*, ch. xii. Voici comme il s'explique encore sur cette question brûlante dans une lettre à Oldenbourg. « Descartes et Bacon, dit-il, auraient dû distinguer la volonté de tel ou tel acte du simple vouloir, de la même manière que *albedo* se distingue de tel ou tel album, ou comme *humanitas* se distingue de tel ou tel homme. Il est aussi impossible que la volonté soit la cause d'un acte du vouloir, que l'humanité soit la

Voici, du reste, comment Spinosa, qui avait prévu toutes les objections, persévère à regarder sa doctrine touchant la volonté humaine comme une doctrine essentielle et qui doit avoir la plus heureuse influence sur la vie. « Elle nous apprend, dit-il, que nous ne pouvons agir que d'après les indications de Dieu, et que nous sommes d'autant plus participans de la nature divine que nous mettons plus de soins à perfectionner nos actions et à avancer dans la connaissance de Dieu. Sans parler de la paix qu'elle procure à l'âme, cette doctrine nous instruit de la nature de notre salut, qui est de le chercher dans la connaissance de Dieu, ce qui implique la pratique de la piété et de l'amour. Cela montre combien sont encore éloignés de la véritable appréciation de la vertu ceux qui, regardant les bonnes actions comme un dur esclavage, s'attendent à en être récompensés par Dieu d'une manière signalée, comme si la vertu et le service de Dieu n'étaient pas eux-mêmes le bonheur suprême et la vraie liberté. Cette doctrine nous apprend aussi comment nous devons nous conduire dans la prospérité ainsi que dans l'adversité, ou dans ce qu'il n'est pas en notre pouvoir d'atteindre ou ce qui ne

cause de ce que font Pierre et Paul. Or comme la volonté n'est autre chose que la pensée, et que les actes particuliers du vouloir ne peuvent être libres puisqu'ils ont besoin d'une cause pour exister, et qu'ils sont nécessairement décidés par leurs causes, et qu'enfin, suivant Descartes, les erreurs étaient des actes particuliers du vouloir, il s'ensuit que les actes du vouloir ne sont pas libres, mais sont décidés par des causes extérieures et nullement par la volonté. » *Epistola*, II : voir également la 48e propos. de la 2e partie de l'*Éthique*.

peut pas nous arriver par une suite nécessaire de notre nature; c'est-à-dire que nous devons tout recevoir et tout attendre avec la même égalité de caractère, parce que toutes choses proviennent aussi nécessairement des décrets éternels de Dieu, qu'il est nécessaire que les trois angles d'un triangle soient égaux à deux angles droits. Elle nous apprend encore que nous ne devons haïr, mépriser personne, nous moquer de personne et ne porter envie à qui que ce soit; que chacun doit être satisfait de ce qu'il possède et secourir son prochain non par pitié, avec partialité ou une superstition toute féminine, mais simplement parce que la raison le dicte et que le temps et les circonstances le prescrivent. Elle nous enseigne enfin de quelle manière on doit gouverner un état si l'on veut que les citoyens se conduisent non comme des esclaves, mais en hommes libres dans tout ce qui peut leur être bon et utile (1). »

C'est sans doute ce profond esprit de moralité dont est imprégnée toute la doctrine contenue dans l'*Ethique*, qui a porté Veigtländer à la croire identique avec la morale chrétienne (2); il y a dans ce jugement une erreur très grave, non-seulement parce qu'il semblerait exprimer que la morale chrétienne et celle de Spinosa prescrivent les mêmes principes et enseignent les mêmes maximes, ce qu'une comparaison des deux morales n'atteste point (3), mais encore en ce que le

(1) *Eth.*, II, aux dernières pages de la Scholie qui termine le livre.

(2) Dans la revue déjà citée, *Th. Studium und kritik.*, 1831, 3ᵉ partie, p. 652.

(3) Voyez entre autres ce que dit Spinosa contre la vertu de

chrétien est mu dans son obéissance à la loi par de tout autres motifs que ceux de la science ou du principe de l'utile. Mais si l'amour du devoir vous est à cœur, et si, n'ayant pas encore appris dans l'exercice des vertus chrétiennes à aimer Dieu de toutes les puissances de votre âme, vous êtes encore à la recherche du système de doctrine que je considère comme la plus haute expression du bon vouloir humain, quand les rayons de la vérité chrétienne n'ont pas encore lui sur vous; pour peu que vous sachiez raisonner, vous vous accorderez avec Spinosa, parce qu'en lui vous trouverez, à défaut du rassasiement du cœur, un aliment que seules peuvent supporter les fortes intelligences.

Un écrivain, qui, certes, ne cache pas, lui aussi, son éloignement pour la partie spéculative de l'*Ethique,* mais qui est également persuadé qu'il ne peut y avoir place dans le domaine philosophique entre la doctrine de Spinosa et la philosophie de la foi, a caractérisé la morale de Spinosa, et en général la tendance de ses écrits par ces paroles remarquables : « La morale de Spinosa n'est pas chrétienne, puisque lui-même n'était pas chrétien; mais elle a autant de noblesse et de pureté que celle des stoïciens de l'antiquité, et l'emporte même à certains égards sur celle-ci. Ce qui lui donne une supériorité marquée sur ses adversaires, qui ne comprennent point sa profondeur ou qui ne la remarquent pas, ou sur ceux qui, presque à leur insu, prennent les mêmes voies erronées, ce n'est pas uniquement la clarté scientifique et la franchise de

l'humilité, que le christianisme recommande pourtant comme une vertu capitale.

sa manière de penser : cette supériorité dérive surtout de ce que, dans sa manière de penser, tout est d'un seul jet, qu'il peint comme il sent, qu'il est entièrement animé par son sentiment. On ne peut dire que ce soit une inspiration de la nature, telle que celle du poète, de l'artiste ou du naturaliste; c'est encore moins de l'amour ou de la piété; car comment existeraient-ils sans croyance, sans la reconnaissance d'un Dieu? Mais c'est un sentiment de l'infini pénétrant tout, qui l'accompagne dans toutes ses pensées, et qui l'élève entièrement au-dessus du monde des sens (1). »

En voyant ce résultat moral d'un ouvrage si profondément conçu que celui de l'*Ethique,* on ne peut assez déplorer ces préjugés enracinés des uns et cette haine hypocrite des autres, qui ont influé si longtemps sur la manière dont Spinosa a considéré Dieu, le monde et les rapports qui les lient. Mais le temps est venu où tout ce qui n'arbore pas franchement les couleurs du christianisme pur et simple de l'Evangile et qui préfère se parer de quelqu'une des mille nuances dont le rationalisme moderne est si riche, sera obligé de reconnaître Spinosa pour chef, s'il ne veut pas demeurer dans les limites de l'absurde.

(1) *Histoire de la littérature ancienne et moderne,* par Fr. Schlegel, t. II, p. 235 de l'édition allemande, et p. 290 de la traduction française : on demandera peut-être comment Schlegel, qui a écrit ce morceau d'inspiration, a pu y glisser quelques paroles qui forment une si grande disparate avec l'ensemble de ses idées, et pourquoi il s'est cru obligé un peu plus bas de payer le tribut de niaises calomnies à la même doctrine dont il vient de faire un si brillant éloge ? Hélas ! Schlegel s'était fait une position qui le forçait peut-être à des ménagemens !.... Quid non mortalia pectora cogis !.....

CHAPITRE XIV.

Derniers momens de Spinosa. — Sa mort. — Ses héritiers — Ses œuvres posthumes.

On a dit, avec beaucoup de raison, que la solitude est mauvaise à celui qui n'y vit pas avec Dieu. Mais, comme on est avec Dieu quand on pense à ses perfections et que l'on étudie ses ouvrages, la solitude ne pouvait nuire à Spinosa qu'autant qu'il y aurait négligé cet exercice, dont le corps a toujours besoin pour conserver sa vigueur ou pour la recouvrer quand il l'a perdue. C'est ce qui arriva à notre philosophe, lorsque, pour mettre le temps à profit, il passait des mois entiers sans quitter sa chambre, uniquement occupé à la méditation, à des entretiens avec ses amis et à répondre par des lettres aux nombreuses interpellations que lui adressaient sur ses opinions philosophiques, des personnes qui dans des pays divers avaient à cœur de les connaître et de les comprendre dans leur véritable sens. Quoiqu'il n'eût jamais joui d'une santé florissante, cependant il s'en plaignait peu, et l'on croyait d'autant mieux à une longue durée de sa vie que ses travaux ne se ralentissaient jamais. On trouve à peine dans une de ses lettres, que l'on croit avoir été écrite en 1675, quelques signes de la maladie qui devait mettre fin à ses jours (1). Mais

(1) La LXII° du recueil.

en 1676, le 15 juillet, il laisse échapper de sa plume un de ces mots qui, dans une âme aussi fortement trempée que la sienne, devait être le symptôme d'une prochaine catastrophe « *Si la vie m'est continuée*, dit-il, à un de ses correspondans, alors j'entrerai avec vous dans de plus grandes explications. Je n'ai pu mettre en ordre ce que j'aurais voulu vous dire à ce sujet. » Il s'agissait de dire si l'on pouvait démontrer *à priori* la variété des choses de la nature par la seule conception de l'étendue. Ce que Spinosa déclarait impossible. Cependant ce n'est que vers le commencement de l'année 1667, que la phthisie, dont il était attaqué depuis une vingtaine d'années, prit un développement effrayant. Comme il arrive toujours en pareille maladie, ses hôtes, c'est-à-dire Van der Spyck et sa femme, qui paraissaient lui être tendrement affectionnés, ne croyaient pas à une fin si prochaine qu'ils ne pussent pas le quitter de temps en temps. Spinosa lui-même les y engageait, et quand il s'agissait surtout de remplir des devoirs religieux, Spinosa entendait qu'ils ne les négligeassent point à cause de lui. C'est ainsi que le 22 février, suivant Colérus, et seulement le 20, d'après Boulainvilliers, ses hôtes, étant allés au temple un samedi pour s'y préparer à la communion qu'ils avaient l'intention de célébrer le lendemain dimanche, Spinosa vint les trouver lui-même quand ils furent de retour, et se plut à les entendre parler, tout en fumant sa pipe, du sermon qu'ils avaient entendu. Je laisse ici Colérus raconter les derniers momens de notre philosophe : « Le dimanche matin, avant qu'il fût temps d'aller à l'église, Spinosa descendit encore de sa chambre, et s'entretint avec l'hôte et sa femme. Il avait fait venir d'Amsterdam un certain médecin, que je ne puis désigner que par ces deux lettres L. M.; celui-ci chargea les gens du logis d'acheter un vieux coq et de le faire bouillir aussitôt, afin que sur le midi Spinosa pût en prendre le bouillon, ce qu'il fit aussi, et en mangea encore de bon appétit après que l'hôte et sa femme furent revenus de l'église. L'après-midi, le médecin L. M. resta seul auprès de Spinosa, ceux du logis étant retournés ensemble à leurs dévotions. Mais, au sortir de l'église, ils apprirent avec surprise que, sur les trois heures, Spinosa était expiré en la présence de ce médecin qui, le soir même, s'en retourna à Amsterdam par le bateau de nuit, sans prendre le moindre soin du défunt. Il se dispensa de ce devoir d'autant plus tôt, qu'après la mort de Spinosa il s'était saisi d'un ducaton et de quelque peu d'argent que le défunt avait laissé sur la table, aussi bien que d'un couteau à manche d'argent, et s'était retiré avec ce qu'il avait butiné (1). »

On s'imagine bien qu'après la mort d'un aussi profond penseur, on débita dans le public une foule d'anecdotes sur ses derniers instans, qui toutes dénotaient la stupide niaiserie des petites colères qui l'avaient poursuivi pendant sa vie. Ne voyant en lui qu'un impie et un réprouvé, on racontait qu'il avait défendu sa porte à tout ministre de la religion, qu'il avait demandé pardon aux assistans d'avoir prononcé, devant eux, le nom de Dieu dans un moment de souffrances, disant que le mot lui était échappé par une

---

(1) Il est impossible que Colérus veuille désigner ici Louis Meyer.

vieille mauvaise habitude; qu'il avait pris les précautions nécessaires pour se soustraire à de cruelles souffrances, c'est-à-dire qu'il s'était empoisonné; et autres stupidités de ce genre. Mais que l'on se souvienne que son plus impartial biographe, que nous avons vu juger ses ouvrages avec une sévérité égale à celle de ses plus cruels ennemis, en un mot, que Colérus, pasteur à La Haye d'une église protestante, dit formellement : « J'ai recherché soigneusement la vérité de tous ces faits, et demandé plusieurs fois à son hôte et à son hôtesse *qui vivent encore à présent*, ce qu'ils en savaient; mais ils m'ont constamment répondu l'un et l'autre « qu'ils n'en avaient pas la moindre connaissance, et qu'ils étaient persuadés que toutes ces particularités étaient autant de mensonges (1). »

On ne comprend pas qu'après la mort de Spinosa et à la première nouvelle de cette mort, les amis puissans qu'il avait dans toutes les villes de Hollande et à La Haye même, ne soient pas accourus auprès de son lit funèbre pour empêcher les avanies qu'un apothicaire se permit à son enterrement. Ce n'est pas tout que de jouir de l'amitié d'un grand homme

(1) Ce qui n'a pas empêché Bayle de dire, dans sa sceptique indifférence : « *Comme on l'a su des amis de Spinosa*, il n'avait que le médecin auprès de lui; voulant mourir sans dispute et craignant de tomber dans quelque faiblesse de sens qui lui fît dire quelque chose dont on tirât avantage contre ses principes, il pria qu'on ne laissât entrer aucun ministre de la religion ». *Pensées diverses sur les comètes*, § CLXXXI. Paulus dit avec raison, au sujet de cette calomnie de Bayle, que ce n'est pas montrer de la grandeur d'âme que de ne pas sentir et aimer la grandeur d'âme des autres. *Præfatio* XX.

quand il peut vous être utile; il faut savoir surtout faire respecter sa mémoire, si l'on ne veut pas mettre à nu tout ce qu'il y avait d'intéressé dans votre amitié. Il est bien dit que des personnes illustres assistèrent à son convoi et qu'il fut escorté par six carosses à sa dernière demeure; mais ces amis illustres ne devaient-ils pas commencer par s'informer de l'état financier du défunt et se charger eux-mêmes, s'il y avait lieu, des dépenses que nécessiteraient ses obsèques? Qu'est-ce qu'une amitié qui ne se manifeste point par des actes, et principalement dans une circonstance semblable à celle-ci. Il est donc rapporté « qu'au moment où l'on se disposait à mettre le corps de Spinosa en terre, un apothicaire, nommé Schroder, y mit opposition, et prétendit auparavant être payé de quelques médicamens qu'il avait fournis au défunt pendant sa maladie. Son mémoire se montait à seize florins et deux sous, et l'on trouve qu'on y porte en compte de la teinture de safran, du baume, des poudres, etc.; mais on n'y fait aucune mention ni d'opium ni de mandragore. L'opposition fut levée aussitôt, et le compte payé par le sieur Van der Spyck (1). »

Disons cependant que l'imprimeur de ses ouvrages, à Amsterdam, écrivit, au premier bruit qu'il eut de sa mort, à Van der Spyck, pour lui dire qu'il se regar-

---

(1) Boulainvilliers raconte, d'après Lucas, « que Spinosa vit la mort d'un œil intrépide, ainsi qu'on *l'a appris de ceux qui étaient présens;* comme s'il eût été bien aise de se sacrifier pour ses ennemis, afin que leur mémoire ne fût point souillée de ce parricide. » Ce qui tend à insinuer un suicide de la part de Spinosa. Mais, outre qu'une pareille accusation n'a pas été dirigée

dait comme caution de toutes les dépenses qu'il pourrait faire pour les funérailles, et que le frère de Simon de Vries, cet ami si cher à Spinosa, promit également de payer toutes les dettes qu'aurait pu laisser le célèbre défunt. Mais quelles dettes aurait pu laisser un homme d'une sobriété aussi grande et qui travaillait de ses mains pour subvenir à ses dépenses? Il ne pouvait s'agir que de dépenses de pharmacie, de celles de l'enterrement et, si l'on veut encore, celles de son barbier, qui présenta aussi son mémoire montant, dit son biographe, « pour le dernier quartier, à la somme d'un florin dix-huit sous. »

Il est dur d'avoir à répéter après Colérus qu'une sœur restait à Spinosa, celle qui se nommait Rébecca, et qu'on l'a cherchée en vain parmi ceux qui vinrent pour soigner ses obsèques. J'avais toujours cru que si de vieux parens imbus de préjugés pouvaient s'éloigner froidement de leurs fils pour cause de dissentimens en matière de religion, une sœur devait rester inaccessible à des sentimens aussi monstrueux; mais il y a des choses étranges dans le monde moral, et ce phénomène ne doit pas plus nous surprendre, que tant d'autres qui viennent troubler l'imposante harmonie qui règne dans le monde physique.

Cependant, pour achever ce que j'ai à dire du caractère de Rébecca, il me faut ajouter que si l'état de

par d'autres contre la mémoire du philosophe, et qu'il n'y avait pas de *personnes présentes* de qui l'on pût avoir appris les circonstances de sa mort, on voit que l'historien fait allusion à la haine que lui portaient ses ennemis, qui auraient peut-être, au milieu des commotions politiques qui ébranlaient la Hollande, fini par immoler Spinosa à leur animosité.

souffrance et ensuite la mort de son frère ne purent l'arracher à sa demeure d'Amsterdam, elle eut bien soin de s'informer à quoi se montait l'héritage du défunt; et comme elle ne voulait se porter héritière qu'à la condition expresse de connaître d'avance s'il resterait encore quelque chose quand tous les frais seraient payés, elle laissa vendre sur la place publique de La Haye tout ce qui avait appartenu à son illustre frère. Ses hardes, un petit nombre de livres et estampes, quelques morceaux de verre polis et des instrumens pour les travailler, produisirent, tous frais payés, trois cent quatre-vingt-dix florins quatorze sous d'héritage. Si ce n'est pas là l'héritage temporel d'un vrai philosophe dans le sens qu'y attache l'opinion publique, je ne sais comment qualifier un homme qui, sans motif aucun, se serait dévoué volontairement à un genre de vie qui répugne à notre nature.

Une autre espèce d'héritage, contenu dans un pupître, ne devait point appartenir à des héritiers avides, mais devenir le bénéfice de la société tout entière: c'était le fruit de toutes ces veilles qui avaient fini par abréger sa vie. Spinosa avait donné ordre à son hôte de le faire parvenir immédiatement après sa mort à son libraire d'Amsterdam, Jean Rienwertzen, et fidèle à sa promesse, Van der Spyck remit religieusement à son adresse le dépôt qui lui avait été confié. C'est par là que l'année même de sa mort, on put apprendre que le célèbre auteur du *Tractatus theologico-politicus* n'avait pas dit son dernier mot au public par cet ouvrage, malgré le long retentissement qu'il avait eu, et que du fond de la tombe il prétendait donner encore au genre humain les instructions qu'il croyait devoir servir à sa future régénération. Parmi ces ouvrages qui furent ainsi publiés sous le titre de *OEuvres posthumes*, on remarquait d'abord, le plus saillant, l'*Ethique*, celui avec lequel nous avons déjà fait connaissance, puis le *Tractatus politicus*, dont j'ai également fait mention à propos du *Tractatus theologico-politicus*, et qu'il avait apparemment composé, mais sans le livrer à l'impression, lorsqu'il entretenait des relations d'amitié avec Jean de Witt. Il est vrai que Spinosa semble, dans ce traité, prendre pour type d'un bon gouvernement la république aristocratique; mais, comme il n'a pas eu le temps de traiter la question de la démocratie, et qu'en plusieurs endroits il se montre chaleureux démocrate, il n'y a aucun doute que ses sentimens républicains ne fussent l'expression de la pure démocratie qu'il rêvait. Un esprit aussi vigoureux que le sien en matière de logique ne pouvait guère s'arrêter à ces formes transitoires de gouvernement que l'on a nommées autrefois aristocratiques, et que l'on désigne aujourd'hui par le nom de constitutionnelles; mais il savait avoir égard aux circonstances dans lesquelles se trouvent les peuples, et il ne prétendait pas qu'il fallût faire naître l'ordre du désordre que l'on aurait semé. Spinosa avait trop de foi dans l'empire de la raison pour ne pas attendre du temps et de l'expérience le triomphe de ce qu'il croyait être la vérité en politique comme en religion. Ne dit-il pas, en un endroit de ce *Traité politique*, au sujet des priviléges des corps de métiers, que les libertés étaient incompatibles avec la liberté? C'était faire le procès à tous les genres d'aristocratie. Une opinion qu'émet Spinosa dans cet ouvrage est assez singulière, mais elle prouve combien l'amour de la liberté dominait cette âme fière. « Les gouvernemens, dit-il, ne devraient jamais songer à la fondation d'académies, car elles servent toujours plus à opprimer le génie qu'à favoriser son essor. Le seul moyen de voir les sciences et les arts fleurir dans un Etat libre, c'est de laisser à chacun la faculté d'enseigner comme bon lui semble, et à ses risques et périls (1) ». Mais voilà qu'après avoir touché à cette question toute palpitante d'intérêt démocratique, il s'arrête tout court et déclare que, puisqu'il n'en était encore qu'à la partie aristocratique de son livre, il réserve pour une autre partie ce qui lui reste à dire sur ce sujet. N'est-ce pas dans ce même esprit de liberté que, malgré son système *à priori* de concéder au magistrat suprême toute puissance sur le culte extérieur et public, afin d'éloigner les dissensions par l'unité, il dit, dans une de ses lettres à Oldenbourg : « Je pense que les rois seront toujours impuissans à porter remède au mal que cause la superstition (2). » Il insistait donc en toutes circonstances, mais surtout dans ce traité, pour que l'on accordât la plus grande liberté aux arts et aux sciences, parce que l'expérience avait prouvé que, lorsque l'État ou l'Église s'emparait de leur direction, c'était le signal de leur décadence.

Suit un *Traité de la réforme de l'intellect*, dans lequel il signale ce qu'il croit être la meilleure méthode d'arriver à la perfection morale, qu'il fait consister particulièrement dans la notion de l'être le plus

---

(1) *Tractatus politicus*, ch. VIII, § 49.
(2) Epistola, XXVI.

parfait, pour en faire son modèle. Spinosa avait commencé ce dernier ouvrage longtemps avant sa mort; mais, pressentant qu'il ne parcourrait pas une longue carrière, il eut hâte de mettre la dernière main à son œuvre favorite, et, par là, ses autres travaux restèrent incomplets; car la *Grammaire hébraïque*, qui faisait aussi partie des œuvres posthumes, ne fut pas non plus achevée, et pourtant il se faisait de sa composition un cas de conscience. Comme nous l'avons dit, il avait posé en principe que l'on ne pouvait bien interpréter l'Écriture sainte qu'en connaissant à fond le génie de la langue hébraïque, et par conséquent la grammaire qui vous introduit à la connaissance de cette langue; comme conséquence de ce principe, il se donna la tâche d'en composer une pour faciliter l'étude de l'hébreu.

Ces œuvres posthumes étaient enfin terminées par le recueil des lettres écrites par quelques amis de Spinosa, et de celles qu'il avait écrites lui-même. Comme j'ai eu occasion de le dire, il ne nous reste de cette correspondance qu'une petite partie, que l'on a déjà plusieurs fois citée dans le cours de cet ouvrage.

Il y a des personnes qui lui ont encore attribué l'écrit du médecin Meyer, sur la *Philosophie interprète de l'Ecriture;* mais cet ouvrage, que Semler, en Allemagne, a cherché à propager comme celui qui devait aplanir les voies du rationalisme dont il désirait devenir le fondateur dans sa patrie; cet ouvrage, dis-je, est décidément acquis à cet ami de Spinosa, et non à Spinosa lui-même. Il en est de même d'un autre ouvrage sur le *droit ecclésiastique*, que l'on croit avoir eu également pour auteur le médecin Meyer, mais qu'à cause de certains traits de parenté avec le *Traité politico-théologique*, les contemporains de Spinosa lui avaient attribué. Le journal de Hambourg (26 octobre 1694), qui insistait vivement pour rendre Spinosa responsable des erreurs en matière canonique dont cet ouvrage fourmille, n'apportait aucune preuve matérielle du fait; et comme Spinosa n'a jamais fait mention de ce livre ni dans sa correspondance avec ses amis, ni dans ses autres ouvrages, où l'on trouve fort souvent des allusions et même des citations de ses écrits, dont il se sert pour appuyer son sentiment, il m'est impossible de comprendre le *droit ecclésiastique* dans la liste des œuvres authentiques de notre auteur. Dire ensuite, comme le fait le journal de Hambourg, qu'évidemment l'immense autorité dont il investissait le magistrat en matière d'église et de religion, n'était qu'un moyen employé artificieusement par Spinosa pour se préparer des défenseurs et des appuis quand il attaquerait la religion elle-même, c'est se jeter gratuitement dans le champ des suppositions, c'est ne faire preuve ni de justice ni de charité.

Il est bien plus certain qu'avant de composer son *Tractatus theologico-politicus*, Spinosa avait composé, en langue espagnole, une *Apologie* de sa conduite à l'occasion de son éloignement de la synagogue, et que, parmi les motifs qu'il disait l'avoir porté à cet acte de sincérité, il énumérait les nombreuses superstitions auxquelles il lui eût fallu s'assujettir en restant dans le sein de la société juive. Il est certain qu'à la sollicitation de ses amis il ne fit point publier cette apologie comme c'était son intention, et qu'on ne put pas la trouver parmi ses œuvres posthumes, attendu qu'il l'avait jetée au feu; mais la plupart de ses objections contre l'authenticité de quelques parties de l'Ancien-Testament furent reproduites dans le *Tractatus theologico-politicus*, avec lequel nous avons fait connaissance.

EXTÉRIEUR, CARACTÈRE DE SPINOSA. 167

CHAPITRE XV.

Extérieur de Spinosa. — Son caractère moral.

On aime toujours à se faire une idée des traits sous lesquels un homme célèbre s'est montré à ses contemporains ; aussi a-t-on toujours conservé avec soin ceux de notre philosophe, qui ont pourtant servi à exercer la malice de ses adversaires. N'ai-je pas déjà rapporté, dans la préface de cet ouvrage, qu'un graveur, par la grossièreté de son travail, s'était attiré une épigramme de la part du docteur Paulus? Mais, à part le mérite de l'exécution, la ressemblance, dit-on, est frappante, et si l'on ne trouve pas dans ce portrait tout ce que voudraient y trouver ses admirateurs, il y a pourtant quelque chose de candide et de sérieux tout à la fois répandu sur sa figure, qui répond fort bien à ce que nous connaissons de son caractère.

Spinosa était de taille moyenne, et quoiqu'il eût le teint foncé, les traits de son visage étant bien proportionnés n'offraient rien de repoussant (1). Ses cheveux étaient noirs et frisés ; les sourcils de la même couleur ; les yeux petits, noirs et vifs, de sorte que

(1) En parlant du talent de Spinosa pour le dessin et de la collection de portraits qu'il s'était plu à dessiner lui-même, j'aurais pu ajouter qu'il avait fait le sien, et chose singulière, qu'il s'était représenté en Mazaniello dans l'accoutrement où l'on a coutume de représenter ce chef de parti napolitain. Dans une *rencontre de*

d'une manière frappante on reconnaissait en lui le descendant d'une famille qui avait prospéré sous le beau climat de Grenade et de l'Andalousie. J'aimerais pouvoir dire que sa mise était toujours soignée; mais quoiqu'il fût d'avis que l'on pouvait jouir avec modération de tous les biens de la terre, néanmoins ses vêtemens étaient fort simples et attestaient plutôt une certaine négligence sur ce point que trop de recherche. Un conseiller d'état étant venu le voir, et l'ayant trouvé vêtu d'une robe de chambre qui se ressentait un peu des injures du temps, lui en fit des reproches et offrit de la lui remplacer; Spinosa lui répondit qu'un homme ne valait pas mieux pour avoir une plus belle robe. « Il est contre le bon sens, ajouta-t-il, de mettre une enveloppe gracieuse à des choses de néant ou de peu de valeur. » Sa simplicité n'avait rien de commun avec la malpropreté qu'affectent quelquefois certains pédans, qui voudraient faire accroire que la science se révèle par cette grossière écorce. Spinosa disait lui-même : « Ce n'est pas un air malpropre et négligé *qui nous rend savant;* au contraire, cette négligence affectée est la marque d'une âme basse où la sagesse ne réside pas, et où les sciences ne peuvent trouver qu'impureté et corruption. »

Si notre philosophe avait une de ces figures qui, loin de présenter quelque chose de repoussant, préviennent, au contraire, en leur faveur, peut-on en dire

Bayle avec Spinosa dans l'autre monde (Cologne, 1711), le premier lui dit : « Vos ennemis n'ont pas manqué de dire que vous prétendiez par là montrer que vous feriez en peu de temps dans la chrétienté, le remue-ménage que Mazaniello avait fait à Naples en quinze jours. »

autant de son caractère moral? Si l'on se souvient du genre de vie qu'il menait soit à la ville, où il avait des amis qu'il négligeait cependant à la manière reçue dans le monde, soit à la campagne, où Baylë assure qu'il était vénéré et estimé de tous les habitans de Woorburg, on conclura qu'un homme qui de bonne heure avait su jeter un coup-d'œil juste sur la vie et l'avait appréciée en philosophe, un homme qui ne s'est jamais démenti dans les règles de prudence, de modération et de sobriété en toutes choses qu'il s'était prescrites; on conclura, dis-je, que cet homme devait avoir une âme forte et à l'épreuve des petites misères qui font gémir un si grand nombre parmi nous. Qu'est-elle donc la grandeur d'âme, si on ne la fait pas consister dans une résolution ferme d'accepter la vie comme elle se présente avec toutes ses vicissitudes, toutes ses circonstances, toutes ses contrariétés, et de ne jamais montrer par aucun murmure que la volonté de Dieu nous est à charge? C'est pourtant ce qu'a réalisé Spinosa; et si la retraite, dans laquelle il s'était, pour ainsi dire, enseveli, ne lui a pas offert l'occasion de se montrer généreux et dévoué, plusieurs circonstances ont prouvé tout ce que l'on aurait pu attendre de lui, si Dieu avait mis à l'épreuve son activité parmi les hommes. On l'a vu intrépide devant une populace furieuse, ému jusqu'aux larmes au souvenir de la catastrophe de son illustre ami de Witt, désintéressé lorsque celui-ci lui offrit une pension, et plus désintéressé encore quand les héritiers du grand pensionnaire voulurent la lui contester, ami de la paix, jusqu'à abandonner à une sœur, peu digne de son affection, le petit héritage de son père, qu'elle

voulait lui ravir; il savait aussi, dans l'occasion, être
généreux, malgré sa pauvreté; n'est-on pas généreux
quand on abandonne le peu qu'on a pour soulager
une infortune?
Mais on demandera si toutes les vertus ont quelque valeur devant Dieu, lorsque ce n'est pas la foi
dans la vraie religion qui les inspire. A cela je répon-
drai que nul ne peut être juge ici-bas de ce qui se
passe dans le cœur des hommes. Que si l'on doit juger de la bonté d'un arbre par ses fruits, il y avait
donc dans cet homme des principes qui n'étaient pas
dépourvus de bonté, puisqu'il a professé, depuis son
enfance jusqu'à la fin de sa carrière, des vertus que
l'on serait bien aise de retrouver dans plusieurs de
ceux qui se targuent d'une plus grande orthodoxie.
Certes il eût été à désirer que le Dieu de l'Evangile
lui eût apparu revêtu d'un tout autre caractère que
celui sous lequel il se le représentait; mais que l'on
se souvienne des préjugés que devait avoir sucés, avec
le lait, l'enfant d'un exilé pour cause de religion; que
l'on n'oublie pas ce paradoxe spécieux que l'on rencontre si souvent dans son *Tractatus*; savoir, qu'il ne
voyait parmi les chrétiens que des personnes dont la
vie était en parfaite désharmonie avec les doctrines et
les maximes qu'elles disaient vénérer; et l'on sera
moins surpris qu'il se soit créé pour lui-même un
Evangile de sa façon, qu'il croyait à tort plus propre
à élever son âme et à l'unir avec son Dieu. Certes,
on doit rendre gloire à Dieu quand on voit un Is-
raéliste *exempt de fraude,* comme l'était celui qui vint
visiter de nuit Jésus, *propter metum Judæorum,* pour
en recevoir instruction et demander humblement le

baptême de la régénération; mais que, la main sur sa conscience, on se rappelle tout ce que les chrétiens ont fait endurer d'humiliations et de tourmens, depuis dix-huit siècles à cette énergique population juive; que l'on considère le peu de bien qu'on daigne encore leur faire dans beaucoup de contrées, et les tristes exemples d'incrédulité et de corruption morale qu'on lui donne en tant d'autres; on conviendra qu'à moins d'un miracle particulier de la Providence, il est impossible à un fidèle adorateur du dieu d'Israël de découvrir la vérité chrétienne dans ce dédale d'opinions diverses qui se disputent la chrétienté; on se montrera dès-lors indubitablement plein de bienveillance envers un savant qui avait à cœur le bien de l'humanité tout entière, lorsqu'il croyait pouvoir indiquer le moyen de rétablir l'unité dans la société, en attendant de pouvoir l'établir dans les intelligences.

Il n'était donc pas un impie celui qui faisait consister la vie humaine à ne faire constamment que la volonté de Dieu, et qui a toujours exhorté les autres à vivre sobrement et religieusement. Voyez comme le peint Colérus quand il s'agit des marques qu'il donnait de sa piété extérieure : « Il avertissait les enfans, dit-il, d'assister souvent à l'église au service divin, et leur enseignait combien ils devaient être obéissans et soumis à leurs parens. Lorsque ses hôtes revenaient du sermon, il leur demandait souvent quel profit ils y avaient fait, et ce qu'ils en avaient tiré pour leur édification. Il avait une grande estime pour mon prédécesseur le docteur Cordes, homme savant, d'un bon naturel et d'une vie exemplaire; ce qui donnait occasion à Spinosa d'en faire souvent l'éloge. Il allait même quelquefois l'entendre prêcher, et faisait état surtout de la manière savante dont il expliquait l'Écriture et des applications solides qu'il en faisait. Il avertissait en même temps son hôte et ceux de la maison de ne manquer jamais aucune prédication d'un si habile homme.

« Il arriva que son hôtesse lui demanda un jour si c'était son sentiment qu'elle pût être sauvée dans la religion dont elle faisait profession; à quoi il répondit: Votre religion est bonne, vous n'en devez pas chercher d'autre, ni douter que vous n'y fassiez votre salut, pourvu qu'en vous attachant à la piété vous meniez en même temps une vie paisible et tranquille. » Certes, ce n'étaient pas là des mots vides de sens; ils exprimaient bien le cas qu'il faisait de la piété. On sait qu'il aimait à répéter le verset d'un psaume qui semble s'accorder avec ses principes philosophiques, mais qui exprime encore mieux nos sentimens chrétiens : L'*Eternel est près de tous ceux qui l'invoquent, de tous ceux qui l'invoquent en vérité* (1), ainsi que le psaume 9e, qu'il affectionnait plus particulièrement.

Il faut donc savoir gré à cet homme extraordinaire d'avoir, autant qu'il était en lui, mis une imposante harmonie entre la moralité de sa conduite et la moralité de ses enseignemens. Les principes du panthéisme, en général, n'offrent pas des motifs aussi pressans, ou, du moins, aussi impératifs que le théisme; pour travailler sans relâche à l'œuvre de notre purification morale; il n'établit pas, comme la philosophie de

---

(1) Psaume cxlv, vers. 18.

Kant, des principes de morale aussi positifs et aussi catégoriques, leur rationalité ne pouvant se constater que par l'entendement; cependant on a beau suivre notre philosophe dans tous les détails de sa vie; on a beau l'écouter dans chacun des livres dont il a doté la postérité, on le trouve toujours attentif à affirmer, par ses paroles comme par ses actions, les bases de la moralité. Toujours on l'a vu, toujours on l'a entendu prémunir les hommes contre les périls de la séduction, leur inspirer de l'horreur pour tous les genres d'injustice, et les convaincre de cette maxime, qui résume parfaitement toute sa doctrine, que la morale et la raison ne doivent jamais être en désharmonie. C'est apparemment cette unité dans le caractère moral de Spinosa qui, plus que ses raisonnemens géométriques, fit une si sérieuse impression sur l'éminent génie qu'on croirait plutôt avoir été le fervent adorateur du paganisme grec ou romain, que du Dieu dont Spinosa proclamait les attributs. Il est vrai que c'est sur le déclin de sa vie, alors que les passions émoussées faisaient moins entendre leurs vaniteuses réclamations, que Göthe apprit à vénérer Spinosa et à faire cas de la portée morale de ses enseignemens. La manière dont le grand poète raconte lui-même ses impressions est trop remarquable pour que l'on ne me permette point de la rapporter : « Je me souviens encore du calme que je goûtai et de quelle clarté je fus entouré, après qu'un jour j'eus feuilleté les ouvrages de cet homme remarquable. Je me livrai dès-lors à cette lecture, et je crus, je compris que jamais personne n'avait jeté sur le monde une plus vive lumière. Mais comme on s'est souvent disputé, même dans ces derniers temps, sur cette matière, je désire ne pas rester incompris, et vais soumettre ici quelques idées sur une doctrine qu'on a tant crainte et qu'on a regardée comme si horrible. Notre vie physique et sociale; toutes nos habitudes, notre expérience du monde, la philosophie, la religion, une foule d'autres choses encore, tout nous crie : Ayez de l'abnégation. Oui, nous ne devons pas chercher à former en nous, par ce qui vient du dehors, tant de choses qui nous appartiennent en propre. Les choses dont nous avons réellement besoin de l'extérieur nous sont souvent refusées, et à leur place on nous contraint d'accepter tant d'autres choses qui nous sont étrangères et à charge. On nous ravit ce que nous sommes parvenus avec peine à acquérir, de même que ce qui nous avait été amicalement accordé; et avant que nous en ayons reçu l'explication, nous voyons s'échapper pièce à pièce toute notre individualité; il est admis, après cela, de mépriser celui qui s'en révolte; c'est encore pis, plus la coupe est amère, et plus nos traits doivent exprimer le contentement, afin que le spectateur ne se trouve pas offensé de notre grimace. Or, pour nous faire accomplir cette lourde tâche, la nature a richement doué l'homme de force, d'activité et de ténacité. Mais il se fie davantage à sa légèreté, à cette légèreté dont il est également pourvu avec tant de largesse; par elle il devient capable de renoncer en tout temps à une chose, pourvu qu'il lui soit permis de se rejeter sur quelque chose de nouveau : c'est ainsi que, sans nous en douter, nous complétons notre vie. On remplace une passion par un autre goût, par d'autres penchans ou dada; en un mot, nous essayons de tout, afin d'avoir occasion de nous écrier : *Tout est vanité !* Personne ne recule devant cette maxime fausse, impie même; car on va jusqu'à croire que l'on a dit quelque chose de sage et d'irréfutable. Mais un petit nombre trouve cette situation insupportable, et, pour éviter ces résignations partielles, se résignent pour une fois et toute. Ah! c'est qu'ils sont convaincus de ce qui est seul éternel et nécessaire dans les lois; c'est qu'ils cherchent à s'en former des idées qui soient indestructibles et qui s'affermissent toujours davantage par la contemplation de ce qui est purement temporaire. Mais, comme il y a quelque chose de surhumain dans une telle conduite, on considère ordinairement ces personnes comme des êtres en dehors de la nature humaine, ne tenant ni de Dieu ni du monde ; mais qu'importe, ma confiance en Spinosa repose sur les effets salutaires qu'il a produits en moi (1). »

Devra-t-on conclure de cette esquisse du caractère moral de Spinosa, qu'il a été doué de toutes les perfections? Le simple bon sens nous interdit de le penser; Spinosa a cru devoir à sa seule intelligence tout ce qui le rapprochait de Dieu; c'est seulement par une résignation patiente, mais stoïque, qu'il jugeait convenable de montrer son obéissance aux volontés éternelles du Tout-Puissant. Spinosa se privait par là du seul levier qui peut maintenir l'homme sur les hauteurs de la moralité, c'est-à-dire cette obéissance filiale aux lois politiques qui nous sont révélées dans les saints livres. Spinosa aura encore à répondre à

(1) Göthe, dans ses mémoires qui ont pour titre : *Dichtung und Wahrheit*, t. IV, p. 9.

son Dieu sur une infinité d'articles, dont l'œil seul qui pénètre dans les replis du cœur peut discerner la bonté ou la malice, et qu'il ne nous appartient pas d'énumérer. Mais, à part ces rapports entre Dieu et l'âme, ordinairement si entachés de souillures de la part de l'homme, et en ne jugeant Spinosa que sur les actes ordinaires de la vie, on ne peut se lasser de l'admirer; et si, dans ses idées spéculatives, il parvient à faire oublier Platon, il est encore plus exact d'avancer qu'il est supérieur à Socrate sous le rapport moral. « S'il n'est pas le prince des philosophes, dit un de ses admirateurs, du moins il n'a pas son second; il n'a pas été seulement l'ornement de la nation hollandaise dans laquelle il est né, et de la portugaise d'où il est sorti, mais du genre humain tout entier (1). » Le comparant ensuite aux philosophes anciens et modernes, et proclamant sur eux sa supériorité, Gfrörer fait ensuite remarquer qu'à l'exemple des Schellingiens et des Hégéliens, il ne s'égare pas dans le royaume aérien des idées, et ne dénature pas audacieusement et avec effronterie l'histoire sacrée et profane. Gfrörer finit son parallèle, auquel je ne puis souscrire qu'en rappelant mes précédentes réserves, en disant « que tout ce qui a été avancé de bon depuis trois siècles sur l'histoire sainte nous vient de Spinosa. » Oui, si l'on regarde au ton grave de ses discussions, à la sobriété de ses jugemens quand il croit ignorer, à la franchise de sa critique quand ses

---

(1) *Corpus philosophorum optimæ notæ*, t. III, Stuttgart, 1830. — Pour plus de détails sur Gfrörer, voyez mon *Histoire critique du Rationalisme*.

convictions sont arrêtées, mais non, si l'on s'attache aux résultats de cette critique, qui, pour être la conséquence nécessaire des principes d'exégèse qu'il avait posés, ne prouvent qu'avec une plus grande évidence l'imperfection de ces principes.

CHAPITRE XVI.

Développement historique des doctrines de Spinosa.—Hollande et Angleterre.

A la mort de son fondateur, et même après la publication de ses *OEuvres posthumes,* le spinosisme, quoique fort connu dans le monde savant, ne compta guère de partisans déclarés que les amis particuliers de Spinosa, si toutefois on peut nommer partisans de sa doctrine des amis qui le comprenaient mal, ou qui, à l'exemple du médecin Lucas, ne se servaient de la partie critique de ses ouvrages que pour renverser toute idée de religion. C'est au point que quelques-uns de ces matérialistes ne parvenaient à faire circuler le dernier mot de leurs propres doctrines qu'à force de subterfuges, et même en se donnant les airs de réfuter les doctrines de Spinosa qu'ils regardaient, eux aussi, en toute conscience, comme un athée de leur trempe. De ce nombre était encore le médecin Louis Meyer, dont le langage spinosiste est mal assuré tant dans ses propres ouvrages que dans les préfaces dont il a fait précéder les œuvres de son illustre ami (1), ainsi que Cuper, qui, en prétendant révéler les secrets de l'athéisme pour en inspirer l'horreur,

---

(1) Il est auteur de l'ouvrage latin : *Philosophia scripturæ interpres,* Eleutheropoli (Amsterdam), 1666, publié de nouveau en Allemagne par Semler, avec un appendice de Camérarius en 1776.

faisait assez connaître que c'était pourtant le système qu'il chérissait le plus (1).

Ainsi, le spinosisme ne fut nullement accueilli à sa naissance avec faveur, et l'on peut dire que Spinosa a eu, dans un sens, la destinée du grand navigateur, qui après avoir indiqué aux autres la marche qu'ils devaient suivre pour atteindre aux mêmes régions lointaines, vit un ami de sa vocation périlleuse attacher seul son nom à ces contrées, quand ce nom devait rappeler la gloire de celui qui les avait découvertes. Mais s'il n'a pas fait école dans l'acception du mot, il est vrai de dire que son influence a été bien grande sur la philosophie et la théologie en général, et plus particulièrement sur l'Allemagne, toute pénétrée de nos jours des idées de ce philosophe.

Nous avons vu naître le spinosisme de la philosophie orientale que Spinosa avait cartésianisé à sa manière. Il eût semblé naturel que plusieurs des disciples de Descartes, qui étaient nombreux en Hollande, s'associassent à son œuvre pour la continuer; nous avons entendu, au contraire, Spinosa se plaindre de ce que ses persécuteurs se trouvaient principalement dans les rangs des cartésiens; théologiens pour la plupart, décidés, avant tout examen ultérieur, à ne voir dans la méthode et les principes de Descartes que des appuis pour étayer les symboles religieux qu'ils s'étaient promis de défendre, ils s'acharnèrent contre les écrits de Spinosa avec toute la fureur d'hommes de parti.

« Il est juste pourtant de faire une mention honora-

(1) Arcana atheismi revelata, Rotterdam, 1676. Jäger a établi dans une *Dissertation* le spinosisme déguisé de Cuper. Tubingue, 1710.

ble d'un écrivain, qui avait sérieusement embrassé le cartésianisme pour s'en faire une arme contre tous les adversaires des vérités religieuses, et qui paraît avoir combattu avec la conviction sincère qu'il rendait service à la religion et à la morale. Wittich, dans un ouvrage spécialement consacré à l'examen critique de l'*Ethique,* cherche à faire ressortir tout ce qu'elle contenait d'erroné et de funeste (1). Cet ouvrage eut un certain succès, que l'on attribue surtout à son zèle ardent pour confondre Spinosa, précisément d'après les principes de Descartes, dont Spinosa avait néanmoins fait dériver sa doctrine. L'ouvrage de Wittich a deux parties, dont une contient la réfutation de chacune des propositions renfermées dans l'*Ethique,* et l'autre, une dissertation sur la nature et l'essence de Dieu. Une chose que Wittich fait remarquer avec raison, c'est que Spinosa se sert très souvent des termes dans une acception toute différente de ce qu'ils signifient ordinairement, et cela sans en prévenir le lecteur; de sorte que celui qui n'est pas sur ses gardes acquiesce à des définitions dont il refuse ensuite les conséquences, ce que la logique pourtant lui commande d'admettre, du moment qu'il n'a pas rejeté les principes. Mais ne pourrait-on pas renvoyer à Wittich le reproche qu'on adresse à Spinosa? En sa qualité de théologien strictement calviniste, il donne, en effet, de la nécessité et de la liberté, des définitions qui ne s'accordent guère avec ce qui est reçu communément dans les écoles; cela est tellement vrai

(1) *Christophori Wittichii Anti-Spinosa, sive examen Ethices B. de Spinosâ et commentarius de Deo et ejus attributis.* Amstelodami, 1690, in-4°.

que, malgré sa bonne volonté de combattre Spinosa sur ce terrain comme sur tous les autres, on le voit perdre de sa hardiesse et, pour ainsi dire, rendre les armes au plus fort de la mêlée. Spinosa fait consister la liberté de l'homme en ce qu'il connaît sa liberté et qu'il en sent la détermination, quoiqu'il ignore la cause qui la détermine elle-même ou qui aurait pu la déterminer pour toute autre chose de son choix; Wittich, au contraire, soutient que l'homme a en lui-même un principe d'agir qui est la volonté; Spinosa affirme que ce principe général et interne de détermination, qu'on appelle volonté, est simplement un être logique, et qu'il n'y a que des volontés particulières qui aient leur cause déterminée, et dont la volonté en général ne peut pas être la cause; Wittich répond que par la même raison, la pensée en général qui, selon Spinosa, est un attribut de la Divinité, ne peut pas être la cause des pensées particulières, non plus que l'étendue en général la cause des modifications particulières de cette étendue, ce qui est contraire au système de Spinosa; et pour répliquer directement, il ajoute que, comme un morceau de cire peut être considéré comme séparé de ses modifications, et que, cependant, on y concevra un certain sujet qui en est la cause et le principe, de même, on peut concevoir la volonté séparée de ses modifications, qui sont toutes les volontés particulières et dont elle est le principe; il y a donc dans l'esprit quelque chose de constant qui est modifié ainsi que le principe des modifications. Mais on dira encore à Wittich que dès qu'on établit un principe déterminant, en tout et partout, nécessairement et infailliblement, il est assez inutile de disputer si ce principe est interne ou externe, s'il est essentiel à l'âme ou s'il lui vient du dehors. On en conclura toujours que l'homme dans toutes ses actions sera nécessairement et infailliblement déterminé, soit par lui-même, soit par une autre cause, et cela non-seulement dans l'instant qu'il est déterminé, ce que personne ne conteste, mais avant la détermination; posez la cause déterminante soit interne, soit externe, il est impossible que la détermination ne s'ensuive (1).

On peut lire dans Tenneman (2) le nom des plus célèbres cartésiens de l'époque, et en particulier de ceux qui vivaient en Hollande. Il est fâcheux de rencontrer parmi ces adversaires fougueux de Spinosa un homme qui lui devait pourtant beaucoup en matière d'exégèse, et que l'esprit de parti ne rendit pas seulement injuste, mais encore absurde. Voici, en effet, comment l'érudit auteur de la *Bibliothèque ancienne et moderne*, Leclerc, parle de notre philosophe. « J'ai ouï dire à un homme digne de foi, qui me l'a donné écrit de sa main, que Spinosa avait composé sa prétendue *Ethique démontrée* en flamand, qu'il la donna à traduire en latin à un médecin qui se nommait Louis Meyer, et que le mot de Dieu ne s'y trouvait point, mais celui de la nature, qu'il prétendait être éternelle. Le médecin l'avertit qu'on lui ferait infailliblement une grosse affaire de cela, comme niant qu'il y ait un Dieu, et introduisant en sa place la nature, qui est un mot plus propre à marquer la créature que le

(1) *Bibliothèque universelle*, t. XXIII, année 1692.
(2) *Manuel de l'histoire de la Philosophie*, t. II de la traduction de M. Cousin, p. 97-101.

créateur. Spinosa consentit à ce changement, et le livre parut tel que Meyer le lui avait conseillé. En lisant son livre, on remarquera facilement que le mot Dieu n'est, pour ainsi dire, qu'un mot postiche, qu'il emploie pour donner le change au lecteur (1). » Ainsi, voilà un savant théologien qui paraît avoir largement profité des écrits de Spinosa dans un ouvrage qui ne servit pas peu à accroître sa célébrité, et que le misérable esprit de parti conduit à raconter des anecdotes dépourvues de bon sens et empreintes d'une profonde injustice. A qui fera-t-on jamais accroire que les exhortations de Spinosa à avancer dans la connaissance de Dieu, afin de grandir par là même dans son amour, ne veulent exprimer que la connaissance et l'amour de la nature? Il faudrait compter sur une crédulité bien niaise de la part des lecteurs!

Puisque, par une digression qui n'est au reste nullement déplacée, j'ai signalé quelques adversaires de Spinosa, je ne puis omettre de parler de l'astucieux critique de Rotterdam, qui peut à bon droit se flatter d'avoir suscité contre lui la foule des contradicteurs. Le nom de Bayle se présenterait d'autant plus à notre esprit que l'on voudrait le passer sous silence. Cependant, après avoir lu le fameux article qu'il a consacré à la mémoire de Spinosa dans son *Dictionnaire historique*; on ne revient pas d'étonnement de voir un si habile critique prendre si fortement le change sur les idées de Spinosa; il les confond tantôt avec le panthéisme des Indes, tantôt avec celui des stoïciens, qui n'admettaient, eux aussi, qu'un tout

---

(1) *Biblioth. anc. et mod.*, t. XXII.

animé par un je ne sais quoi, qualifié par eux d'âme du monde; mais, comme j'ai eu occasion de le faire remarquer dans ma préface, on voit percer le secret plaisir qu'éprouve Bayle à trouver enfin un athée dont les mœurs chastes et le caractère plein d'intégrité viennent fortifier ses propres idées sur la possibilité d'être un parfait honnête homme, quoiqu'en professant l'athéisme. Ce qui me fortifie moi-même dans ce sentiment, c'est son habitude constante de semer le doute à pleines mains sur toutes les questions de morale et de théologie, de se jeter avec son humeur pesamment ironique au milieu des combattans, et de livrer toujours au plus faible des armes que lui fournissaient la subtilité de son esprit ou la fécondité de son érudition. On a souvent répété que ce pyrrhonisme de Bayle était la conséquence d'une intelligence supérieure, qui aperçoit de loin les erreurs auxquelles toute raison humaine est en proie. Mais quand sa méthode ne nous convaincrait pas du contraire, lorsque, plus érudit que penseur, il se met presque toujours derrière quelque nom ou quelque opinion, derrière un ordre d'argumens donnés, qu'il excelle à développer, à éclaircir et à fortifier (1), on n'aurait qu'à écouter ses confidences à un ami pour être persuadé que l'insouciance était autant le fond de son caractère que la source peu honorable de presque tous ses paradoxes (2). C'est donc cette insouciance et *cette commodité* qu'il disait trouver dans sa méthode, qui lui fit combattre un système dont il n'avait

(1) Cousin, *Histoire de la Philosophie du* xviii° *siècle*, t. 1, p. 491.
(2) Voir une lettre adressée à Minutoli, dans ses *OEuvres diverses*, t. iv, p. 537.

pas approfondi la portée, et qui lui donnait la malicieuse joie qui le transportait à la vue d'un franc athée pouvant défier la surveillance des plus rigides moralistes. Prétendre qu'il se serait fait un scrupule d'ébranler la première de toutes les vérités, si dans un esprit de scepticisme il avait pris en main la défense du système spinosiste, c'est oublier qu'il n'a pas montré de tels scrupules quand, avec un talent si remarquable, il a exposé les difficultés qui arrêtent tout adversaire du manichéisme. Je suis d'avis que s'il se fût rencontré parmi les contemporains de Bayle un écrivain qui eût fait ressortir tout ce qu'il y avait de fortement conçu et de fortement lié dans le système de Spinosa, et qui, en même temps, se fût senti de taille à lutter avec ce géant, Bayle eût avidement saisi l'occasion de venir en aide à Spinosa, et eût abandonné ses comparaisons soit avec les idées qui ont cours chez les Persans ou les Chinois, soit avec le *mens agitat molem* de l'antiquité païenne.

Quoi qu'il en soit, il paraît, par cet article même de Bayle, que les amis de Spinosa étaient fâchés de voir le critique le plus apte à propager le système de leur maître, se plaire à le flageller de mille façons; ils se contentèrent de lui reprocher de ne l'avoir pas compris, quand ils auraient dû montrer, dans une discussion en règle, comment et en quoi Bayle s'était mépris. Mais, il faut le dire, malgré ce désir bien naturel chez des disciples de ne pas voir tomber dans l'oubli les doctrines de leur ami et maître, ils ne devaient pas voir leurs désirs satisfaits. Outre le talent qui leur manquait, ils n'avaient point, eux aussi, l'intelligence de la vraie doctrine de Spinosa, et, parce qu'ils n'en avaient pas l'intelligence, ils ne pouvaient pas s'élever à la hauteur de ses sentimens. Autant son âme était candide, parce que, croyant posséder Dieu dans sa plénitude, elle s'abandonnait sans réserve à ses inspirations, autant la leur était courbée sous le joug de la crainte et de la dissimulation. Puisque j'ai cité Cuper, auquel j'aurais pu joindre Boulainvilliers, cet adversaire également si suspect de la doctrine spinosienne, je ne dois pas oublier cet autre écrivain qui, sans quitter son comptoir de marchand à Rotterdam, parvint à composer un ouvrage que Bayle déclare d'abord être celui qui a développé le plus nettement les semences de l'athéisme répandues dans les œuvres de Spinosa, et que plus bas il insinue avoir enseigné lui-même l'athéisme. La manière dont il s'y prit pour composer son ouvrage est trop remarquable pour ne pas en faire mention. Brandenbourg, c'était le nom de ce négociant, après avoir lu le *Tractatus theologico-politicus*, fut surtout frappé des idées de Spinosa sur la divinité ; mais y ayant découvert, comme tant d'autres, les *semences de l'athéisme*, qui plaisaient probablement à son cœur bien qu'il n'osât le professer en public, il publia, en langue latine, une réfutation de ce *Tractatus*, qui lui fit beaucoup d'honneur parmi les cartésiens (1), et qui dut faire sourire Spinosa, songeant à toutes les peines qu'avait prises ce brave homme pour réfuter une erreur qu'il n'avait point avancée. Mais voilà qu'après un certain laps de temps parut un autre écrit du même Brandenbourg, qui contenait les prétendues proposi-

---

(1) Elle avait pour titre : *Joannis*.

tions de Spinosa réduites en syllogismes, et développées suivant la forme géométrique dont il s'était servi pour la réfutation; et comme il se défendait d'être l'éditeur de ce nouvel ouvrage, et qu'il rejetait sur Cuper la faute de l'avoir mis au jour, il prétendit encore, pour s'excuser, qu'il l'avait composé dans la pensée de pouvoir d'autant mieux en réfuter le contenu lorsqu'il aurait fini par en découvrir les parties faibles. La part que prirent à cette chicane, qu'aucune franchise n'animait, deux amis de Spinosa, le médecin juif Orobio et Aubert de Versé (dont les efforts n'allaient à rien moins qu'à prouver aux Hollandais que Brandenbourg était en effet spinosiste, et par conséquent athée), démontre qu'avec de tels élémens une école vraiment spinosiste ne pouvait se former dans la patrie de Spinosa (1).

Cependant un homme s'était rencontré dans une petite ville de Hollande, qui essaya, au commencement du xviiie siècle, de faire revivre le spinosisme dans l'esprit de son fondateur. Cet homme, qui paraissait doué de certaines qualités propres à lui faire remplir un rôle intéressant dans l'histoire de la philosophie, cet homme faillit à sa propre cause au mo-

(1) Veut-on un échantillon de ce niais subterfuge? Que l'on entende Aubert de Versé dire dans son *Impie Convaincu* ou *Dissertation contre Spinosa :* « Que cet impie n'a proposé son athéisme que sous les couleurs et les apparences de la vérité, ou de ce qui passe encore aujourd'hui parmi presque *toutes les écoles chrétiennes* pour la vérité même. » Et puis il affirme que le meilleur moyen de le combattre est celui qu'il a choisi, savoir : de lui accorder l'éternité de la matière, parce que la création une fois admise, on est inévitablement battu par Spinosa!!!

ment même où une plus grande énergie dans le caractère lui aurait probablement fait des sectateurs. C'était le pasteur de l'église réformée de Zwolle qui, persuadé que la doctrine de Spinosa n'était pas si contraire qu'on le prétendait aux dogmes qu'il était chargé d'enseigner, essaya, par diverses publications, de lui concilier la faveur du public. Son nom était Frédéric Van Leenhof, et, soit par nécessité, soit par calcul, il initia le peuple à ce qu'il croyait être la vérité, dans la langue nationale. Le premier de ses ouvrages, publié en 1682, produisit peu de sensations, et si l'autorité ne fût venue plus tard (1700) le condamner juridiquement, parce qu'on avait dit qu'il renfermait une doctrine mauvaise, il est probable que l'auteur n'eût pas donné suite à son projet. Cette condamnation l'ayant fait réfléchir sur l'importance des matières qu'il avait traitées, le public ne tarda pas à recueillir le fruit de ses réflexions dans la reproduction des mêmes doctrines, mais, cette fois, plus développées, et avec des applications à la vie pratique qui provoquèrent une forte explosion dans le camp des théologiens. Ce nouvel ouvrage avait pour titre : *le Ciel sur la terre*, et l'on crut y trouver, sous un langage plus perfide, les doctrines de Spinosa que l'on avait le plus en horreur, surtout celle qui fait consister le salut dans le passage d'une perfection moindre à une plus grande, passage qui s'effectue au moyen de la connaissance et de l'amour (1).

---

(1) « Latet anguis sub herbis et verbis », dit Jenichen, en parlant de cet ouvrage dont le titre hollandais est celui-ci : *Den hemel op Aarden, of een korte enklare Beschrijvinge......*, etc., etc. Van Leenhof, predikant te Zwolle. Te Amsterdam, 1704.—Le premier ouvrage

On peut réduire à quelques chefs principaux ce que Leenhof avait de commun avec le spinosisme. Il enseignait donc : 1° que dans tous les événemens qui surviennent on devait reconnaître un enchaînement éternel et nécessaire; en conséquence, que si l'on voulait être heureux, il fallait faire la plus grande abnégation de soi-même, et s'abandonner joyeusement au torrent de la nécessité; 2° que, dans la Bible, il n'était parlé de Dieu que comme d'un roi ou d'un législateur, qualifications fort inexactes et nullement propres à nous faire connaître la Divinité; que les écrivains sacrés n'en avaient agi ainsi que pour se mettre à la portée des faibles intelligences; 3° que l'Écriture sainte avait été écrite par des hommes probes, non pour que nous la regardions aveuglément comme la règle de notre conduite, mais pour nous montrer, par le lien de l'amitié et de l'obéissance, le chemin qui conduit au suprême bonheur, à la joie et à la paix; 4° que toutes les actions et les opérations essentielles étant ici-bas des effets de causes prochaines, et provenant de l'ordre éternel de la nature, il s'ensuit que ceux qui souhaitent parvenir au bonheur doivent demeurer tranquilles et joyeux dans toutes leurs actions, et ne jamais se livrer à la tristesse, parce que toute inquiétude, tout murmure sont une injure faite à cet ordre éternel de la nature. Comme on le pense bien, de telles assertions, qui participaient et de la doctrine de Spinosa et des doctrines

avait un titre plus concis : *De keten der Bybelse goldgeleertheit*. Te Amsterdam, 1682. — Voyez *Historia Spinosismi Leenhofiani*, Leipzig, 1707, p. 79.

plus funestes des quiétistes dont Leenhof paraît ici être imbu, jetèrent l'alarme parmi les gardiens de la loi stéréotypée par le synode de Dordrecht, et il s'ensuivit une guerre de plumes des plus acharnées; elle ne finit qu'avec la condamnation par les magistrats, en 1706, de tout ce qu'avait écrit jusqu'alors Leenhof, et la promesse signée par l'auteur de cette levée de boucliers spinosistes, d'avoir désormais en horreur tout ce qu'il avait écrit jusqu'alors, et d'en demander sincèrement pardon à Dieu tous les jours de sa vie (1).

Depuis cette époque, il n'a plus été sérieusement question en Hollande de Spinosa et de ses adhérens. Les croyances positivement chrétiennes y sont aujourd'hui tout-à-fait dominantes, malgré la scission bien marquée qui existe entre les partisans du synode de Dordrecht et ceux qui consentent à se relâcher sur quelques articles de son symbole, dont la rigidité ne peut plus s'expliquer ; je pourrais en citer pour preuve l'impossibilité où s'est trouvé dernièrement

---

(1) On peut voir dans Jenichen, *Historia Spinosismi Leenhofiani*, tous les procès-verbaux des classes et des synodes provinciaux de Hollande, qui constatent cette curieuse lutte, et dont les accusations portent autant sur Spinosa que sur le faible Leenhof. Je l'appelle faible, car comment supposer que cet homme ait renoncé intérieurement, par le seul fait d'une condamnation, à des convictions qui dataient d'un quart de siècle! Comment supposer que le bon plaisir d'un synode ait pu transformer en un jour le disciple de Spinosa et de Molinos en un zélé partisan de Gomar! Il est vrai qu'en se soumettant au silence lorsque le magistrat le commandait dans l'intérêt de la paix publique, il s'avouait encore spinosiste, puisqu'une des erreurs de Spinosa avait été d'investir le magistrat d'un pouvoir arbitraire sur les croyances religieuses.

un libraire de faire imprimer une traduction de la *Vie de Jésus,* de Strauss, cet admirateur passionné de Spinosa, et le continuateur de la partie négative de ses œuvres.

Il ne paraît pas, non plus, que l'amitié d'Oldenbourg et son activité à faire circuler en Angleterre, où il résidait, les ouvrages de Spinosa, lui ait gagné des partisans déclarés. Les idées spéculatives ont rarement fait fortune dans ce pays, d'un positivisme désespérant; il y avait peu d'espérance d'y voir le rationalisme théologique de Spinosa, et sa doctrine philosophique y acquérir droit de bourgeoisie. Déjà un antagonisme religieux s'y faisait jour; déjà des principes politiques qui avaient parfois des traits de ressemblance avec ceux de Spinosa, y avaient été proclamés par lord Herber, le grand champion de la religion naturelle, et par Hobbes, dont les doctrines machiavéliques fixaient alors l'attention de l'Europe, et plus particulièrement celle de l'Angleterre, où la cour de Charles II semblait vouloir les réaliser.

Dans un temps de discussions orageuses entre les démocrates et les absolutistes, entre les naturalistes et les défenseurs des symboles chrétiens, une voix comme celle de Spinosa ne pouvait se faire entendre avec succès; et quand on se rappelle dans quelle situation se trouvaient alors les esprits en Angleterre, quand on réfléchit au caractère de ses habitants, auxquels la philosophie réaliste semble mieux convenir que l'idéalisme des doctrines spéculatives comme celles de Spinosa, on n'est pas surpris que ces doctrines n'y aient pas trouvé de retentissement.

Ce n'est que dans une société bien assise, et où l'on

jouit d'une douce liberté, que de nouveaux systèmes sérieusement énoncés peuvent devenir des moyens de conciliation entre les opinions extrêmes; mais lorsque la société est agitée jusque dans ses fondemens, il n'y a pas de place pour les systèmes qui ne viennent pas se jeter dans la mêlée, surtout lorsque leurs propagateurs parlent le langage de la science, et qu'indistinctement ils s'attaquent à toutes les passions.

Il n'est pas invraisemblable que les relations d'Oldenbourg avec les savans d'Angleterre aient procuré des lecteurs sérieux et instruits aux œuvres de son célèbre ami; cependant, comme on n'a pas de donnée positive de l'influence du spinosisme sur des écrivains connus, il est plus naturel de se demander si le philosophe d'Amsterdam n'a pas subi lui-même quelque influence de la part de Hobbes relativement à la politique et à la religion; mais il faudrait bien peu connaître la nature des doctrines de Hobbes, pour les assimiler le moins du monde à celles de l'auteur de l'*Ethique*. Ce n'est pas sans raison que l'accusation de pur athéisme a été portée contre un auteur qui bannissait de ses théories tous les élémens de spiritualisme et de moralité, et qui, lorsque le nom de Dieu était par lui conservé comme exprimant la cause éternelle de toutes choses, le dépouillait tellement de ses attributs essentiels, qu'il n'était plus là que pour la forme. Suivant Hobbes, en effet, on ne peut pas plus se former une idée de Dieu, qu'un aveugle ne peut se faire une idée du feu, quoiqu'il sache parfaitement qu'il existe quelque chose qui le chauffe. A l'aspect de la nature, on peut bien se dire qu'il y a une cause suprême de tout ce qu'elle présente à nos regards; mais cela ne peut aucunement nous fournir une idée de la Divinité (1). C'est faire bien peu de cas de l'intelligence de ses semblables que de prétendre qu'ils se paieront de si pauvres argumens. Nous n'en sommes pas encore réduits à ne pouvoir nous former aucune idée de Dieu, par cela seul que nous sommes impuissans à expliquer son essence; si l'homme en général est doué d'un sens rationnel pour découvrir certaines perfections de la Divinité qui sont écrites en traits majestueux dans le livre de la nature, telles que sa puissance et son infinité, celui de la révélation nous en fait comprendre certaines autres, telles que sa justice et sa sainteté, dont la connaissance est suffisante pour nous diriger dans nos voies. Il y a donc loin de cette ignorance calculée de Hobbes en matière de religion, à ce que d'autres appelleraient volontiers présomption dans Spinosa, lorsqu'il déclare autant connaître la nature de Dieu qu'il connaissait la nature du triangle. C'est surtout dans la politique qu'on a pu reconnaître la parenté de plusieurs de leurs opinions; Dugald Stewart, qui s'efforce de l'établir (2), aurait dû néanmoins faire remarquer deux choses fort importantes, et qui établissent entre les deux philosophes une forte ligne de démarcation, c'est la prédilection bien prononcée de Spinosa pour le système démocratique, tandis que tous les efforts de Hobbes tendent à renforcer l'arbitraire chez les rois, et à enlever au peuple toutes ses garanties contre l'abus du pouvoir; ce qui rend Dugald Stewart quelque peu injuste lorsque,

(1) *Léviathan*, chap. XII.
(2) *Histoire des sciences métaphysiques*, etc., t. II, p. 182.

généralisant trop sa pensée, il avance que ni l'un ni l'autre n'ont jamais laissé échapper de leur plume un seul sentiment généreux en faveur des droits, des libertés et du perfectionnement de l'espèce humaine. Quand toute l'*Ethique* de Spinosa ne déposerait pas contre cette assertion, il suffirait, pour montrer toute l'indignation que les théories de Hobbes faisait naître dans l'âme de Spinosa, de citer cette seule phrase du *Tractatus theologico-politicus* : « Désirer le pouvoir à un seul, ce serait agir, non dans l'intérêt de la paix, mais de la servitude (1). »

Après le trop célèbre auteur du *Leviathan* et du livre *du Citoyen*, il parut en Angleterre une série de philosophes qui, employant la méthode expérimentale de Bacon, se livrèrent principalement à l'observation des faits ; quoiqu'ils ne corrompissent pas à la manière de Hobbes, les notions de la morale universelle, cependant, par leurs efforts à établir une morale indépendante de la religion, ils contribuèrent, même à leur insu, surtout en ce qui concerne les plus illustres et les plus religieux d'entre eux, Newton et Locke, ils contribuèrent, dis-je, à lancer la philosophie dans les champs du scepticisme, du matérialisme et de l'irréligion. Dans cette lutte se distinguèrent le déiste Collins et l'historien philosophe Hume. Cette philosophie empirique n'empêcha pas Collins d'avoir bien des points de contact avec Spinosa sur la question de la liberté et de la nécessité ; il se défendait ouvertement de cette influence, parce qu'il préférait apporter quelques pierres à l'édifice du naturalisme, que lui aussi

---

(1) Ch. VI, sect. IV.

montrait de l'activité à construire à la suite de lord Herbert, de Tindall et de Toland; elle a aussi conservé jusqu'à nos jours une forte position en Angleterre, malgré les efforts louables de la philosophie plus spiritualiste de l'Ecosse pour la détrôner. Ces efforts n'ont réussi qu'à montrer l'imperfection radicale de la méthode employée par Reid et Dugald Stewart, ces deux habiles champions d'une doctrine de juste milieu, à qui la psychologie et la morale doivent certains développemens d'une haute valeur. Cependant, au zèle que manifestent quelques écrivains anglais de notre époque pour initier leurs compatriotes à la philosophie de Kant (1), on pourrait penser qu'un temps viendra où le moi si cher aux Anglais sous le rapport de l'économie politique, revendiquera ses droits à la spéculation, et, de transformation en transformation, rappellera à la mémoire de leurs studieux écrivains cette substance de Spinosa, que l'esprit humain, dans un temps donné, est appelé à connaître quand il erre au-delà des régions de la philosophie de la foi.

(1) Non-seulement on a traduit en ces derniers temps, *la Critique de la raison pure* de Kant, mais plusieurs ouvrages ont paru en Angleterre d'une tendance ouvertement *transcendentale*, ce sont : *A Syllabus of logic*, par Thomas Solly ; Cambridge, 1839 ; et : *The Metaphysic of Ethic,* par J. W. Semple, Edimbourg, 1836.

13.

CHAPITRE XVII.

Développement historique des doctrines de Spinosa. — France.

La France semble avoir opposé, dès l'origine, une barrière à l'introduction pure et simple du spinosisme dans son sein, quoique les plus grands écrivains moralistes de cette époque, tels que Bossuet, Fénélon, Nicole, Arnaud et une foule d'autres eussent adopté, malgré leurs préjugés ecclésiastiques, les principes de la philosophie cartésienne; car je ne ferai pas l'injure au philosophe d'Amsterdam de le rendre solidaire des écrits matérialistes des d'Holbach et des Diderot. S'il y a entre les auteurs du *Système de la nature* et de l'*Interprétation de la nature*, quelques points de ressemblance dans leur manière de s'exprimer sur la liberté et la nécessité morale, cependant il n'est jamais question chez d'Holbach et Diderot d'une nécessité provenant d'un être infiniment intelligent et moral; la notion de cet être, telle que la concevait Spinosa, n'a pas été adoptée seulement par le déiste Collins, mais par des philosophes qui n'ont jamais eu rien de commun avec l'école matérialiste ou naturaliste, tels que Leibnitz, Gravesande, Edwards, Bonnet et plusieurs autres de notre époque (1).

(1) Avec infiniment de tact, Lherminier dit de Diderot et du baron d'Holbach : « Si l'on excepte quelques endroits échauffés par Diderot (et qu'allait faire Diderot dans la prose du baron

Cependant un écrivain se présenta parmi les cartésiens français, qui se rapprocha, plus qu'il ne l'avait lui-même désiré, des principes de Spinosa, tout en conservant en son entier dans sa philosophie l'élément véritablement chrétien, qu'il n'avait pas été donné au philosophe d'Amsterdam d'apprécier; c'est l'oratorien Malebranche, le plus grand métaphysicien, sans contredit, de la France, et aussi remarquable par la clarté de ses idées et la pureté de son style que par la profondeur de ses vues. Malebranche prit donc son point de départ dans la philosophie cartésienne, et lui fit ensuite subir une transformation qui eût obtenu les mêmes résultats que l'*Ethique*, si par une inconséquence, dont il ne se rendit pas compte philosophiquement, mais à laquelle ses convictions chrétiennes le portaient, il n'eût pas mis quelque confusion dans la notion du mot substance, quand il fallait le définir avec clarté. S'il considérait la Divinité comme le fonds commun de toutes les existences et le foyer éternellement vivant où les intelligences puisent tout ce qu'elles ont de science et de volonté; s'il la regardait comme l'infini en toutes choses dans la pensée comme dans l'espace; et si avec cela il admettait encore l'étendue comme l'essence de la matière; cependant il aima mieux se montrer infidèle à la lo-

d'Holbach?), le système de la nature, est de fond en comble un faux et méchant livre. D'Holbach avait lu tant bien que mal Hobbes et Spinosa : il n'avait pas entendu Spinosa, il en était incapable; il n'avait vu dans l'idéalisme de ce grand penseur qu'un matérialisme épais, inepte calomnie déversée sur la nature et la religion. » Lherminier, *De l'influence de la philosophie du* XIXe *siècle*, ch. XII.

gique qu'à ses propres instincts, et il maintint les âmes humaines en leur qualité de substances simples, ce qui ne permet pas de confondre son idéalisme avec celui de Spinosa; tant il est vrai qu'en dehors de la philosophie du sentiment et de la foi, le spinosisme réclamera toute intelligence qui demande la démonstration du point de départ en philosophie. Quoi qu'il en soit, il est impossible de ne pas remarquer une espèce d'identité dans la métaphysique des deux philosophes Spinosa et Malebranche; celui-ci soutient de mille façons que toutes nos idées se trouvent dans la substance efficace de la Divinité qui, en nous affectant, nous en donne la perception; notre volonté n'étant que le mouvement que cette substance efficace nous imprime par les idées vers le bien (1); l'autre déclare que l'idée de l'esprit humain est en Dieu, et lui est uni de la même manière que l'esprit l'est au corps (2). De même, dans leurs doctrines morales, ils ne reconnaissaient qu'un premier mobile d'où

(1) *Recherche de la vérité*, liv. III, ch. 6. — Les principaux ouvrages de l'écrivain qui est, à coup sûr, le plus profond métaphysicien français, dit Tennemann, sont, après la *Recherche* : 1° *Entretiens sur la Métaphysique*, 2° *Conversations chrétiennes*, 3° *Méditations*, et 4° *Traité de morale*. — Bayle disait en parlant de ce dernier : « On n'a jamais vu aucun livre de philosophie qui montrât si fortement l'union de tous les esprits avec la Divinité et l'obligation où ils sont d'aimer et de craindre cet être infini ; » et un peu plus bas il ajoute : « Cet ouvrage, composé par le premier philosophe de ce siècle, est un préjugé plus puissant pour la bonne cause, que cent mille volumes de dévotion composés par des auteurs de petit esprit. » *Nouvelles de la République des lettres*, août 1684.

(2) *Ethices*, II, prop. 20.

doivent nécessairement dériver toutes les maximes qui reçoivent leur application dans la pratique de la vie. « Il n'y a qu'une vertu mère, dit Malebranche, la vertu universelle, la vertu qui nous rend justes et parfaits, la vertu qui doit un jour nous rendre heureux, c'est l'amour de l'ordre universel tel qu'il existait de toute éternité dans la raison divine où toute raison créée le contemple. Cet ordre se compose de vérités pratiques et de vérités spéculatives. La raison aperçoit la supériorité morale d'un être sur un autre, aussi immédiatement que l'égalité des rayons du cercle. La perfection relative des êtres est cette partie de l'ordre immuable à laquelle les hommes doivent conformer leur esprit et leur conduite. L'amour de l'ordre est toute la vertu, et la conformité à l'ordre fait la moralité de nos actions (1). » Certes un écrivain qui vous tient sans cesse en présence de Dieu et de l'ordre que le fait seul de son existence apporte dans le monde, et qui vous oblige, également par le seul fait de votre existence, à vivre de la vie de Dieu en vous conformant à l'ordre universel, un tel écrivain était peut-être plus que tout autre propre à reprendre l'œuvre de Spinosa, à la rendre éminemment chrétienne en déplaçant sa base en ce qui touche le principe générateur de la morale, et en métaphysique, en nous contraignant d'accepter le fait de la dualité, sous peine de se trouver dans une impuissance radicale de démontrer autre chose que l'idéalisme de Spinosa. Mais l'histoire dit que Malebranche, comme la grande majorité de ses contemporains, redoutait pour son

(1) *Traité de morale.*

caractère jusqu'au soupçon d'avoir quelque chose de commun avec les idées spinosistes; ce préjugé ne le rendit pas seulement injuste envers son rival, mais lui fit faire défaut à sa belle vocation. Aussi, qu'est-il arrivé? Malgré l'éclat de son beau talent, qui lui permettait d'exprimer de la manière la plus claire et la plus sensible tout ce qui touche à la plus haute spéculation, malgré ses efforts soutenus pour imprimer à sa philosophie le même caractère d'unité et de majesté que l'on découvre dans la nature qu'il prétendait expliquer, Malebranche fut méconnu des personnes pieuses de sa communion. Elles s'exagéraient les funestes résultats de ses tendances panthéistiques; en même temps les amis de la philosophie, déplorant ses hésitations, ne lui tenaient aucun compte de ses sentimens chrétiens, qu'ils pouvaient attribuer à une nécessité de position, plutôt qu'à des convictions nées tout aussi bien de l'examen approfondi qu'il avait fait de sa croyance que de l'éducation ecclésiastique qu'il avait reçue; elles le jugèrent incapable de former une école de quelque avenir, et se jetèrent tête baissée dans le sensualisme de Locke, qui, en passant par Condillac et Cabanis, a eu, de nos jours, sa dernière expression dans le matérialisme de Broussais.

On sait, en effet, que la philosophie sensualiste, quand il lui a fallu mentionner les travaux de ce grand métaphysicien, s'est contentée de railler les résultats les plus immédiats de son système; savoir, la non-existence des corps auxquels, d'après ses principes, l'on est forcé d'acquiescer (1); les cartésiens, qui

(1) *Lui qui voit tout en Dieu n'y voit pas qu'il est fou*, disait-on en ricanant; et c'est toujours avec un bon mot que l'ignorance et

tenaient à la stricte orthodoxie en matière de religion, lui déclarèrent une guerre qui ne fut pas toujours à l'avantage du père Malebranche. Ils avaient pour eux le nombre, la puissance, et, il faut le dire, l'éclat du talent, car « toute l'élite de la nation, depuis Pascal jusqu'à madame de Sévigné, avait subi l'ascendant du cartésianisme (1). » Parmi les lutteurs qui crurent voir la religion en esprit dans un système où Dieu était censé seul agir dans le domaine des intelligences, se signala surtout un écrivain à qui son siècle décerna sans façon le surnom de grand, que les jansénistes seuls ratifient aujourd'hui; par son impuissance, et malgré des efforts vraiment extraordinaires et dignes d'une meilleure cause, à établir par la seule évidence de la raison, la réalité de la nature extérieure, il prouva de nouveau que Malebranche et Spinosa n'étaient pas des hommes si singuliers lorsqu'ils prétendaient que sans Dieu rien ne pouvait se démontrer, et lorsque surtout Malebranche déclarait formellement que sans la révélation nous ne pouvions être certains que de notre existence spirituelle. « Pour être pleinement convaincus qu'il y a des corps, disait Malebranche, il faut qu'on nous dé-

la frivolité se sont tirées d'affaire pour réfuter ce qu'elles ne savaient comprendre. Laharpe dit avec raison, c'était au moins un fou qui avait de l'esprit. Pourquoi donc Laharpe qui n'a jamais lu Spinosa, lui qui paraît avoir lu Malebranche, s'avise-t-il de dire que c'est une peine bien perdue de chercher à comprendre un homme qui ne *s'était pas peut-être compris lui-même*.... mais Laharpe nous apprend qu'il avait lu l'article de Bayle ! (*Cours de Littérature, Siècle de Louis XIV*, philos.).

(1) Cousin, *Fragm. philosophiques.*

montre non-seulement qu'il y a un Dieu et que Dieu n'est point trompeur, mais encore que *Dieu nous a assuré qu'il en a effectivement* créé; ce que je ne trouve point prouvé dans les ouvrages de Descartes. Dieu ne parle à l'esprit et ne l'oblige à croire qu'en deux manières, par l'évidence et par la foi. Je demeure d'accord que la foi oblige à croire qu'il y a des corps; mais pour l'évidence, il est certain qu'elle n'est point entière et que nous ne sommes point invinciblement portés à croire qu'il y ait *quelque autre chose* que Dieu et notre esprit (1). » N'est-ce pas là du spinosisme spiritualisé? N'est-ce pas dire, en d'autres termes, avec Spinosa, que Dieu est tout l'être et le seul être, et que lui seul fait l'action et l'opération qui se manifeste dans la nature entière? Il est vrai que Malebranche, pressé par le spinosisme, déclare l'âme humaine une substance ayant en elle-même sa raison d'être; mais par où peut-il être certain qu'elle est une substance distincte de celle de Dieu même. Ne confesse-t-il pas que toutes ses pensées ne sont que des modifications divines et des opérations de la Divinité? Peut-on donc leur donner un autre sujet et une autre substance en qui elles existent, que celle qui est leur promoteur ou Dieu lui-même? Ne confesse-t-il pas encore que toutes les vues de l'esprit, toutes ses perceptions se font dans l'étendue infinie et intelligible de Dieu; car c'est en cela surtout que s'est exercée prodigieusement la sagacité de Malebranche; pourquoi donc établir deux sujets, deux substances,

(1) Eclaircissement sur le livre : *De la Recherche de la vérité*, page 64.

quand elle rend aussi bien compte de ces opérations? Malebranche sentait tellement qu'il était sur la pente glissante du spinosisme, à mesure qu'il voulait pousser l'investigation plus loin, qu'on le voit s'écrier dans un de ses ouvrages : « O ma lumière! puis-je obtenir de vous de savoir ce que je suis, et ce que c'est que cette substance que je sens en moi capable de connaître la vérité et d'aimer le bien? Je suis, mais depuis quel temps? suis-je éternel? Cesserai-je d'être. Je suis; mais que suis-je? je pense : mais comment? etc.... Quelque effort que je fasse pour me représenter à moi-même, je ne puis découvrir ce que je suis. Lorsque je souffre quelque douleur, je le sais; mais avant que de la souffrir, je ne comprenais pas que ma substance en fût capable. Et dans le temps même que je la souffre, je ne comprends ni ce que c'est, etc... en un mot, je ne suis que ténèbres à moi-même. Ma substance me paraît inintelligible; et si vous ne m'éclairez de votre lumière, l'amour que j'ai pour la vérité me précipitera dans quelque erreur. *Car je me sens porté à croire que ma substance est éternelle*, et que je fais partie de l'être divin et que toutes mes diverses pensées ne sont que des modifications particulières de la raison universelle (1). » Poser de tels principes et divaguer ensuite sur le plus ou moins de substantialité des êtres distincts de Dieu, c'est prouver que l'on voudrait concilier deux choses inconciliables, la philosophie de la foi et celle de la démonstration.

Dans un ouvrage posthume et qui n'a été publié

(1) *Méditations chrétiennes*, p. 149.

que de notre temps (1), Malebranche démontre d'une façon péremptoire, par la seule expérience qu'il en a faite, la contradiction qu'il y a à se placer de prime abord dans le doute absolu de Descartes, pour arriver ensuite, de degré en degré, à la démonstration de toutes les vérités que l'on brûle de connaître. Je ne cesse de le répéter, la démonstration des premiers principes conduit inévitablement à la négation de toutes les individualités, et par conséquent au panthéisme le plus exagéré, c'est-à-dire à une unité impersonnelle et fatale dont Spinosa n'a pu se préserver que par le sentiment moral qui enchaînait sa conscience et le contraignait à ne pas accepter toute la logique de ses principes. Oui, le début de toute philosophie qui veut éviter les infaillibles écarts de l'esprit humain, quand on le place sur le chemin du doute, c'est la foi à un principe indémonstratif dont l'esprit humain est confondu, il est vrai, mais dont la nature proclame avec force la nécessité comme la seule ancre que l'on puisse jeter dans le vaste et périlleux océan des pensées humaines.

On trouve à la suite de ces méditations, empreintes, comme tout ce que l'on doit à la plume de Malebranche, de beaucoup de clarté, une correspondance curieuse; elle vient appuyer merveilleusement ce que j'ai avancé sur ses tendances spinosistes, qu'il refusait d'avouer à cause de ses convictions profondément chrétiennes, et qu'avec raison il n'aurait pu concilier

(1) *Méditations métaphysiques*, et *Correspondance de Malebranche avec J. J. Dortous de Mairan*, publiées pour la première fois, Paris, 1841.

pleinement avec les exigences de sa théorie. Voici le sujet de cette correspondance : Les œuvres de Spinosa, étaient tombées entre les mains de Dortous de Mairan, jeune alors, mais que ses talens firent entrer plus tard à l'Académie, dont il devint même le secrétaire perpétuel; comme cette lecture lui inspirait des inquiétudes sur les principes de religion dans lesquels il avait été élevé, il résolut de s'en ouvrir à Malebranche, qui l'avait souvent accueilli avec amitié dans son cabinet, et s'était plu à lui donner des leçons de mathématiques et de physique. Mais en vain cet intéressant jeune homme sollicite une explication catégorique, en vain lui avoue-t-il qu'il voit chaque jour sa foi chanceler davantage, et son esprit et son cœur se porter avec amour vers une doctrine qui lui paraît porter le cachet de l'évidence, Malebranche fait la sourde oreille; il refuse toujours une discussion franche; il craint d'aborder un sujet qui l'entraînerait peut-être à des aveux dont il se défend d'avance; il se contente, tantôt d'éluder la question, sous prétexte qu'il n'a pas sous la main les œuvres de Spinosa, *dont il a lu autrefois une partie*, mais qu'il a pour ainsi dire oubliées; tantôt il se rejette sur l'impossibilité de s'entendre sur des matières aussi abstraites, et dont il vaut mieux ne pas parler; tantôt, enfin, il se réfugie dans des lieux communs que des esprits ordinaires peuvent et doivent employer faute de mieux, mais qu'un génie comme le sien n'a dû mettre en usage qu'à extinctions de raisons philosophiques, savoir, les affreuses conséquences que l'on déduit du système de Spinosa. Cette bizarre conduite de Malebranche peut-elle s'exprimer autrement que par la sympathie vive et profonde qu'il éprouvait pour Spinosa, sympathie qu'il aurait voulu sincèrement extirper de son cœur lorsqu'il croyait ne pouvoir l'éprouver qu'en se dépouillant d'autres convictions qui lui étaient également chères (1).

Ainsi, à l'exception de Malebranche, qui, sans se l'avouer à lui-même, professait des principes presque identiques avec ceux de Spinosa (2), on ne trouve

(1) Aubert de Versé, ce prétendu adversaire de Spinosa, ou plutôt, l'un de ces amis déguisés dont j'ai déjà parlé, et auteur de l'*Impie confondu*, prétend dans son autre ouvrage *Anti-Spinosa*, démontrer l'identité des principes de Malebranche et du philosophe d'Amsterdam. J'ajouterai, à ce sujet, que Hégel lui-même qualifie le système de Malebranche « de Spinosisme revêtu d'une forme théologique »(*Vorbesungen uber geschichte der philos.* III, 414). — On a quelquefois émis le doute sur cette influence réelle de Spinosa sur Malebranche, et l'on a allégué la date des publications de l'*Ethique* et de la *Recherche de la vérité*. Mais, quoiqu'il soit vrai de dire qu'en effet, ce principal ouvrage de l'oratorien français, ait paru quelques années avant l'*Ethique*, les *Principes de Descartes* et le *Tractatus theologico-politicus* n'en étaient pas moins depuis longtemps entre les mains des savans. On sait, de plus que des copies de l'*Ethique* avaient circulé du vivant de Spinosa et qu'elles avaient ainsi reçu une demi-publicité. La lettre 65ᵉ de Spinosa constate formellement ce fait.

(2) Qu'on l'écoute encore une fois, disant à la fin du 3ᵉ livre de la *Recherche de la Vérité* : « Dieu est le monde intelligible, ou le lien des esprits, de même que le monde matériel est le lien des corps ; que c'est, de sa puissance, qu'ils reçoivent toutes leurs modifications ; que c'est dans sa sagesse qu'ils trouvent toutes leurs idées ; et que c'est par son amour qu'ils sont agités de tous leurs mouvemens réglés ; et parce que sa puissance et son amour ne sont que lui, croyons avec saint Paul qu'il n'est pas loin de chacun de nous, et que c'est en lui que nous avons la vie, le mouvement et l'être. »

aucun écrivain en France, dans les deux derniers siècles, qui, soit comme historien, soit comme théoricien, se soit appliqué à étudier une doctrine si propre à lancer l'esprit humain dans le vaste champ des idées, et à lui faire entrevoir une espèce de solution dans les questions qui le tourmentent. Chaque fois que vous ouvrez un ouvrage où le nom de Spinosa se trouve énoncé, c'est toujours avec la reproduction des ergoteries de Bayle, ou avec une recrudescence d'invectives contre son prétendu athéisme. Aux termes près, depuis l'auteur du *Dictionnaire historique* jusqu'à l'abbé Guillon, le dernier en rang des historiens français de la philosophie, c'est toujours le thème obligé qu'ils se sont imposé à l'égard de notre philosophe. Il n'est pas jusqu'à Fénélon qui n'ait cru exprimer une grande vérité en affirmant « que la secte des spinosistes est une secte de menteurs et non de philosophes (1) »; et cependant l'auteur du traité de l'*Amour de Dieu* et de *Télémaque* ne croyait pas mentir à sa conscience en imprimant ce grossier mensonge (2).

(1) *Lettres sur la religion*.
(2) Je suis loin de vouloir affaiblir le moins du monde la juste admiration que l'on a généralement pour l'archevêque de Cambrai (lorsqu'il ne fait pas de la polémique avec les jansénistes assurément bien plus forts que lui en logique); mais si Fénélon avait aimé la vérité pour la vérité, et qu'on lui eût rappelé ce passage de son traité de l'*Existence de Dieu*: « Quand je dis de Dieu qu'il est l'être par excellence sans rien ajouter, j'ai tout dit.... c'est pour ainsi dire dégrader l'être par excellence que de croire avoir besoin d'ajouter quelque chose quand on a dit qu'il *est*. Dieu est donc l'être : l'être est son nom, essentiel, glorieux, incommunicable. » Qu'aurait-il, dis-je, répondu à celui qui lui aurait fait remarquer du pur spinosisme dans ce raisonnement ? D'après Fénélon, l'être seul a

« Spinosa, dit un autre de ces écrivains anti-spinosistes, a été le précurseur et le chef de cette multitude de philosophes impies qui, depuis soixante ans, font les progrès les plus rapides, et qui se sont déclarés ouvertement, les uns contre la Divinité même, les autres contre toutes les religions, et principalement contre celles de Jésus-Christ (1). » Et ces aménités n'ont pas cessé d'être répétées par les soi-disant critiques et les professeurs eux-mêmes de philosophie, jusqu'à ce que M. Cousin, avec cette autorité que lui donnaient ses vastes connaissances philosophiques, fit entendre à la Sorbonne ces paroles d'un bien grand laconisme, mais si pleines de sens : « Au lieu d'accuser Spinosa d'athéisme, il faudrait plutôt lui adresser le reproche contraire (2). »

Soyons justes, néanmoins : un homme se rencontra dans les rangs mêmes du clergé, qui, après avoir longtemps fait la guerre à la philosophie, finit par trouver de son goût celle de Spinosa, et se décida à en publier une apologie (3). L'abbé Sabatier, de Castres, auteur de l'*Apologie de Spinosa*, dit lui-même qu'elle n'est

---

tout, et il est incommunicable, donc l'être seul existe avec ses modifications. Substituez le mot *substance* au mot *être*, et c'est Spinosa qui parle au lieu de l'archevêque de Cambrai.

(1) *Exposition succincte et comparaison* de la doctrine des anciens et des nouveaux philosophes, t. 1, 2ᵉ partie, 431. Paris, 1787.

(2) Cousin, *Cours de l'histoire de la philosophie*, t. 1, p. 465.

(3) *Apologie de Spinosa et du spinosisme, contre les athées, les incrédules, et contre les théologiens scholastiques platoniciens.* Altona, 1806; Paris, 1810. — L'abbé Sabatier (Antoine), né à Castres en 1742, est mort à Paris le 15 juin 1817.

qu'une note en forme d'éclaircissemens que devait contenir un plus grand ouvrage sur la *souveraineté* (1).

Le but de Sabatier, dans cette apologie, est de prouver que Spinosa « a été calomnié par les prêtres et mal entendu par les philosophes, » puisque *l'Ethique* est, d'après lui, une chaîne non interrompue de preuves et de démonstrations de l'existence de Dieu. Mais ce qu'ajoute Sabatier est vraiment curieux pour un membre du clergé catholique : « Quoique juif, dit-il, Spinosa vécut toujours en chrétien, et il était aussi versé dans notre divin Testament que dans les livres de l'ancienne loi. S'il a fini, comme on n'en saurait douter, par embrasser le christianisme, il aurait dû être mis au rang des saints, au lieu d'être placé à la tête des ennemis de la Divinité. » Il ajoute encore : « Si, dans un siècle de corruption et de délire..... je suis resté ferme dans la *foi de mes pères*, c'est à toi, Spinosa, c'est à ta réunion à cette sainte foi que j'en ai l'obligation. » Ainsi, li est bien entendu que l'abbé Sabatier n'est resté catholique qu'à cause de la conversion de Spinosa au catholicisme. C'est Bayle, dit-il, qui nous apprend cette particularité; mais, malheureusement, cette anecdote est fausse; car Bayle ne parle que d'une *confession de foi chrétienne* que Spinosa dit avoir lue avec plaisir, et nullement catholique dans le sens de l'Église romaine. Du reste, la lettre qu'écrivit à Spinosa un jeune enthousiaste qui voulait lui faire embrasser la foi romaine, et non la

(1) Le comte Paoli disait dans un journal français publié en Allemagne, « que les droits des souverains avaient été, dans ce livre, retrouvés par l'abbé Sabatier de la même manière que Montesquieu avait rétabli les droits de l'humanité. »

foi pure et simple de l'Évangile, aurait dû avertir l'abbé Sabatier qu'il n'en imposerait point à des lecteurs éclairés.

« Puisque j'ai nommé le célèbre professeur qui a rendu de si éminens services à la philosophie, et qui pourrait tant faire encore pour elle et mieux, si les hochets de la puissance ne venaient pas si souvent l'arracher à de plus importans travaux, il est permis de se demander si les idées philosophiques qu'il s'efforce de répandre avec un rare talent ont quelque affinité avec le système qui nous occupe, puisque le mot de panthéisme a été si souvent prononcé à propos de ses enseignemens; et je dirai d'abord que l'on a cherché plusieurs fois, par de niaises déclamations, à noircir cet écrivain avec ce mot de panthéisme, que l'on prononçait dans des intentions malveillantes; M. Cousin repousse chaque fois cette accusation, qui tendrait à enlever à ses enseignemens le caractère moral qu'il prétend leur donner. Voici en quels termes il s'en défend dans un de ses ouvrages : « En vérité, je ne croyais pas avoir jamais à me défendre d'un pareil reproche; mais si je n'ai pas confondu Dieu et le monde, si mon Dieu n'est pas l'univers-Dieu du panthéisme, il n'est pas non plus, j'en conviens, l'abstraction de l'unité absolue, le Dieu mort de la scholastique; et Dieu n'étant donné qu'en tant que cause absolue, à ce titre, selon moi, il ne peut pas ne pas produire, de sorte que la création cesse d'être inintelligible, et qu'il n'y a pas plus de Dieu sans monde que de monde sans Dieu (1). » Il est assez curieux de

(1) *Fragmens philosophiques*, préface, Paris, 1839.

voir un écrivain d'une si haute capacité faire acte de spinosisme en confessant un Dieu cause, au lieu du Dieu créateur de la scholastique, et un Dieu cause nécessairement produisante, ce qui implique l'éternité du monde objectif, et cela pour désavouer une accusation de panthéisme lancée contre lui. N'est-il pas à croire qu'il ne se serait jamais défendu d'être panthéiste à un certain degré, si des ignares n'avaient pas attaché quelque chose d'outrageant à cette qualification. Il est vrai que M. Cousin ajoute : « Le Dieu de Spinosa et des Éléates est une pure substance, et non pas une cause; » mais faut-il donc lui rappeler avec Schelling (1) que la substance de Spinosa est aussi une cause essentielle et imminente. « Dans le système de Spinosa, poursuit M. Cousin, la création est impossible; dans le mien, elle est nécessaire. » Si elle est *nécessaire*, elle est impossible dans le sens que l'on attache, philosophiquement parlant, au mot création; et, avec un peu plus de générosité, on avouera qu'il y a identité dans les deux manières de considérer la Divinité. Le panthéisme ne consiste-t-il pas (je parle surtout du panthéisme spiritualiste de Spinosa, et non du panthéisme matérialiste qui cherche à se faire jour de notre temps), ne consiste-t-il pas, disons-nous, dans la croyance à un Dieu rayonnant en lui-même le monde, et ces deux termes, Dieu et le monde, se complétant l'un par l'autre ? Et qui mieux que M. Cousin a exprimé cette manière de se représenter la Divinité? « Le Dieu de la conscience, dit-il, n'est pas un Dieu

---

(1) Dans un article des *Annales de Bavière* sur les *Fragmens philosophiques*, 7 novembre 1833.

abstrait, *un roi solitaire relégué par la création sur le trône d'une éternité silencieuse et d'une existence absolue, qui ressemble au néant même de l'existence;* c'est un Dieu à la fois vrai et réel, à la fois *substance et cause*, toujours substance et toujours cause, n'étant substance qu'en tant que cause, et cause qu'en tant que substance, c'est-à-dire étant cause absolue, un et plusieurs, éternité et temps, espace et nombre, essence et vie, individualité et totalité, principe, fin et milieu, au sommet de l'être et à son plus humble degré, *infini et fini tout ensemble*, triple infini, c'est-à-dire à la fois Dieu, nature et humanité (1). »

On a assez bien démontré que, dans les principes qu'il professe sur les lois qui régissent le monde moral, M. Cousin n'en professe pas d'autres que ceux d'une nécessité inexorable, à tel point que l'histoire n'est plus à ses yeux qu'une *géométrie inflexible* pour quiconque sait l'étudier (2). Et alors que dites-vous de l'erreur? N'est-ce qu'une vérité incomplète ? mais si elle a sa place dans le temps, si Dieu lui a assigné un rôle dans l'histoire de l'humanité, elle est donc une vérité relative; elle n'est plus une erreur. Nous en dirons autant du mal, c'est-à-dire de ces actions si évidemment mauvaises qu'elles soulèvent la conscience du genre humain; ne voyez-vous pas qu'il a reçu, lui aussi, une mission, puisqu'il se développe à sa manière et qu'il occupe aussi dignement sa place que tant d'autres antagonistes que voudraient créer vos

---

(1) *Fragmens*, préface.
(2) *Essai sur le panthéisme moderne*, par Maret, Paris, 1840, pages 16-20.

instincts vertueux? Non, il n'est pas possible d'approcher les lèvres de la coupe du spinosisme sans se sentir à l'instant enivré. Au milieu du vertige qu'il communique, on dit bien qu'on ne veut pas d'un homme qui vous a ainsi arraché à votre liberté, mais une fois dans son cercle magique, si vous ne devenez franchement chrétien suivant l'Évangile, il vous force à parler son langage si vous refusez de lui donner votre encens...

Quand on a cité M. Cousin, et que l'on se rappelle les brillans succès qu'il a obtenus sur une jeunesse avide de l'écouter, on s'imagine aussitôt que l'on doit mentionner ceux de ses amis ou disciples qui tendent au même but. Mais on ne peut pas affirmer que la philosophie compte après lui d'autres disciples aussi dévoués. En vain MM. Damiron et Jouffroy, avec les belles qualités littéraires qui les distinguent, ont-ils essayé de continuer l'œuvre de leur ami. Comme leur rôle n'a été que celui de rapporteur, ils ont bien laissé deviner leur tendance panthéistique, mais ils ne se sont pas permis de formuler nettement un système arrêté (1). On peut en dire autant de Michelet et Lherminier, écrivains pleins de verve, mais dont le panthéisme semble davantage s'approcher de la philosophie de Hégel que de celle de Schelling avec laquelle M. Cousin sympathise le plus. Avec un talent fort remarquable de narration, et une diction séduisante dont l'histoire est tout étonnée de lui voir faire

---

(1) *Histoire de la philosophie au* XIXe *siècle*, par Damiron, 2 vol. in-18, édit. de Bruxelles. — *Mélanges philosophiques*, par M. Jouffroy, Paris, 1833.

usage, Michelet montre trop d'indécision dans ses idées; il reçoit de tous les événemens historiques des impressions trop mobiles, pour qu'on puisse assigner un caractère philosophique à ses écrits; à la manière dont il parle de Dieu, de la liberté et de la fatalité, qui président chacun au développement de la vie dans le monde moral, on doit le compter parmi ces panthéistes qui ne se sont pas encore bien rendu compte de leurs sentimens. Quant au professeur Lherminier, malgré sa bonne volonté de rabaisser l'importance de la philosophie de M. Cousin, et son désir non moins avoué de fonder une philosophie dont l'éclat honorerait la France (1), il n'est encore connu que par des aperçus fort judicieux sur l'histoire du droit, des digressions brillantes mais contradictoires sur les divers systèmes de philosophie qui se sont disputé le sceptre depuis les Grecs jusqu'à nous, et par sa prédilection pour celui des systèmes qui accorde l'empire définitif à l'esprit humain dont le développement est progressif et indéfini. « Nous ne devons jamais désespérer de l'esprit humain, dit-il, il achèvera son œuvre, il arrivera à la science et à la liberté; il lui sera donné de fonder son empire et ses lois. Mais l'homme doit tout attendre de ses propres efforts; il n'y a pas d'autre médiateur que l'esprit humain. L'esprit humain est une perpétuelle et nécessaire révélation de Dieu. Dieu ne paraît sur cette terre que dans l'homme et que par l'homme. Dieu renouvelle sa face à des époques fatales, ou plutôt

---

(1) Dans ses *Lettres à un Berlinois*, et dans la *Philosophie du droit*, 2 vol.

l'homme le découvre davantage à mesure qu'il gravit le temps et se hâte vers l'éternité. Dieu est notre essence et notre fin, notre intelligence et notre force; sa volonté est la nôtre (1). » Ce rôle, assigné à l'esprit humain, est assurément magnifique, mais pour avoir le droit de diviniser ainsi l'esprit humain, il faudrait du moins nous indiquer la place que doit occuper, dans la vie réelle, la matière sur laquelle l'esprit humain exercera son activité. Les prétentions de M. Lherminier ne vont pas aussi loin. Cette concordance à établir entre le subjectif et l'objectif ne paraît nullement l'inquiéter; content d'avoir arboré une couleur à nuances diverses, il lui importe peu de s'élever assez haut pour en savoir comprendre l'harmonie. Mais encore, en nous en tenant à l'idéalisme de spéculation, il faudrait du moins expliquer comment ce divin, dans l'esprit humain, tout en ayant conscience de la vérité qui est en lui, ne peut jamais acquérir néanmoins la notion de la vérité absolue; comment il se fait que de siècle en siècle, après des révolutions infinies, il arrive toujours à se considérer d'une manière incomplète et à se voir la dupe de ses propres illusions; l'éloquent professeur se contente d'émettre comme un axiome qui n'aurait pas besoin de démonstration, « que Dieu lui-même, essence de la loi (loi générale et universelle), ne se développe dans les sociétés que progressivement (2). » Voilà une tendance panthéistique qui n'est pas encore du pur spinosisme, mais dont les affinités ne peuvent

---

(1) *Philosophie du Droit*, t. II, p. 340.
(2) *Philosophie du Droit*, t. 1, p. 75.

échapper à personne. Aussi, on n'est pas surpris qu'après avoir exprimé son admiration pour Hégel, il s'exprime sur Spinosa en termes des plus honorables. Spinosa est, en effet, pour M. Lherminier, un adorateur sublime de la Divinité; et c'est avec une ferme conviction qu'il se donne la tâche de le disculper de l'accusation d'athéisme.

Il est un autre écrivain en France qui, par la sagacité de ses vues, la pénétration de son jugement et l'intelligence profonde de certains faits historiques, aurait pu s'essayer à la formation d'une philosophie générale. M. Guizot, chez qui des préoccupations politiques paraissent avoir toujours déterminé l'usage de hautes facultés, s'est constamment tenu sur la réserve à propos d'idées générales; quoique sérieusement convaincu de l'impérieuse nécessité d'une morale religieuse qui ait sa condition dans des dogmes éternellement sacrés, il laisse assez entrevoir son penchant à ne reconnaître d'autre vérité éternelle que le développement de l'esprit humain; il se contenterait pour le repos des sociétés qui passent sur la terre, et dans l'intérêt des idées vraiment génératrices de la prospérité nationale, d'un amalgame silencieux de toutes les opinions, à moins qu'elles ne se heurtassent que pour s'éclairer mutuellement et non pour se substituer l'une à l'autre. M. Guizot n'attend rien que du temps et de la civilisation qu'il amène à sa suite (1). Il y a au fond de tout cela quelque chose qui ressemble plus au scepticisme qu'au panthéisme; mais si l'on a soin d'écouter tout ce qu'il y a d'individualité dans la

(1) *Histoire générale de la civilisation en Europe.*

manière d'exposer ou de juger les faits chez M. Guizot, on voit que, sceptique par ses souvenirs et par ses études antécédentes, sa haute capacité l'entraîne forcément à proclamer des résultats que le panthéisme a seul le droit de revendiquer. Et que serait le panthéisme dans une tête organisée comme celle de M. Guizot, sinon du spinosisme conçu dans sa plus pure expression?

Il semble que le saint-simonisme qui a vu fermer ses temples et briser ses chaires depuis bien des années, sans qu'il ait pu révéler de nouveau son apparition dans la société, ne puisse pas être considéré comme un développement des idées spinosistes, puisque la réhabilitation de la chair et la sanctification de l'industrie qui étaient le pivot sur lequel roulait toute sa philosophie, n'avait aucune affinité bien apparente avec les austères enseignemens de Spinosa; mais tout l'esprit qui l'animait ne s'est pas éteint avec l'organisation qu'il s'était donnée, et il ne serait pas difficile de le montrer plein de vie dans le journalisme français, surtout dans les *revues* hebdomadaires ou mensuelles, ainsi que dans plusieurs ouvrages de fraîche date qui, pour ne pas confesser hautement le saint-simonisme, ne laissent pas d'être empreints, sinon de ses idées spéculatives, du moins de leur application dans la vie sociale et pratique. Du reste, des livres sérieusement composés par les saint-simoniens existent encore, qui témoignent du désir de leurs auteurs de rattacher à des idées les résultats par trop matériels qu'ils offraient d'avance à la satisfaction de nos sens et à toutes les jouissances dont l'esprit humain est capable; il est facile de comprendre que Spinosa, plus encore que la philosophie hégelienne, est l'idole qu'ils désiraient placer sur leur autel. S'ils confessent un tout qui est Dieu, et si ce Dieu est l'être infini et universel, ils ont bien hâte d'ajouter que ce tout ou substance unique est en même temps esprit et matière, en ce sens qu'étant tout à elle seule, la substance comprend en même temps ce que nous entendons par la matière et par l'esprit qui sont, non point deux de ses attributs comme s'exprime Spinosa, mais deux de ses aspects (1). Voilà donc la notion du panthéisme dûment formulée et presque dans les termes de Spinosa, dont ils se défendent néanmoins d'être les disciples, et cela encore par crainte de l'opinion. Mais ils ont eu beau poétiser l'idée fondamentale de leur système philosophique, ils ont délaissé le nom et se sont emparés de la chose, avec cette différence que les saint-simoniens montraient un penchant plus décidé à laisser la matière l'emporter sur l'esprit, tandis que Spinosa s'efforçait de tenir un juste équilibre dans ces deux infinies manifestations de la substance unique. Quand ils ont récusé Spinosa sans prétendre que la substance n'était que la matière, ils ont donné par cette fausse accusation la mesure de leurs connaissances en histoire; ils n'ont pas moins rendu hommage au spinosisme en lui empruntant à leur insu tout ce qui pouvait leur donner aux yeux du public une apparence de philosophie. Il n'est pas jusqu'à la question de la création que le saint-simonisme, croyant éluder les difficultés, n'avait pas jugé à propos d'expliquer, autrement qu'en affirmant l'existence de tout ce qui a

---

(1) *Exposition de la doctrine Saint-Simonienne*, t. II, p. 88.

vie ; mais en soutenant ensuite que tout mode du fini doit avoir son analogie dans l'infini, c'était proclamer en d'autres termes la cause imminente de la substance de Spinosa. Il y a encore cette différence entre la théorie saint-simonienne et celle de l'*Ethique*, qu'ici l'on sait à-peu-près où l'on vous conduit, tandis qu'en désavouant Spinosa et voulant mieux faire que lui, on se jette dans un pêle-mêle de pensées dans lequel il n'est pas facile de faire pénétrer la clarté. Je pourrais en dire autant de la durée perpétuelle de l'homme, que les saint-simoniens confessent non à la manière de Spinosa, mais en tant que la personnalité individuelle de chacun se réveille dans le sentiment général de l'humanité. Dans cette question, Spinosa a été évidemment dépassé; aussi n'aurait-il pas à répondre aux objections diverses que l'on fait au saint-simonisme touchant les souvenirs qui devraient nécessairement accompagner notre personnalité, si en effet elle revivait, suivant ses principes, dans une vie future de l'humanité elle-même.

Il faut encore mentionner celui des disciples du saint-simonisme, qui, reniant cette dénomination et les allures théorétiques que d'autres avaient prétendu lui donner, a voulu rester philosophe dans la meilleure acception du mot; celui qui, par des travaux consciencieux, une grande variété de connaissances et surtout par un talent remarquable de critique et d'exposition, a su donner du relief au spinosisme du XIXe siècle et lui faire espérer en France un peu plus d'avenir que ne lui en promettaient les essais malencontreux de ses anciens collaborateurs dans l'œuvre commune. En général, son système semble se confondre de prime abord avec la doctrine fondamentale du saint-simonisme, le progrès infini ; Pierre Leroux définit la philosophie elle-même, la doctrine du progrès; il l'admet à-peu-près de la même manière que Lherminier et la secte des humanitaires qui a pour chef un écrivain d'un talent vraiment remarquable, Buchez; cependant il s'éloigne du premier par l'importance qu'il donne à la tradition, en n'accordant à la révélation chrétienne qu'une valeur relative; tandis que Buchez proclamant la divinité pure et simple de Jésus, élève entre sa philosophie et la sienne une profonde ligne de démarcation. Mais par cette tradition à laquelle Leroux veut rattacher son système panthéiste, il ne faut pas croire qu'il entende la tradition de dix-huit siècles qui comme une chaîne imposante rattache les églises actuelles à celles qui furent fondées par les premiers apôtres de l'Évangile. Il accuse d'impiété quiconque, à l'exemple de Buchez, pose la divinité de Jésus comme un élément nécessaire dans la compréhension des choses de la vie ; c'est là, dit-il, une tradition vieillie, usée, dont il faut se hâter de déblayer le sol pour ne pas être entravé dans l'érection du nouvel édifice social ; il nous faut seulement la doctrine de ceux qui nous ont faits ce que nous sommes. Et comme au jugement de Leroux, le dix-neuvième siècle avec tous ses doutes et toutes ses négations a été le produit du siècle éminemment négatif qui l'a précédé, c'est à rattacher l'idée du progrès aux idées dominantes du dix-huitième siècle que doit s'appliquer la philosophie de nos jours. De là naîtront ces doctrines de liberté, d'égalité et de perfectibilité qui furent déposées en germe par les philosophes du dernier siècle, élaborées avec plus d'intelligence par Condorcet et beaucoup d'autres fauteurs de la révolution française, et que notre siècle est appelé à développer dans toutes leurs conséquences pour le bonheur de ceux en qui nous revivrons dans l'avenir (1).

Cependant l'œuvre de Leroux n'a eu proprement de tendance organisatrice que depuis la publication de son dernier ouvrage (2), où il ne s'arrête plus à analyser le passé et à démêler, autant qu'il était en lui, le bon grain de la paille, mais où il aborde l'avenir et s'essaie au rôle de prophète. C'est encore dans la tradition, dit-il, qu'il emprunte ses notions sur la loi générale de la vie; sans s'apercevoir que la reconnaissance d'une tradition qui explique si bien par elle-même l'existence d'une providence telle que le christianisme la proclame (car le passé de l'homme doit se rattacher à son avenir dans les intentions d'un Dieu souverainement intelligent et sage), n'a aucune autorité pour lui, puisque le dix-huitième siècle la brisa tout entière lorsqu'il ne s'agissait que de la réformer.

Pierre Leroux s'adresse d'abord ces questions :

(1) Si l'on veut connaître à fond l'écrivain qui, après M. Cousin, possède le mieux en France, l'intelligence des divers systèmes philosophiques, quoique ses préjugés lui en fassent parfois dénaturer l'histoire pour la faire concorder avec ses propres idées, on doit lire principalement les articles *Arianisme* et *Christianisme* dans l'*Encyclopédie nouvelle* que Leroux publie avec la collaboration de quelques amis, ainsi que des articles de la *Revue encyclopédique*, mars 1833, août 1834 et mars 1835, où ses idées sur le progrès continu dans l'humanité, sont exposées de la manière la plus brillante et la plus claire.

(2) *De l'Humanité*, 2 vol.

Qu'est-ce que l'homme, quelle est sa destination, quel est son droit et son devoir? quelle est enfin sa loi? Et c'est à la solution de ces questions brûlantes d'importance qu'est consacré son ouvrage sur l'humanité. Ainsi Dieu, l'homme et la nature sont les problèmes que sa plume facile tente de résoudre, en prouvant que tout ce qui constitue les sociétés actuelles doit faire place à une nouvelle organisation pour laquelle il apporte le fruit de ses méditations. Je me garderai de m'aventurer avec lui dans cette foule de questions sociales qui sont évidemment trop étrangères aux vues que doit développer ce chapitre; mais quand cet écrivain quitte un moment la société de ses semblables où il n'a pas même laissé fleurir l'arbre de la charité chrétienne, dont il accuse la sève de n'être pas assez *égoïste* pour se diriger vers le monde invisible, on doit examiner si ses idées comme celles d'autres saint-simoniens ne rappellent pas le spinosisme; et voilà qu'on lui entend dire que le Dieu devant lequel il se prosterne est l'infini, que ce Dieu n'est pas hors du monde, et que le monde n'est pas hors de Dieu; et s'il veut expliquer la distinction de Dieu d'avec le monde, il dit, croyant échapper au spinosisme, que Dieu est l'*infini être*, et le monde l'*infini créé;* mais l'infini étant ce qui est sans être contenu dans le temps, puisqu'il est créé, comment expliquer cet infini du monde? Et quand Leroux ajoute que Dieu se manifeste de plus en plus dans les créations qui se succèdent, qu'il ajoute création à création, n'est-ce pas désavouer cette doctrine d'un monde infini? Car apparemment une création produite par une autre création ne saurait avoir le caractère de l'infini. Pour être conséquent, il faudrait faire comme Spinosa, identifier le fini avec l'infini; on veut être original, créer une philosophie qui nous appartienne, et l'on ne remarque pas les fausses données avec lesquelles on dépare le système que l'on établit.

Que fait Pierre Leroux de cette étoile lumineuse qui nous guide dans les sentiers obscurs de la vie morale, je veux dire de la croyance à l'immortalité de l'âme humaine? On voit, en lisant les pages qu'il a consacrées à cette grave question, qu'elle l'occupe sérieusement et qu'il lui a fallu lutter contre lui-même pour en défigurer l'idée à la manière des saint-simoniens. Ici ce n'est pas évidemment dans la philosophie du progrès qu'il va s'éclairer pour garantir à l'homme son immortalité; pour bégayer quelque chose qui ne soit pas proprement le spinosisme, et encore moins le christianisme, il se voit forcé de rappeler les enseignemens de l'antique Grèce sur la métempsycose. Ce résultat ne prouve guère, il faut l'avouer, en faveur du progrès continu! Ainsi, d'après Leroux, l'homme renaît dans l'homme; il renaît indéfiniment, et c'est là son immortalité. Il ne doit pas en espérer d'autre; et pour le bonheur dans une meilleure vie, il ne consiste que dans la somme de bonheur que le progrès continu doit nécessairement procurer à l'humanité et lui augmenter d'âge en âge. Comme on le voit, on peut aussi objecter à Leroux ce que l'on objecte aux saint-simoniens et à Lherminier, c'est-à-dire l'absence de tout souvenir qui dénonce que tel être qui a rempli son rôle à cette époque de l'humanité, est appelé à en remplir un autre à une époque plus avancée. Leroux répond que l'absence de mémoire formelle est remplacée par l'*innéité* ou les dispositions que les êtres réapparaissant sur la terre apportent à la vie; qu'elle ne dit pas être regrettée puisqu'elle nous a procuré par sa transformation d'autres facultés qui attestent la loi du progrès. Dans ce cas, il faudrait aussi pouvoir attester que les vies successives sont vraiment supérieures les unes aux autres, et que, semblables aux cercles tracés par la pierre qui tombe dans l'eau, elles doivent aller toujours en s'agrandissant. Est-ce bien ce que nous prouve l'expérience? Je pourrais indiquer encore des traits plus forts de ressemblance entre la doctrine de Leroux et ce qu'il y a de moins bien dans le spinosisme; l'existence du mal, par exemple, dont Leroux dénature aussi l'idée, en établissant que le mal ne peut être que la restriction des facultés humaines, et en affirmant avec une gravité imperturbable que tous les maux proviennent de ce que l'homme ne veut pas se croire ici-bas véritablement et réellement dans le ciel; mais ces quelques traits doivent suffire pour manifester la tendance panthéistique de cet écrivain. N'est-il pas à regretter que tant de hautes facultés soient dépensées en pure perte; toutes les modifications que Leroux apporte au spinosisme n'ont aucune consistance et ne font que prouver, pour la centième fois, que si l'on ne veut pas du christianisme essentiellement évangélique, on ne peut prétendre au titre de philosophe qu'en arborant franchement les couleurs du spinosisme, dont la philosophie domine tous les systèmes contemporains et les dominera jusqu'à ce que l'on croie à cette parole : « Personne n'a jamais vu Dieu; mais celui qui était dans le sein du Père est celui qui nous l'a fait connaître. »

Ce qui nous rassure néanmoins pour la France, au milieu de ce conflit d'opinions philosophiques et religieuses qui grondent dans son sein, c'est cette même tendance des esprits à se porter vers les idées panthéistiques, sans faire de halte dans ce triste moyen terme du rationalisme qui a fait si longtemps la honte de l'Allemagne religieuse et que le bon sens français a jugé sans appel et condamné sans miséricorde. Libre ainsi des préoccupations d'une exégèse qui aurait entravé son essor et énervé ses moyens, elle se rapprochera d'autant plus vite de la vérité quand le panthéisme aura atteint son développement, et surtout quand il aura désenchanté tant de nobles talens, qui maintenant placent en lui leurs plus chères espérances.

CHAPITRE XVIII.

Développement historique des doctrines de Spinosa en Allemagne.

§ I. *Leibnitz-Wolff*, *Mendelsohn*, *Lessing et Jacobi*, *Rehberg*, *Heydenreich*, *Herder*.

A l'époque de la nomination de Spinosa à une chaire de philosophie en Allemagne, il semblait que les principes philosophiques de Descartes eussent trouvé dans ce pays de chaleureux défenseurs; ce zèle se ralentit bientôt, si l'on pense qu'à l'exception de Pufendorf qui ne donna une forme positive au droit naturel et ne le regarda comme indépendant de toute révélation et de tout droit positif, qu'à cause des principes cartésiens qui dirigeaient sa méthode, on ne voit pas que ni Descartes ni Spinosa y aient compté des partisans quelque peu célèbres.

Il est vrai que l'Allemagne avait été jusqu'alors garrottée dans les langes d'une scholastique luthérienne dont il ne lui avait pas été facile de se débarrasser, et que des discussions qui n'étaient d'aucun profit ni pour la science ni pour la piété, auraient comprimé tout élan généreux dans les esprits. Ainsi, quand l'heure de la délivrance eut sonné, comme ces enfans que l'on a sevrés de toutes sortes de plaisirs dans leur enfance et qui abusent plus tard de leur émancipation, elle se jeta sans réserve dans les voies de la liberté; mais pourrait-elle nous dire que, malgré la richesse et le grand nombre de ses travaux, elle jouit enfin du véritable aliment des intelligences?

Un homme cependant se rencontra qui, par l'immense variété de ses connaissances, la beauté de son génie, la puissance de sa conception, et son amour passionné pour les investigations philosophiques, devait donner une heureuse impulsion à la science des idées, du vivant même de Spinosa. Leibnitz, peut-être à cause même de cette multiplicité de travaux dans la physique, les mathématiques, la théologie et la politique, qu'il menait de front comme savant et comme homme d'état, Leibnitz ne sut que donner cette impulsion, au lieu de se consacrer tout entier à la formation d'un système philosophique qui fût à la hauteur et de son génie et de sa foi comme chrétien, si toutefois la nature de ses facultés eût permis de donner à ses recherches cette unité rigoureuse que réclame tout système de philosophie. Doué d'un esprit trop élevé pour continuer l'œuvre d'un autre, il se fût placé bien haut s'il avait, en effet, formulé un système qui eût évité les imperfections de Descartes et de Spinosa, et dont les idées chrétiennes, qu'il comprenait si bien, lui eussent fourni les principaux matériaux. Mais il est possible aussi que, prévoyant l'influence infaillible qu'aurait tôt ou tard le spinosisme sur tous les penseurs, il ait senti quelque peu son courage faiblir devant une œuvre qui, de prime abord, eût dû effacer la grande œuvre de Spinosa. Leibnitz se contenta donc de jeter sur son chemin, à travers toutes les questions qui l'occupaient, des traits brillans de son génie, des aperçus lumineux, des solutions admirables, au milieu de conjectures très hasardées; il laissa à un admirateur de son talent le soin de réunir ces lambeaux épars, et de les coordonner en système philosophique, où l'empreinte de leur auteur ne devait plus se trouver, mais que Wolff devait présenter à l'Allemagne sous les formes les plus raides et les moins propres à les faire adopter par des hommes de cœur (1).

Ce n'est pas ici le lieu de faire une exposition de toutes les idées qui entrent dans la formation du système Leibnitz-Wolff; ce que j'ai à cœur de faire remarquer, c'est une chose dont la susceptibilité bien connue de Leibnitz se fût irritée si on la lui avait fait observer, lui qui ne craignait pas, tant les grands hommes sont faibles, de disputer avec une certaine vivacité à Descartes et à Newton quelques fleurons de leur couronne scientifique; c'est, dis-je, une manière de voir en philosophie qu'il avait dû emprunter à Spinosa, quoiqu'il évite prudemment, dans sa *Théodicée,* à l'instar de Malebranche, de rompre des lances avec lui, et qu'il ait l'air d'en finir avec sa doctrine par des paroles dont la fierté ne cache pas tout le vide; tant les hommes sont mal inspirés quand ce n'est pas la plus stricte justice qui les guide !

Oui, malgré les efforts apparens de Leibnitz pour repousser les idées de Spinosa, la position qu'il semble prendre entre ce philosophe et Descartes démontre qu'il ne parlait pas sérieusement lorsqu'il se déclare contre « cette mauvaise doctrine de Spinosa, propre,

---

(1) Voir le ch. xi de l'*Histoire critique du rationalisme en Allemagne,* intitulé : Philosophie de Wolff, son influence sur la théologie.

tout au plus, à éblouir le vulgaire; cette doctrine insoutenable et même extravagante (1). » D'abord, comme Descartes, il fait dériver l'existence individuelle de la pensée; *cogito, ergo sum;* et il pose cet axiome de la métaphysique cartésienne comme le point central de toutes ses recherches dans le domaine de la pensée; bientôt, tout en voulant l'améliorer, il se rapproche de la théorie de Spinosa, quoique d'une manière indirecte, lorsque, voulant expliquer la nature des forces, il se perd en conjectures et élève hypothèses sur hypothèses pour dévoiler les causes efficientes des choses visibles et des effets sensibles; puis, au moyen de l'optimisme, il est amené à nier la liberté et à établir une nécessité morale qui vaut bien celle de Spinosa. Je dis plus, cet optimisme, dont l'idée est tout entière sous d'autres noms dans les systèmes modernes du panthéisme, conduit nécessairement aussi à la distinction si essentielle du bien et du mal (2). Et quant au système de l'*harmonie* préétablie, inventé par Leibnitz pour expliquer l'union de l'âme avec le corps, en quoi s'éloigne-t-il tant de Spinosa, lorsqu'il enseigne que, de même que les pensées et les idées des choses sont arrangées et enchaînées dans l'esprit, de même les images des choses sont arrangées et enchaînées parallèlement dans le corps (3). Il est vrai que Leibnitz ajoute, sans aucune

(1) *Théodicée*, Disc., § 8, § 10.
(2) La comparaison de l'aiguille aimantée qu'on trouve dans la *Théodicée*, § 50, vaut bien la pierre de Spinosa, qui pense et sait qu'elle s'efforce autant qu'il est en son pouvoir de continuer ses mouvemens. *Epistola* LXII.
(3) *Ethices*, v, prop. 1.

raison, qu'il ne nie pas pour cela une union entre le corps et l'âme; seulement, dit-il, cette union est métaphysique; mais Spinosa dit aussi que Dieu, en tant que substance unique, est aussi le lien qui les unit.

« Quant à la question des rapports entre Dieu et le monde, qui est la question décisive, il n'y a point de différence entre Spinosa et Leibnitz : Spinosa commence par la substance universelle; Leibnitz commence par les substances particulières, par les monades, et remonte à la substance universelle; mais ce n'est qu'un renversement dans la forme, et non pas un changement de système; le rapport entre les deux termes reste le même. Si l'on appelle le système de Spinosa panthéisme, Leibnitz est spinosiste aussi bien que Spinosa. Ils le sont et ne le sont pas; ni l'un ni l'autre n'accorderaient que la totalité des choses particulières, τὸ πᾶν, soit la réalité complète de l'être absolu, soit Dieu. Ainsi ils ne sont pas panthéistes dans le sens strict; mais leurs systèmes n'en présentent pas moins tous les inconvéniens moraux et religieux du panthéisme, parce qu'ils mettent la nécessité dans le premier principe, ce qui implique, par une conséquence inévitable, l'enchaînement nécessaire de toutes choses dans l'univers (1). » Un autre écrivain, qui, en matière de critique, possède déjà, quoique jeune, une autorité incontestable, Strauss, assure aussi qu'en plusieurs choses, mais plus particulièrement sur l'article de la création, Leibnitz penchait vers le spinosisme (2); Lessing allait jusqu'à dire que Leibnitz était

(1) *La Philosophie de Leibnitz*, fragment d'un cours d'histoire de la métaphysique, par M. Charles Secretan, Lausanne, 1841.
(2) *Die christliche Glaubenslehre*, 1, 59.

spinosiste dans le cœur. Sans vouloir pénétrer ce qu'était au fond du cœur un écrivain si haut placé dans l'estime générale, on peut affirmer qu'il ne voulait point qu'on le crût tel. Mais comme Lessing apporte des preuves à l'appui de son assertion, je vais rapporter quelques-uns de ses raisonnemens. D'après lui, les idées de Leibnitz sur la vérité étaient de telle nature qu'il ne pouvait supporter qu'on lui fixât des limites trop étroites. De là est venu qu'il est difficile souvent de bien saisir sa pensée parmi tant de choses qu'il a émises. Cependant il s'exprime assez clairement lorsqu'en parlant de Dieu il dit qu'il est dans une expansion et contraction continuelles, et que c'est là ce qu'on doit entendre par la création et la conservation du monde (1).

Jacobi, à qui cette observation s'adressait, ajouta qu'en effet le déterminisme ne devait pas être distingué du fatalisme. Et poursuivant : Les monades ainsi que leur union laissent l'étendue et la pensée, et, en général, la réalité, tout aussi incompréhensibles qu'auparavant. Du reste, aucun ensemble de doctrines, ajouta encore Jacobi en s'adressant à Lessing, ne s'accorde aussi bien avec le spinosisme qu'avec le leibnitzianisme, et il est difficile de décider lequel des deux philosophes s'est le plus joué de lui-même et de nous, quoiqu'en tout honneur (2). Mendelsohn lui-même, si partisan de la philosophie de Wolff, a démontré que l'*harmonie préétablie* était dans le spinosisme,

(1) Voir une lettre de Leibnitz à Bourguet : œuvres, II, p. I, pages 331, 338.
(2) Jacobi, *uber die Lehre des Spinosa in Briefen*, 34.

et Jacobi qui le cite, dit qu'il se fait fort de montrer dans Spinosa toute la doctrine sur l'âme de Leibnitz.

Quoi qu'il en soit de ces divers jugemens portés par des critiques pleins de sagacité contre l'un des plus grands penseurs de l'Allemagne, il ne reste pas moins honorable pour Leibnitz d'avoir empêché, par ses moyens termes et sa franche adoption du plus pur spiritualisme, que la doctrine de Descartes ne dégénérât dans son pays, comme il arriva en France et en Angleterre, en un pur sensualisme, et ne donnât naissance à cette philosophie superficielle qui eut, si longtemps cours, parmi les défenseurs de la matière contre l'esprit. Il est même probable que dans un temps donné, lorsque la philosophie de l'identité et de l'absolu auront cessé de faire l'engouement de l'Allemagne, on y reviendra, sinon à toutes les hypothèses de Leibnitz, du moins à ce que son spiritualisme a de conforme aux besoins de l'intelligence et du cœur, à ce qu'il a de propre à montrer la dignité humaine sous son véritable jour, sans l'abaisser, mais aussi sans la diviniser; l'union avec Dieu ne pouvant, ne devant pas être une absorption de l'âme humaine par son créateur. La philosophie de Leibnitz, par là même qu'elle est éminemment spiritualiste, et avec cela quelque peu imprégnée de religiosité spinosiste qui la rend plus compréhensible, est du nombre de celles qui ne perdront jamais toute leur force vitale. On peut, au contraire, espérer qu'il en pourra naître encore une génération de nouveaux systèmes ; en le perfectionnant et le présentant sous des formes plus développées, ils serviront peut-être à contenter bien des intelligences qui ne trouvent que du vide dans les abstractions actuelles. C'est aussi l'avis de l'habile écrivain qui porte si honorablement le nom de Fichte, lorsqu'il assure « que l'on n'a pas encore connu en Allemagne la véritable importance de la philosophie de Leibnitz ; mais qu'après le système de l'immanence qui devait avoir son cours et son développement naturel, on la verrait surgir comme une nécessité de l'esprit humain (1). » Il paraîtrait que c'est à accomplir une tâche semblable que Herbart a consacré ses talens, et si la renommée s'occupe moins des travaux de ce professeur que de tant d'autres qui ne l'égalent pas en profondeur, c'est que la postérité seule est infaillible et juste dans ses jugemens, et que le paradoxe qui éblouit est infiniment plus propre à séduire les hommes que les anciennes leçons de l'expérience unie à la raison (2).

(1) *Zeitschrift fur Philosophie und spekulative Theologie*, t. IV, 2º partie, 166-67. Voir aussi du même auteur : *Beitrage zur Charakteristik der neuen Philosophie*, 2ᵉ édit., p. 461.

(2) La philosophie de Herbart se pose d'une manière décidée en opposition avec la philosophie de l'absolu, et prétend fonder un réalisme qui sera aussi indépendant de l'empirisme ordinaire que de la production subjective, et cela, au moyen d'une ontologie dans laquelle le *ansich* des choses sera intimement uni à leur phénomène (Herbart, *Einleitung in der Philos.* 229). La base de cette ontologie est prise dans la monadologie de Leibnitz ; de sorte que la doctrine qui en résulte est présentée par les amis et disciples de Herbart, parmi lesquels on compte J. H. Fichte, et d'autres fort habiles, est présentée, dis-je, comme la philosophie de Leibnitz mûrie et plus complète. Son point de départ est la donnée empirique, de telle manière que les contradictions dans les données ont tout aussi bien produit cette philosophie que leur solution et leur égalisation en forment le but ; ou, en d'autres termes, c'est le propre de la philosophie spéculative de rendre

On sait que Wolff se donna la tâche de faire à l'égard de la philosophie de Leibnitz ce que Spinosa avait fait de celle de Descartes; il la régularisa et la réunit en système, d'éparse qu'elle était auparavant dans cette foule de traités, de dissertations, de lettres et de préfaces qui composent l'héritage littéraire et philosophique de Leibnitz. On sait aussi que malgré la raideur de ses formes, cette philosophie, faute de rivale, domina jusqu'à la fin du xviiie siècle dans toute l'é-

imaginables (*denkbar*) les notions que l'expérience veut la forcer d'admettre. La conception fondamentale du système est donc que l'être placé au-delà des faits empiriques consiste dans des réels simplement qualificatifs et indépendans, qui, en leur qualité d'êtres véritables, impliquent une foule de positions absolues, vu que l'être ne peut être pensé que comme position absolue (Herbart, *Metaph.*, 2e partie, p. 96). Ces réels sont, dans leur pure indépendance, sans penchant à entrer en rapport les uns avec les autres, ne possèdent aucune espèce d'activité objective, et leur opposition réciproque est négative, c'est-à-dire que par leur rapprochement fortuit, et à cause de leur distinction primitive, ils peuvent se livrer une lutte dont le résultat sera l'opposition du conservatif contre le destructif. Il existe donc une différence entre la doctrine d'Herbart et celle de Leibnitz. La première est un *physicalisme abstrait-composé*, tandis que la monadologie de Leibnitz peut être appelée un *idéalisme spéculatif-constructif*. — Un historien de la philosophie, analysant comme nous les idées d'Herbart, dit que si la perspicacité et la négativité critiques unies à de fortes connaissances, sont des conditions excellentes pour le succès dans la philosophie, surtout lorsque des pensées importantes et des points de vue fécondans prétendent à la dignité de la spéculation, Herbart doit être mis au rang des philosophes de nos jours les plus distingués. Voir : *Organismus der philosophischen Idee in wissenschaftlicher und geschichtlicher Hinsicht; von J. Hillebrand*, Dresden, 1842, p. 476. — Aussi de Rosenkrantz, *Geschichte der Kant'schen Philosophie*.

tendue de la Germanie. Mais ce que peut-être on ignore davantage, c'est l'accusation de tendance au spinosisme qui fut encore adressée au chef de cette nouvelle école, accusation que Wolff ne crut pas pouvoir mieux repousser qu'en lançant dans le monde philosophique une réfutation en forme du système entier de Spinosa (1); ce qui n'a pas empêché l'intelligent Herder de dire qu'il serait plus effrayé de la nécessité morale de l'école Wolff-Leibnitz que de la fatalité de Spinosa, dont la dureté, ajoute-t-il, n'est que dans le mot. Cependant il faut avouer que Wolff est l'un des adversaires de Spinosa qui a le mieux saisi l'ensemble de ses idées, et qui, pour en faire une réfutation facile, n'a pas commencé par les dénaturer. Je dois dire encore avec Mendelsohn, qu'il est aussi l'un de ses rares adversaires qui ne l'ont pas calomnié. Mendelsohn fait plus, prenant fait et cause pour la philosophie en vogue, il affirme que c'est précisément pour n'avoir rien caché de la force du spinosisme que Wolff a pu en mieux découvrir les parties faibles (2). Mais les pressentimens de Mendelsohn le trompaient lorsqu'il ajoutait encore, que quiconque lirait désormais cette réfutation avec l'attention qu'elle demande, ne serait jamais tenté de donner gain de cause à Spinosa, puisque la philosophie de Wolff est depuis longtemps passée et que l'on ne s'en souvient qu'à raison du grand nom de Leibnitz qui y est attaché, tandis que les idées de Spinosa ont conquis des approbateurs dans le cercle même des amis de Mendelsohn, tandis

(1) C'est toute la 3ᵉ partie de sa *Theologia naturalis* que l'on imprima ensuite à part en langue allemande.

(2) *Mendelsohns philosophische Schriften*, t. II, dialogue 2ᵉ.

qu'elles n'ont fait que gagner du terrain jusqu'à nos jours.

En effet, le spinosisme ne tarda pas, du vivant même de Mendelsohn, à fournir le sujet d'une discussion philosophique fort animée. Dans des lettres que publia le célèbre Jacobi sur l'enseignement de Spinosa, il était question d'un entretien entre Lessing et lui, entretien qui ne laissait aucun doute sur les vrais sentimens de Lessing en matière de philosophie. Si ceux qui avaient lu son *Education du genre humain* y avaient découvert autre chose que le déisme dont tous les autres écrits de Lessing paraissaient être uniquement imbus, rien cependant n'avait fait supposer qu'il eût porté aussi loin son opposition aux idées religieuses de son époque; aussi Mendelsohn taxa d'indiscrètes et presque de mensongères les révélations de Jacobi; et dans une réponse qu'il fit aux lettres sur Spinosa, il prétendit mieux exposer que ne l'avait fait Jacobi, la manière de voir de Lessing en religion, qu'il qualifiait de croyance rationnelle. Il en résulta une quantité de brochures, dont le meilleur effet fut d'éclaircir la question. Mais si l'on désire connaître ce qu'il y avait de vrai dans l'accusation de spinosisme portée contre Lessing, sans intention hostile de la part de Jacobi, c'est le récit même de l'entretien, cause de cette polémique, qu'il faut connaître. Outre qu'il met à nu les sentimens religieux d'un homme que l'Allemagne littéraire vénère à si juste titre, il jette encore du jour sur la question elle-même de la doctrine spinosiste.

Lessing était alors bibliothécaire à Wolfenbüttel, lorsqu'il invita Jacobi à passer par cette ville dans un de ses voyages, afin d'aller ensemble visiter à Berlin leur ami commun Mendelsohn; mais il n'y eut de réalisé de ce projet que l'entrevue à Wolfenbüttel. Laissons maintenant parler Jacobi lui-même : « Le jour de mon arrivée nous pûmes déjà causer sur des sujets fort importans. Nous parlâmes des hommes et des choses, de la moralité et de l'immoralité, des athées, des théistes et des chrétiens. » Puis prenant occasion d'une pièce de vers intitulée *Prométhée*, et qui exprimait des idées panthéistiques, Lessing en témoigna de la satisfaction et dit : « La manière de voir de ce poète est la mienne; les idées orthodoxes sur la divinité ne me conviennent plus, je n'en tire aucun profit: Ἐν καὶ πᾶν! (un et tout) je ne sais rien d'autre.

JACOBI.

Il paraît que vous pourriez vous entendre avec Spinosa.

LESSING.

Si je devais m'attacher à quelqu'un, assurément je ne m'attacherais pas à d'autre qu'à ce philosophe.

JACOBI.

Je le trouve moi-même assez bon; mais le salut que nous voudrions trouver en son nom serait pourtant mauvais (1).

LESSING.

Si vous voulez!... Et pourtant... connaissez-vous quelque chose de meilleur? »

(1) Spinosa ist mir gut genug : aberdoch ein schlechtes Heil, das wir in seinem Namen finden!

« Le lendemain Lessing entrant dans la chambre de Jacobi dans l'intention de continuer l'entretien de la veille, lui dit : « Je vous ai effrayé hier avec mon Ἓν καὶ πᾶν, et pourtant je reviens vous en parler.

JACOBI.

Vous m'avez seulement surpris, et nullement effrayé. Je ne pouvais pas présumer de rencontrer en vous un spinosiste ou un panthéiste. J'étais venu chez vous dans l'espérance que vous me viendriez en aide contre Spinosa.

LESSING.

Ainsi vous le connaissez?

JACOBI.

Oui, je crois le connaître, quoique beaucoup d'autres le connaissent fort peu.

LESSING.

Dans ce cas, je ne puis vous être d'aucun secours. Donnez-lui seulement toute votre amitié ; car il n'y a pas au monde d'autre philosophie que la sienne.

JACOBI.

C'est possible, car le déterminisme pour être conséquent doit devenir fatalisme, et le reste s'ensuit.

LESSING.

Je vois que nous nous entendons. Je suis très charmé de voir que vous faites consister en cela l'essentiel de la doctrine de Spinosa. Je crois, en effet, que c'est la partie la plus dangereuse du système. »

Après quelques considérations de Jacobi sur l'ancien axiome *à nihilo nihil sit*, ainsi que sur les *causas transitorias, secundarias* ou *remotas*, Lessing reprit ainsi le discours : « Nous ne voulons donc pas nous brouiller sur notre *Credo* ?

JACOBI.

Nous ne le voulons dans aucun cas ; mais ce n'est point en Spinosa qu'est mon *Credo*.

LESSING.

J'espère qu'il n'est dans aucun livre.

JACOBI.

Je crois à une cause intelligente et personnelle du monde.

LESSING.

Oh ! tant mieux, je m'attends donc à quelque chose de tout nouveau.

JACOBI.

N'en soyez pas tant réjoui ; je me tire de cette affaire par un *salto mortale*, et vous n'avez pas l'habitude de trouver un plaisir particulier à avoir la tête en bas.

LESSING.

Ne dites pas cela......pourvu que je n'aie pas besoin de l'imiter ! Vous retournerez bien sur vos pieds. Ainsi, comme il ne s'agit pas d'un mystère, je vous prierai de vous expliquer.

JACOBI.

Le tout consiste en ce que je conclus du fatalisme immédiat, contre le fatalisme et tout ce qui s'y rattache. S'il n'existe que des causes finales et agissantes, alors le pouvoir pensant dans toute la nature n'a pour lui que la contemplation ; et toute son affaire consiste à accompagner le mécanisme des forces agissantes. Tout notre entretien présent n'aurait donc pour objet que notre corps, et tout ce qui en fait le sujet se fondrait dans les élémens : étendue, mouvement, degré de vitesse, les idées que nous en avons et les idées de ces idées. L'inventeur de l'horloge ne l'aurait donc pas réellement inventée ; il n'aurait fait que la voir se développer devant lui, produite par des forces aveugles ; de même Raphaël lorsqu'il jeta sur la toile l'école d'Athènes, et Lessing lorsqu'il créa son Nathan. Il en serait ainsi de toutes les philosophies, des arts, des formes de gouvernemens, des guerres par terre et par mer, enfin, de toutes les possibilités. En effet, de même que toutes les passions n'agissent pas en tant qu'elles ne sont que sensations et pensées, ou pour mieux dire, n'agissent qu'en tant qu'elles amènent avec elles les sensations et les pensées, croirions-nous que c'est mû par la colère, par l'amour ou par quelque motif généreux ! Au fond, ce qui nous émeut, c'est quelque chose qui ne fait rien de tout cela et qui est tout-à-fait dénué de sensations et de pensées. Sensations et pensées ne sont que les idées d'étendue, mouvement, degré de vitesse, etc. Je ne saurais, il est vrai, réfuter l'opinion de ceux qui admettent cela ; mais, quant à celui qui ne peut pas l'admettre, il doit devenir l'antipode du spinosisme.

LESSING.

Je le vois, vous aimeriez avoir votre libre volonté ;

pour moi, je ne le désire pas. Ce que vous venez d'exprimer ne m'ébranle aucunement. C'est un préjugé des hommes de considérer la pensée comme ce qu'il y a de plus grand, et de vouloir tout faire dériver d'elle; pourtant, toutes choses, y compris les représentations que l'on se fait des choses, tout dépend d'un principe plus élevé. Etendue, mouvement, pensée, sont ouvertement fondés par une puissance plus haute qui, de longtemps, ne sera pas épuisée. Il faut qu'elle soit infiniment au-dessus de tel ou tel effet, et par conséquent elle peut aussi lui donner une sorte de jouissance, qui, non-seulement, surpasse toutes les idées, mais qui se trouve même en dehors des idées. L'impuissance de le concevoir, n'en ôte pas la responsabilité.

JACOBI.

Vous allez plus loin que Spinosa : la *Einsicht* surpassait tout à ses yeux...

LESSING.

Dans l'humanité!... Mais il était loin de vouloir faire passer pour la meilleure méthode, notre misérable manière de n'agir que dans des vues particulières et de placer la pensée à la tête de tout.

JACOBI.

La *Einsicht* est pour Spinosa la plus noble partie dans toutes les natures finies, par cette raison qu'elle est la partie par laquelle chaque nature finie dépasse son fini. On pourrait dire en quelque sorte que lui aussi a attribué deux âmes à chaque être, l'une qui entre en rapport avec la chose particulière et présente, et l'autre avec le tout. Quant à ce qui concerne l'infinie et unique substance de Spinosa, elle n'a pour elle et en dehors des individualités aucune existence particulière ou qui lui soit propre ; si elle avait pour son unité, passez-moi l'expression, une réalité à elle, individuelle, si elle était personnalité et vie, la *Einsicht* serait en elle aussi la meilleure partie.

LESSING.

Bien. Mais d'après quelle notion admettez-vous votre divinité extra-mondaine? Peut-être d'après Leibnitz, qui peut-être au fond du cœur était spinosiste?..... »

Suit ici cette partie de l'entretien précédemment cité à propos de la philosophie de Leibnitz, après laquelle Lessing ajoute :

« Je ne vous laisserai pas en repos que vous n'ayez mis au clair ce parallèle ; car pourquoi entendrions-nous toujours parler de Spinosa comme d'un chien mort ?

JACOBI.

On en a ainsi parlé après comme avant, et cela, parce que plusieurs ne comprennent point ce philosophe. Pour arriver à le comprendre, il faut une longue et opiniâtre tension d'esprit dont peu sont capables. Mais quand on l'a une fois saisi, alors il ne reste plus rien d'obscur, pas une seule ligne de l'*Ethique*. Bien plus, on comprend très bien comment ce grand homme a pu avoir une ferme et intime persuasion de la doctrine philosophique qu'il a émise. N'écrivait-il pas, dans les derniers temps de sa vie : « Je ne présume point avoir trouvé la meilleure philosophie, mais je sais que je la comprends comme vraie (1) ». Une telle tranquillité de l'esprit, un pareil ciel dans son entendement, une telle lucidité dans la tête, oh! personne ne les a ainsi goûtés.

LESSING.

Et avec cela vous refusez d'être spinosiste.

JACOBI.

Oui, d'honneur!

LESSING.

Dans ce cas, vous devez tourner le dos à toutes les philosophies.

JACOBI.

Pourquoi donc?

LESSING.

Parce que, n'étant pas spinosiste, vous devez être nécessairement un sceptique accompli.

JACOBI.

Au contraire, je ne m'éloigne du spinosisme que pour ne pas tomber dans un scepticisme qu'il rend nécessaire.

LESSING.

Et où allez-vous donc vous réfugier?

(1) Non præsumo me optimam invenisse philosophiam, sed veram me intelligere scio. *Epistola*, LXXIII.

16.

JACOBI.

Je m'applique à suivre la lumière dont Spinosa a dit qu'elle s'éclaire elle-même ainsi que les ténèbres. J'aime le spinosisme, mais non pas tant en lui-même qu'en ce que plus que toute autre philosophie, il m'a conduit à la parfaite conviction qu'il y a certaines choses que l'on ne peut démontrer, devant lesquelles il ne faut pas fermer les yeux, mais qu'il faut admettre telles qu'elles se présentent à vous. Je n'ai pas d'idée plus intime que celle d'une cause finale; point de plus vive persuasion que celle que je fais ce que je pense, au lieu de penser ce que je fais. Il est vrai que je dois admettre avec cela une source de pensées et d'actions qui m'est tout-à-fait inexplicable. Car, du moment que je veux m'en rendre compte, il faut que j'en revienne au second cas, lequel, considéré dans toute son étendue et appliqué à certaines circonstances, se trouve au-dessus de toute intelligence humaine.

LESSING.

Vous vous exprimez avec autant de courage qu'on le fit à la diète d'Augsbourg; mais je n'en demeure pas moins un intrépide luthérien en tenant pour certain « *que l'erreur de ne pas croire à la libre volonté est plutôt l'erreur et le blasphème d'un animal que d'un homme* (1) ».

D'autres entretiens suivirent, qui font connaître de plus en plus les sentimens spinosistes du célèbre auteur de Nathan-le-Sage, ou plutôt ses sentimens

(1) Jacobi, *Ueber die Lehre des Spinosa*, p. 18-41.

sur l'âme du monde, plus matériellement panthéistiques que ceux professés par Spinosa sur l'être souverainement parfait. Et ce sont ces révélations faites au public qui engagèrent Mendelsohn à prendre en main la défense d'un ami dont il croyait la mémoire sérieusement compromise par un autre ami. Mais cette controverse, loin de nuire ni à Lessing ni à Spinosa, servit à provoquer un examen plus attentif des œuvres de Spinosa et à faire cesser en Allemagne une injustice, que Lessing a qualifiée, lorsqu'il a dit qu'on y parlait de Spinosa comme d'un chien mort (1). Jacobi lui-même n'en persista pas moins, et avec raison, dans sa philosophie de la foi; s'il commit une faute, c'est de ne pas avoir renoncé au mot d'athéisme en parlant de la doctrine de Spinosa, puisqu'il savait que ce n'était que par induction qu'on pouvait extraire ce fatal système du panthéisme spinosiste. Quoi qu'il en soit, il continua, dans toutes ces circonstances, à manifester la plus haute estime pour les talens et le caractère moral de notre philosophe; c'est peut-être le jugement qu'il osa, le premier, en porter devant un public prévenu qui fit évanouir bien des préventions. Il disait de lui en effet, que Spinosa « avait le sens le plus droit, le jugement le plus exquis, et une justesse, une force et une profondeur de raisonnement très difficiles à surpasser (2). »

(1) Les articles qu'écrivit Claudius dans son spirituel Messager de Wandsbeck, contiennent une analyse impartiale de la polémique entre Jacobi et Mendelsohn, quoiqu'il laisse ouvertement apercevoir sa prédilection pour la personne et la manière de penser de Jacobi.

(2) Dans sa lettre à Hemsterhuis.

Parmi les écrivains qui, soit pour justifier Lessing aux yeux de ceux qui ne voyaient plus en lui qu'un athée, soit pour manifester leur propre tendance vers le spinosisme, se mêlèrent à cette chaleureuse polémique, les plus connus sont Rehberg, Heydenreich et Herder.

Le premier ne fit aucune difficulté d'avouer que nonseulement la philosophie de Spinosa pouvait très bien s'accorder avec le théisme reçu parmi les chrétiens, mais encore qu'il ne voyait pas comment on pourrait donner une meilleure explication de cette doctrine. Quant à la nécessité de Spinosa dans l'ordre universel, il la déclarait préférable à l'optimisme de Leibnitz, de même qu'il regardait le système du déterminisme supérieur à celui de la liberté. Rehberg s'avance jusqu'à vouloir concilier la foi de Spinosa avec celle que contiennent les symboles chrétiens; mais un tel essai ne pouvait pas mieux lui réussir que celui des hégeliens modernes, quand ils ont voulu fonder une dogmatique sur leurs conceptions de l'absolu (1).

A son tour, Heydenreich s'attacha à combattre l'exposition du spinosisme telle que la faisait Mendelsohn, et comme Rehberg, il prétendit y trouver la plus pure expression du théisme dogmatique (2); puis il l'exposa lui-même dans un ouvrage spécial sur *Dieu et la nature*, mais dans lequel son enthousiasme pour Spinosa ne s'imposant aucune borne, il exagère à ou-

(1) Voir de Rehberg: *Verhältniss der Metaphisik zur Religion.* Berlin, 1787.

(2) Dans l'écrit périodique : *Cæsar's Denkwurdigkeiten aus der philosophischen Welt*, t. IV. Leipzig, 1787.

trance la valeur réelle de la doctrine de son idole (1).

Mais comment se fait-il, disaient beaucoup d'orthodoxes, qu'un théologien d'un mérite aussi distingué que Herder, et dont les talens poétiques ne sont ignorés de personne, puisse se faire l'apologiste de la doctrine de Spinosa? Il est facile pourtant de le concevoir dans un écrivain d'une imagination aussi brillante et qui, se tenant dans les limites de la philosophie, sans aucune application aux dogmes chrétiens, pouvait colorer de poésie tout ce qu'a de vrai cette doctrine, et atténuer par des explications officieuses tout ce qu'elle a de faible ou de trop évidemment erroné. Ecoutons Herder lui-même : « Ayant fait son éducation dans une autre langue que la langue latine, il n'est pas étonnant que Spinosa ait trouvé des difficultés à bien émettre sa pensée. Il est donc juste et raisonnable qu'on lui vienne en aide pour le choix des expressions, sans qu'on lui mâche, pour ainsi dire, les pierres, en lui objectant les expressions les plus dures dont il se sert. L'honnêteté exige que l'on entreprenne d'expliquer un auteur par l'auteur lui-même. En général, afin de pouvoir bien juger et comprendre un système qui repose sur la liberté et la joie de l'âme, sur la vraie connaissance et la béatitude active, il faut posséder un sens libéral et libre de préjugés (*ein vorurtheilsfreier Sinn*), sans cela on n'obtiendra jamais par d'autres efforts cette connaissance, ce contentement et cet amour. La béatitude, dit Spinosa lui-même, n'est pas la récompense de la vertu, mais la vertu même.

(1) *Natur und Gott nach Spinosa*. Leipzig, 1787.

Nous ne sommes pas bienheureux parce que nous surmontons nos passions, mais nous les surmontons parce que nous sommes bienheureux. Il en est de même, poursuit Herder, de la connaissance de la vérité. C'est parce que nous la connaissons que nous surmontons les préjugés, et c'est ce qui explique pourquoi ce qui paraît au méchant un joug d'airain, apparaît au contraire à celui qui possède la vraie connaissance, comme la loi royale de la vérité. Nous vivons, nous agissons, nous sommes en Dieu, disait l'apôtre. Nous sommes de sa race, avait dit avant lui un poète à la pensée duquel s'associe l'apôtre lui-même. Donc, avec la même liberté qui permettait à saint Paul de citer les paroles d'un poète qui résumaient toute sa doctrine à lui, je pourrais également expliquer Spinosa avec ses propres paroles (1). »

(1) *Gott, Gespräche,* préface de la 2ᵉ édition.

CHAPITRE XIX.

Suite du développement historique des doctrines de Spinosa en Allemagne.

§ II. *Kant, Reinhold, Jacobi.*

Frappé de l'anarchie qui régnait de son temps dans le domaine de la philosophie, où l'empirisme des uns, le naturalisme ou le spinosisme des autres, cherchaient à faire prévaloir leur autorité sans pouvoir pleinement satisfaire les esprits sérieux, Kant résolut de faire main basse et sur l'ancien dogmatisme et sur l'empirisme que les écrits de Locke, de Hume et de Condillac commençaient à propager en Allemagne; il ne crut pas pouvoir mieux y réussir qu'en soumettant l'intelligence humaine à une investigation sévère, en l'analysant jusque dans ses élémens constitutifs, et en déterminant ses lois, sa puissance et les limites où il ne lui est plus donné de s'exercer. Puis, quand il eut achevé cette œuvre de critique, il formula, à son tour, un système philosophique qui, contre l'intention de son auteur, s'est rattaché par des fils imperceptibles, mais réels, à la philosophie de Spinosa. Ce système a servi, par un de ces enchaînemens logiques qui sont aussi naturels dans le monde des idées que le développement des lois qui gouvernent le monde physique, à fortifier le spinosisme dans ses positions, en lui suscitant des défenseurs plus ou moins avoués dans tous les rangs de la philosophie.

Au premier abord, rien de plus opposé au spinosisme que la philosophie critique de Kant, qui pose une dualité primitive comme un fait incontestable, savoir le sujet et l'objet; le sujet, qui est le principe de la forme que revêtent les notions que nous formons, et l'objet, qui est le principe qui fournit la matière de ces notions. Celles-ci ne peuvent avoir de valeur qu'autant qu'elles sont unies à la matière que les sens leur fournissent. Ainsi toute connaissance suppose bien le concours du sujet et de l'objet, mais ne les confond pas. Néanmoins, cette philosophie limite les principes de la causalité, dans sa métaphysique de la nature, au monde phénoménal, et usant des mêmes expressions que Spinosa, elle nomme cet acte un usage immanent. La philosophie critique nomme encore substrat inconnu, l'inconnue essence de l'univers de Spinosa. Elle cherche à expliquer ce que Spinosa prétend des idées infinies de Dieu, par une analyse transcendentale logique qui lui est propre, par la composition subjective des forces de l'âme, et s'efforce de démontrer, par sa doctrine de la pure *Anschaung*, ainsi que celle de la forme de l'espace, ce que Spinosa enseignait sur l'infinie étendue. C'est cette manière de procéder des deux systèmes, qui a fait dire à Francke que l'on pourrait établir que la métaphysique de la nature de Kant n'était qu'un spinosisme élevé à la hauteur des lumières du xviii° siècle, et c'est ce qui lui explique comment des écrivains d'une trempe d'esprit peu commune, mais si diverse, ont pu se faire les apologistes d'un système à la compréhension duquel ils n'avaient pu arriver qu'en partant d'un principe opposé à celui de Spinosa (1). Cependant il est arrivé au philosophe de Kœnigsberg, et ce fut même son premier acte de critique dans sa vie littéraire, de combattre spécialement Spinosa, qui enlevait, suivant lui, toute réalité à l'idée d'un but dans la nature. Mais Kant croyait à tort que Spinosa considérait la nature, non comme le produit d'une causalité absolue, mais comme un être primitif auquel se rattachent des accidens d'une nécessité indispensable. Spinosa insiste si souvent sur l'idée d'une cause, et d'une cause qui a l'intelligence pour attribut, que Kant aurait dû ne pas s'y méprendre. Dans la même occasion, Kant soutenait contre Spinosa, que lors même que l'on admettrait l'existence générale de tous les êtres comme modifications infinies de la substance unique, cette supposition ne serait pas encore l'unité ontologique, et par conséquent une unité de but. Il ajoutait cependant que Spinosa n'avait pas voulu soutenir la réalité, mais seulement

(1) *Versuchen uber die neueren Schicksale*, etc. 62-64. — Fichte le fils avoue également que sans le savoir et très involontairement, Kant était devenu le père de la philosophie objective en dépassant, au *bout de sa carrière* spéculative, son propre point de départ. Ce jugement d'un écrivain qui occupe une position si distinguée dans le domaine de la philosophie, mérite d'être cité avec les propres termes de l'auteur : « Und Kant ist der Meister, der dadurch am Ende seiner spekulativen Laufbahn, und seinen eigenen Standpunkt damit weit überschreitend in das Element der Selbstwiderlung darin an's Licht fördernd, unbewust oder wider willen der Vater auch der objectiven Philosophie geworden ist. » J. H. Ficte, *Beitrage zur charakteristik der neueren Philosophie*, 2ᵉ édit., Sullzbach, p. 451.

l'idéalisme d'un but dans la nature; que notre intelligence subjective supposait seulement cette réalité pour la juger, et que la seule notion de l'unité du substract ne pouvait pas produire l'idée d'un but sans dessein (1).

Il faut observer néanmoins, et ceci honore le caractère également si moral de Kant, qu'il ne s'est appliqué à critiquer la raison pure que pour relever d'autant plus la dignité de la raison pratique. Les idées morales, d'après ce grand philosophe, sont tout ce qu'il y a d'inattaquable par tous les efforts réunis de l'esprit humain, quoiqu'elles ne soient le résultat ni de l'expérience ni de l'abstraction, mais des formes subjectives de la raison pratique; ces formes, en se réfléchissant dans la conscience et en se présentant ainsi sous le point de vue objectif, prennent le caractère de lois absolues pour notre volonté libre, ou de lois morales. Les argumens sur lesquels Kant appuie ce principe, dit très bien un écrivain français profondément versé dans les sciences philosophiques, sont d'une vérité irrécusable. En démontrant que la morale se fonde sur la nature de l'homme, Kant a rendu à cette science un service immense; il lui a assuré une base inébranlable et a détruit cette prétendue morale de l'intérêt bien entendu, désignée par lui sous la dénomination d'*eudémonisme*, qui n'est au fond que la morale de l'égoïsme, ou plutôt le contraire de la morale, l'absence de toute véritable morale. La raison pratique proclame les lois morales d'une manière absolue; elle ne consulte pas plus nos désirs que nos

(1) *Kant's Kritik der Urtheilskraft*, p. 319-333.

intérêts, elle ne consulte pas même ceux des autres ; elle déclare comme devoirs ce qu'en vertu des formes qui lui sont inhérentes elle est obligée de reconnaître comme tels, et ordonne à l'homme d'accomplir ses commandemens, quelle que soit la répugnance de sa nature physique, quels que soient les sacrifices que cela exige (1); mais je dois faire remarquer que la liberté morale dont Kant fait dériver toute idée de devoir et de moralité, et le seul pouvoir qu'il déclarât indépendant du monde phénoménal, il la poussait jusqu'au pélagianisme le plus effréné puisqu'il arrachait la conscience humaine à toute influence immédiate de l'esprit de Dieu; cette liberté, sous prétexte de dignité humaine, l'humiliait en réalité, puisqu'elle plaçait sous l'esclavage ou la férule de la loi celui qui eût préféré des relations d'amour avec l'être souverain qui donne à la loi sa sanction; je dois faire, dis-je, remarquer que c'est par cette rigidité, même dans l'application de la raison pratique, que Kant crut échapper aux conséquences morales qui effrayaient beaucoup d'adversaires de Spinosa (2).

Tant de puissance intellectuelle devait nécessairement produire une forte impression sur les têtes allemandes, si merveilleusement organisées pour s'appliquer à l'examen des plus abstruses questions de la métaphysique; on vit bientôt s'élever sur les ruines

(1) Wilm, dans un article sur la Psychologie en Allemagne, dans la *N. revue german.*, t. IV.

(2) J'ai fait ressortir, dans l'*Histoire critique du Rationalisme en Allemagne*, l'influence de la philosophie de Kant sur la foi chrétienne de son temps et le parti qu'ont tiré de ses principes une fraction des théologiens rationalistes, 2ᵉ partie, pages 234-241.

du dogmatisme de Wolff et de l'empirisme qui cherchait à s'organiser, une école de Kant aussi remarquable par le nombre de ses partisans que par l'étendue des connaissances philosophiques dont plusieurs ont donné les meilleures preuves (1). Aucun d'eux ne s'est rendu aussi célèbre que Reinhold et Fries, quoique dans une direction d'esprit différente, le premier, tenant beaucoup plus à la forme de la doctrine de Kant qu'à sa méthode, et le second conservant plus la forme que le fond de son système.

Après donc que l'attention des esprits eut été réveillée par les ouvrages de Kant, et particulièrement par sa *Critique de la raison pure*, l'enthousiasme succéda à la surprise, et Reinhold fut un des premiers qui s'attacha à en expliquer et à en répandre les principes (2). Par ses *Lettres sur la philosophie* de Kant, il dissipa bien des préventions, rassura bien des esprits en donnant de meilleurs éclaircissemens sur la nature de la nouvelle doctrine, sur la véritable notion des idées, sur leur origine, les élémens dont elles se composent, et la part qu'ont dans leur production et le monde objectif, et les formes subjectives de l'entende-

---

(1) On peut voir dans Reinhold fils, *Lehrbuch der Geschichte der Philosophie*, 2ᵉ édit., 1839, p. 510 et 511, la liste des écrivains allemands les plus connus qui ont abondé dans le sens de Kant, tels que Krug, Bardili, Beck, etc.

(2) Né à Vienne, en 1758, il quitta de bonne heure l'état ecclésiastique pour venir philosopher en liberté sur un sol protestant. Il mourut professeur de philosophie à Kiel après l'avoir été à Jéna en 1823. Son principal ouvrage est sa *Théorie des idées*, qui a pour titre : *Versuch einer neuen Theorie des menschlichen Vorstellungsvermögens*, Jena, 2ᵉ édit., 1795.

ment humain. Mais, comme je l'ai déjà fait observer, il ne fut pas tellement un disciple docile qu'il ne se permît ce qu'il prétendait être des améliorations à la doctrine de son maître. C'est en cela surtout qu'il occupe un rang honoré dans l'histoire de la philosophie, puisque cette tentative l'a fait regarder comme un médiateur entre le criticisme de Kant et l'idéalisme de Fichte.

Voici un court aperçu de la manière avec laquelle il veut faire accepter cette médiation. D'abord il chercha à élever la pensée fondamentale de Kant touchant la réceptivité subjective formelle, ainsi que la spontanéité, de sa valeur purement hypothétique à une valeur absolue; puis il essaya de l'organiser plus positivement, de le réduire en un tout systématique, et d'établir avec cela un principe philosophique tellement incontestable qu'il devait servir de preuve à ces hypothèses. Reinhold continua donc, dans ses efforts organisateurs, à se tenir strictement au point de vue de Kant et jeta ainsi la planche sur laquelle passa Fichte pour arriver à son idéalisme (1).

Supérieur à Reinhold comme écrivain, et par l'influence réelle qu'il a exercée dans la philosophie comme dans la théologie, Fries se présenta également comme le réformateur de la doctrine kantienne et déploya de nobles efforts pour la rendre, par une combinaison avec celle de Jacobi, un puissant boulévard contre l'envahissement du spinosisme qu'il voyait découler de l'idéalisme, auquel les principes purs de Kant devaient

---

(1) *Hillebrand, der Organismus der philosophischen Idee,* Dresde, 1842, p. 455. — *Reinhold (le fils), Lehrbuch, der geschichte,* p. 512-530.

donner naissance (1). Herbart, que nous devons regarder comme un juge compétent dans ces matières, considère néanmoins Reinhold comme un kantien progressif, tandis qu'il déclare Fries rétrograde; et cela, parce que le premier se relie à Fichte par le principe de la conscience, tandis que le second incline avec complaisance vers Schelling. Voici, du reste, comme E. Reinhold, caractérise les enseignemens du rival de son père. Fries chercha d'abord à perfectionner la doctrine kantienne par la méthode critique et avec le secours d'un nouveau travail analytique de la théorie de l'esprit humain, qu'il désigna par le nom d'*anthropologie philosophique* (2), pour remédier à quelques défauts reconnus de cette doctrine, et pour défendre la valeur de ce qu'il considérait dans Kant comme des découvertes grandes et décisives pour le vrai perfectionnement scientifique de la philosophie, et qu'il désirait faire accepter en cette qualité. Dans cette intention, il opposa aux trois critiques de Kant sa *Nouvelle critique de la raison* (3), et fit, d'après les principes et la nature des idées qui sont exprimées, une exposition de l'ensemble de la philosophie qui est en grande partie connue de notre temps. Il n'y a pas de doute que Fries part du véritable point de vue pour atteindre son but, qui est le perfectionnement de la philosophie de Kant; il montre qu'il manque à cette philosophie un coup-d'œil général sur l'entier pouvoir de con-

(1) Né à Barby en 1773, J.-F. Fries après avoir longtemps professé la philosophie à Heidelberg et à Jena, accepta plus tard une chaire de physique dans l'université de cette dernière ville.
(2) *Handbuch der psychischen Anthropologie*, Jena, 1820-21.
(3) *Neue Kritik der Vernunft*, 2ᵉ édit., Heidelberg, 1828.

naître, propre à l'esprit humain ; et il soutient que le problème de la théorie de la connaissance, que Kant n'avait élaboré qu'en partie et en différentes fois éloignées les unes des autres, devait l'être plus complétement, et qu'il devait être présenté sous un point de vue plus satisfaisant, résolu dans la liaison d'un seul travail capable d'épuiser le sujet. Par conséquent, l'auteur de la *Nouvelle critique de la raison*, qui est un des plus fidèles comme des plus distingués disciples de Kant, par l'application qu'il a faite du système kantien à la forme des autres sciences philosophiques, a porté à ce système une amélioration réelle dans la méthode et dans le fond. On doit ajouter que les vues philosophiques de Fries, qui, dans son intention, devaient avoir pour but moins l'extension de la connaissance que les lumières et la conservation de la foi, ont produit d'autant plus de retentissement dans les âmes, que cet excellent écrivain les a présentées dans un style aussi clair que pur, et que sa vie entière prouve combien il avait à cœur de perfectionner, ennoblir et répandre ce que l'humanité possède de plus grand, la foi et la raison (1).

Entre le criticisme et l'idéalisme vient encore se

(1) *Handbuch*, etc., passim, 605-619. — Rosenkrantz devant juger Fries avec une sévérité hégelienne, qualifie les vues de Fries et ses desseins d'amélioration, d'ennuyeux affadissement de la spéculation de Kant, où tout aboutit à ce que l'homme fasse l'expérience de son intérieur, et accepte les idées du vrai, du bon et du beau, comme il l'avait enseigné dans un précédent écrit qui a pour titre *Foi, connaissance et pressentiment* (*Wissen, Glauben und Ahnen*, Jéna, 1805). — Voir de Rrosenkrantz : Geschicte der Kantischen philosophie, p. 431.

placer la philosophie de Jacobi qui n'avait pas seulement en vue, comme celle de Reinhold et de Fries d'apporter de simples modifications à celle de Kant, de manière à la réformer dans sa base, mais qui voulait n'en conserver que ses nobles principes sur la liberté et la conscience de l'homme (1).

Si jamais on a pu dire d'un homme qu'il était né philosophe, ce fut, dit Wilm, de celui qui, tandis que sa naissance, son éducation, l'état et la volonté de ses parens, toute sa position enfin le dirigeaient vers une autre carrière, se sentit sans cesse ramené vers la philosophie par un goût décidé, par un besoin irrésistible. Les écoles modernes paraissent mettre très peu d'importance à ses travaux, si l'on excepte Fries et ses disciples qui ont mis à profit quelques-unes de ses vues; tous n'auraient pas honte de répéter l'impolie qualification que se permit Fichte contre lui, si la pudeur ne venait la retenir au bout de leur plume (2); car on ne peut être grand philosophe aux yeux de certains écrivains qu'en adoptant les formules conservées et en se faisant initier à une terminologie qui doit vous séparer des profanes. Quelques attaques un peu vives de la part de Jacobi contre tous les systèmes philosophiques, en général, ont pu lui attirer cette défaveur et surtout sa négligence volontaire de donner à ses idées une forme scientifique. Ne disait-il pas lui-même en voulant caractériser son enseignement, que

(1) Frédéric-Henri Jacobi est né à Dusseldorf en 1743, et mort président de l'Académie des sciences, à Munich, en 1819.

(2) Reinhold fils, ordinairement si grave, l'appelle un *dilettante de la science !* l'amour filial ne devrait pas empêcher d'être juste.

c'était une non-philosophie qui avait sa nature dans le non-savoir (1)? C'était provoquer sans sujet le dédain des favoris de la science, qui ne voulaient pas comprendre que sa critique portait sur le langage des écoles bien plus encore que sur les matières que l'on y traitait. Fichte ne fut pas le seul à lui reprocher sa prétendue ignorance, Schelling se crut obligé dans une polémique dirigée contre Jacobi, de lui faire des reproches aussi sanglans (2); mais qu'est-il arrivé?. Comme un brillant météore, la philosophie si profonde de Fichte ne vit plus que dans les souvenirs de ceux qui l'ont un instant contemplée, et Schelling dans la fermentation de ses nouvelles idées, regrette probablement d'avoir méconnu le caractère d'une philosophie recommandable par sa simplicité même, tandis que les idées de Jacobi voient leur influence s'accroître chez tous les écrivains riches de sentimens (3).

Le caractère négatif de la philosophie de Jacobi dut nécessairement soulever contre lui l'animadversion de toutes les écoles dont il avait le bon sens de reconnaître les défauts, et la nécessité où il se trouvait de rompre continuellement des lances avec de nouveaux adversaires, l'empêcha sans doute de don-

(1) « Eine Unphilosophie, die in Nichtwissen ihr Wesen habe.» *Jacobi an Fichte, in Jacobi's Werke*, t. III, p. 9.

(2) Schelling's, Denkmul von den göttlingen dingen...

(3) Il suffit de connaître les écrits des deux grands théologiens Schleiermacher et de Wette, pour se persuader que la philosophie de Jacobi combinée avec celle de Fries eut grandement influé sur leurs pensées; il en est de même des deux philosophes moralistes Köppen et Salat dont les ouvrages fort estimés portent l'empreinte de la philosophie de la foi.

17.

ner à ses idées le caractère qu'on semblait lui reprocher et d'élever, sur les débris de ce qu'il détruisait d'une main plutôt habile que puissante, un système capable d'en imposer par ses majestueuses proportions. Il se borne donc, dans presque tous ses écrits, à indiquer certains principes au moyen desquels il combat ceux de ses adversaires, il les présente dans toutes les combinaisons possibles; et à part son ouvrage sur l'enseignement de Spinosa où la notion du réalisme et de l'idéalisme se trouve traitée *ex professo*, on trouverait difficilement dans ses écrits de quoi élever ses propres enseignemens à la hauteur d'une doctrine. Il faudrait que l'on glanât à grande peine dans toutes ses productions, pour en réunir les idées positives qui seules peuvent constituer une doctrine. Mais il a cela de particulier, qu'on ne parcourt jamais la multitude de ses écrits sans y trouver de nouveaux charmes, tant il y a de grâce dans son style, d'enthousiasme dans ses convictions, de fine ironie dans sa polémique! Il est remarquable qu'il aurait pu écrire dans la langue française avec beaucoup de correction, comme le prouve sa longue lettre au célèbre Hemsterhuis, et Bouterweck dit à ce sujet que depuis Leibnitz aucun écrivain philosophe n'avait su manier, avec autant d'énergie que Jacobi, la langue de Pascal et de Fénélon (1).

Cependant, après avoir butiné dans les ouvrages où Jacobi s'occupe tour-à-tour de Hume, de Kant,

---

(1) Bouterweck, *Geschichte der Poesie und Beredtsamkeit*, xie partie, p. 494. C'est à la suite d'un examen de la manière d'écrire de Jacobi.

de Spinosa, de Wolff ou de Fichte, on reconnaît d'abord son principe fondamental qui consiste à admettre sans examen ce qu'il nomme des vérités de foi, enseignées à l'homme dans les profondeurs de sa conscience et sans qu'il puisse fermer entièrement l'oreille à ces vérités divines que Dieu lui révèle : ainsi, nous acquérons certaines connaissances d'une manière immédiate et par le seul fait de notre nature moralement constituée; ce principe, que l'on a contesté, que l'on contestera encore tant que l'on donnera à l'esprit la supériorité sur le cœur, est néanmoins tellement incontestable que nous voudrions le faire proclamer par un immense jury, qui, la main sur la conscience et interpellé de ne dire que la vérité, attesterait infailliblement sa réalité. Malheureusement Jacobi ne se contentait pas de développer ce principe, il se jetait quelquefois avec passion sur le terrain de ses adversaires, et par la confusion qu'il mettait dans leurs idées, il ne savait plus bien caractériser la nature de celles qu'il leur opposait. On pourrait réduire en quelques mots la quintessence de sa philosophie : Je sens que je suis; je sens qu'il y a quelque chose hors de moi que nous nommons la nature; je sens qu'au-dessus de moi il existe une chose ineffable, inénarrable, mais éternelle, sainte, libre, personnelle, le toi absolu de mon moi; en un mot, Dieu (1)!

Ainsi l'idée dominante de toute la doctrine de Jacobi

---

(1) *Rosenkrantz, Geschichte der Kant. Philos.* 382. — Voir aussi le travail de M. Wilm sur *la psychologie en Allemagne*, t. VI et IX de la *N. Revue germanique.*

est celle de la foi; on se rappelle avec quelle chaleur il a exprimé, à la fin de son entretien avec Lessing, combien il avait d'actions de grâces à rendre à Spinosa, pour lui avoir prouvé indirectement qu'il y a des vérités qu'il faut admettre sans démonstration, des vérités, comme il le disait, *de la première main,* qui se fondent immédiatement sur les faits de la conscience et entraînent avec elles une conviction irrésistible. Voici maintenant en quoi il s'accordait avec le philosophe de Kœnigsberg et en quoi il différait de son système. Comme Kant, il affirmait que la raison pure était impuissante pour s'élever à la connaissance de Dieu, de l'immortalité et de la liberté morale; mais il lui reprochait ensuite de n'admettre ces trois vérités que par une inconséquence de ses propres principes. Il s'ensuivait que Jacobi était d'avis, avec Kant, de borner à la seule sphère *gegeben,* la pensée, qui reconnaît et n'attribue à l'entendement que la connaissance du fini et du conditionnel. A part ce principe, Jacobi diffère de Kant essentiellement, tant dans la conception de l'univers que dans la manière de concevoir son développement. Il revendique pour l'entendement, par rapport à la connaissance de la réalité finie, la vérité objectivement réelle; tandis que Kant ne lui accorde qu'une connaissance formelle objective ou subjective-objective. De telle sorte que si Kant veut dans l'expérience fixer subjectivement les choses, Jacobi, au contraire, pose en principe que le subjectif qui reconnaît ne doit être fixé qu'objectivement ou par les choses (1). N'y aurait-il pas

---

(1) *Hillebrand, Organismus,* etc., 454-55.

eu quelque malentendu entre Kant et Jacobi, et n'est-il pas à croire que si le premier avait pu adopter la distinction si sage de Jacobi, entre l'intelligence ou entendement (*Verstand*) et la raison proprement dite (*Vernunft*), il se serait relâché quelque peu de sa sévérité dans ses jugemens; et que, si le second avait mieux su donner la notion du sentiment, s'il ne l'avait pas laissée dans le vague, et s'il eût davantage attribué à la conscience qui est une puissance active de l'être humain ce qu'il plaçait dans des régions mystérieuses, n'est-il pas à croire, dis-je, que leur séparation eût été moins profonde, et que par là Jacobi eût obtenu une meilleure position dans le monde scientifique, comme Kant en eût acquis une plus durable dans le domaine de la psychologie (1)?

(1) Pour plus de détails sur Jacobi et sa philosophie, voir : *Jacobi und die Philosophie seiner Zeit*. Mayence, 1834. Sa polémique sur et contre Kant y est rapportée de la page 148-176.

CHAPITRE XX.

Suite du développement historique des doctrines de Spinosa en Allemagne.

§ III. *Fichte.*

L'influence de Fichte sur les esprits, en général, fut moins étendue que celle de Jacobi et de Kant; mais l'originalité de ses vues, la force et souvent l'élégance de son style dans quelques-uns de ses ouvrages, et surtout dans ses discours à la nation allemande, qu'il cherchait à réveiller au son de la liberté, rendirent grandement attentifs tous ceux qui aimaient à suivre dans leur développement les idées du philosophe de Kœnigsberg.

De bonne heure Fichte avait annoncé des dispositions pour l'étude de la philosophie, et l'on croit facilement son fils lorsqu'il nous apprend que les études théologiques auxquelles ses parens voulaient qu'il se consacrât, contribuèrent, par les doutes qu'elles lui firent concevoir, à lui faire passer par le creuset de l'analyse tout ce qu'il avait adopté jusqu'alors de confiance, et à donner à ses idées plus de régularité, de consistance et d'unité (1).

(1) Le fils de Fichte dont j'ai déjà eu occasion de parler, a publié sous le titre de *Johans Gottlieb Fichte's Leben und litterarischen Briefwechsel*, une biographie détaillée sur son père où l'on

Ce fut surtout le problème de la liberté morale, dans ses rapports avec la nécessité ou la Providence, qui l'occupa dans ses premiers temps, et il paraît qu'il se décida alors pour le déterminisme, qui rappelle assez la prédestination des théologiens. C'est en s'occupant de cette question importante qu'il apprit à connaître Spinosa dans quelque ouvrage où l'on faisait mention de ses doctrines; mais la personne avec laquelle il s'en entretint, effrayée de lui voir professer des idées spinosistes, se hâta de lui faire lire la réfutation de Wolff, dans l'espérance de bannir de son esprit toute tendance vers une philosophie qu'elle croyait dangereuse. Mais le jeune Fichte n'en eut que plus d'ardeur à lire l'*Ethique* même de Spinosa, pour voir si elle l'éclairerait sur ce qu'il désirait tant connaître. On raconte qu'il garda de cette lecture la plus vive impression; mais un sentiment invincible le portait vers quelque chose qu'il avait cherché vainement dans Spinosa, et qui, selon lui, devait autrement relever la dignité humaine. C'est alors que la doctrine du déterminisme, suivant laquelle toutes choses ont été prévues et déterminées d'avance par une cause intelligente et éternelle, s'affaiblit en lui, et qu'il résolut de faire du sentiment de la personnalité morale de l'homme, le fondement de la science; quoique cette personnalité présentât la forme d'une sorte de panthéisme, elle devait être, dans les pensées de son

---

trouve avec ce que lui prescrivaient les devoirs de la piété filiale, la juste impartialité d'un historien bienveillant. Fichte, né en 1762 dans un village de la Lusace, d'abord professeur de philosophie à Jena, puis à Berlin, est mort en 1814.

auteur, la réfutation la plus directe du panthéisme.

Cependant, à l'époque de sa vie où il résolut, après bien des essais, de se vouer tout entier à ses études, il s'exerça d'abord sur le système de Kant, qu'il disait propre à dompter l'imagination, à assurer l'empire de l'entendement, à élever l'âme au-dessus des choses de la terre; comme Spinosa, qui, chargé d'initier un jeune homme à la doctrine de Descartes, en avait par là même sondé tous les replis, Fichte se trouvant dans le cas d'appliquer aussi à un jeune étudiant la philosophie kantienne, l'approfondit entièrement. La conscience de la liberté absolue du *moi*, qui voit se briser contre sa volonté toute la puissance du monde, et au-dessus de cette volonté un commandement absolu, qui, régnant souverainement sur tous les penchans et sur toutes les passions, procure à l'âme une entière tranquillité et un parfait équilibre : une telle théorie lui avait manqué jusque-là, dit ici le fils de Fichte, tandis qu'il s'y sentait naturellement porté par son caractère. La philosophie kantienne, en réduisant la connaissance du monde extérieur à une simple apparence, et ne laissant subsister pour toute réalité que la liberté du *moi*, amena ainsi Fichte à faire de cette idée, non pas seulement le principe de sa morale, mais le centre même de toute sa philosophie.

Plusieurs lettres de cette époque témoignent de la révolution qui se fit dans les idées de Fichte après la lecture de Kant : « Me voici depuis cinq mois à Leipzig, et je ne me souviens pas d'avoir jamais été si heureux : ce qui ajoute encore à ma satisfaction, c'est que je ne la dois qu'à moi seul. J'arrivai à Leipzig, la tête pleine de projets; aucun ne réussit. Dans mon désappointement, je pris un parti que j'aurais dû prendre depuis longtemps. Ne pouvant changer les choses hors de moi, je résolus de changer moi-même. Je me jetai dans la philosophie de Kant; là je trouvai un remède à mes maux, et de la joie en sus. C'est une chose inconcevable que la révolution que cette étude produisit en moi. Je crois maintenant de tout mon cœur à la liberté de l'homme, et je comprends fort bien à présent que c'est sous cette condition seulement que la vertu est quelque chose, et qu'une morale est possible. J'ai acquis la conviction que la doctrine de la nécessité de toutes les actions humaines ne peut être que funeste à la société, et que l'immoralité de ce qu'on appelle les classes supérieures découle en grande partie de cette source.... » « Je vis dans un monde nouveau, écrit-il encore, depuis que j'ai lu la *Critique de la raison pratique*. Des propositions que je regardais comme inattaquables, je les ai vu renverser; des choses qu'il me semblait impossible de prouver, telle que la liberté absolue, le sont maintenant pour moi, et je n'en suis que plus heureux. Quel respect ce système nous inspire pour la dignité humaine, quelle force nouvelle il nous donne! (1) » Ce langage est bien celui d'un beau caractère; mais tous ceux qui l'ont tenu avec Fichte n'ont pas tardé, en jetant un regard plus scrutateur sur le cœur humain, à découvrir les atteintes qu'a reçues chez tous cette liberté morale; c'est cette contradiction entre les exigences du devoir de la liberté et de la loi morale qu'elle suppose qui force les penseurs conséquens à placer d'un côté

(1) *Nouv. Revue Germ.*, t. VII, p. 202-4.

de la balance notre liberté ainsi mutilée, et de l'autre l'esprit de Dieu, qui vient rétablir l'équilibre en faveur de ceux qui savent l'attirer sur leur personne.

On sait que l'ouvrage par lequel Fichte (1) débuta dans la carrière philosophique est cette *Critique des révélations;* il paraissait tellement écrit dans l'esprit du philosophe de Kœnigsberg qu'on le lui attribua généralement, ce qui ne servit pas peu à lui gagner la faveur du public. Fichte ne s'y méprit point. Il avouait lui-même que cette erreur, loin de lui inspirer de la vanité, ne faisait que fortifier en lui le désir de mieux faire, et c'est dans cette nouvelle étude de lui-même qu'il conçut le projet, non plus de continuer l'œuvre de Kant, mais de le perfectionner. Nous avons vu comment les principes de Kant ne consentent à donner à l'entendement ou à l'intelligence que la seule aptitude à comprendre les choses fournies par l'expérience, et que toute expérience n'étant pour nous que l'apparition d'un objet inconnu en soi, nous ne pouvions encore connaître les choses telles qu'elles sont, mais seulement telles qu'elles nous apparaissent. Fichte entreprit la critique de ces principes. Il crut pouvoir écarter le scepticisme que l'on pouvait en déduire, comme d'autres en déduisaient le spinosisme, et pour cela il entreprit d'abord de démontrer l'unité du monde sensible et du monde moral, en partant d'un acte primitif du moi humain, acte qui construit la conscience elle-même, ainsi que tous ses phénomènes (2). La première fois qu'il traça ainsi une ligne

(1) *Versuch einer Kritik aller Offenbarung;* elle parut en 1792 presque en même temps que ses *Vues sur la Révolution française.*

(2) Tennemann, *Manuel,* II, 273.

de démarcation entre les enseignemens de Kant et les siens, ce fut à Zurich, où quelques amis l'avaient prié de leur expliquer dans une suite de leçons, la philosophie de celui qu'il avait regardé jusqu'alors pour son maître; mais c'est dans sa chaire d'Iéna qu'il formula positivement son système et qu'il fut en butte aux accusations d'athéisme auxquelles il se montra fort sensible et qui jetèrent une nouvelle amertume sur sa vie. Voyons comment Fichte cherchait à concilier l'idée de Dieu avec la domination exclusive du *moi*. « La conscience ou le *moi* ne connaît immédiatement que soi ; il est de toute impossibilité qu'il sorte jamais véritablement de lui-même ou qu'il voie jamais autre chose que lui. Ainsi il ne peut absolument rien savoir d'un être hors de lui, puisque, lorsqu'il le connaît, ou croit le connaître, il n'en a qu'une représentation, et ne sait jamais cet être même. Cependant le *moi* se sent, d'une manière incompréhensible pour lui, enfermé, arrêté par des bornes : de là l'idée du *non-moi*, de ce qui n'est pas lui, du monde extérieur. Mais ce monde extérieur n'existe pour lui que dans la conscience, et rien ne prouve qu'il ait la moindre réalité. Le monde sensible n'étant qu'une idée, une représentation, rien de réel, rien en soi, ne saurait donc devenir une preuve de l'existence de Dieu, et l'idéalisme tarit ainsi une des sources principales de la connaissance de l'être divin. « Mais d'un autre côté, le moi se sent pressé et borné dans son activité, par une loi morale absolue et qui se révèle immédiatement à lui. Or, comme cette même loi s'adresse à une infinité de *moi*, il faut bien admettre une unité morale, un principe d'harmonie qui établisse l'ordre parmi tant de volontés individuelles. Il y a donc au-dessus de ce monde moral un principe ordonnateur, un être moral, modérateur, législateur suprême, qui est Dieu (1). » Mais voilà tout ce qui, dans ce système, reste de l'idée de la divinité ; il lui refuse expressément tous les autres attributs et par conséquent toute compréhensibilité, toutes les notions et tous les attributs étant empruntés au monde fini et ne pouvant s'appliquer qu'à lui. Est-il étonnant que ses adversaires ne se croyant pas de force, ou du moins plusieurs d'entre eux, à se mesurer avec lui, excitèrent cette persécution qui lui fit quitter sa chaire d'Jéna, pour venir philosopher tranquillement à Berlin. Dans cette nouvelle phase de sa vie, sans renoncer à ses anciens principes, il les soumit à un nouvel examen afin de les asseoir sur des bases plus solides et de les modifier s'il était nécessaire. Cette réforme porta principalement sur les idées religieuses ; il comprit qu'il les avait trop ébranlées, et l'on trouve que ses principes philosophiques devinrent plus imprégnés de religiosité. A cette époque de laborieuses investigations, il publia la *Destination de l'homme*, où le philosophe passe déjà du doute à la foi et subordonne la réflexion à un besoin plus élevé de la raison ; mais ce n'est que plus tard (2) que cette nouvelle façon de voir prit une forme plus déterminée. Il montra, en effet, comment l'idée de

(1) *Nouv. Revue Germ.*, VII, 344.
(2) Principalement dans *Vorlesungen ueber des Wesen des Gelehrten*, Berlin, 1806 ; et dans *Anweisung zum seligen Leben, oder Die Religionslehre*. Berlin, 1806.

Dieu détruit toute réflexion, comment par degrés la conscience, à force de raisonner, s'élève jusqu'à la reconnaissance de Dieu, et comment dans cette idée toute réflexion expire. Mais ce qui aurait dû recommander les nouveaux travaux de Fichte à la bienveillance ou du moins à l'attention de ses lecteurs, fut précisément ce qui lui aliéna peu-à-peu les esprits.

On trouvait que semblable à Reinhold, il passait souvent d'un système à un autre, et que, n'étant jamais sûr de trouver en lui quelque chose de stable, il voulait tout autant se tourner vers un autre oracle qui promettait une meilleure solution des destinées du monde. C'est ainsi que la philosophie de Fichte n'eut qu'un éclat passager, et que la célébrité dont il avait un instant joui, alla ceindre de son auréole la philosophie de l'identité.

Fichte avait présenté avec confiance son idéalisme comme la science des sciences, et il en regardait l'infinie force morale, comme un centre lumineux dont les rayons jailliraient de tous côtés. Cet essai d'un grand homme devait attaquer au cœur le spinosisme; Jacobi qui s'entendait à la matière, l'appelle un spinosisme retourné (*umgekerter Spinosismus*). Hors mon idéalisme, disait Fichte, il n'y a de refuge pour l'esprit humain que dans la doctrine de Spinosa; et voilà qu'il ébranle lui-même, les colonnes de son propre édifice. Mais, avait-il ajouté avec un grand sens, quand vous serez dans le spinosisme que ferez-vous de la morale? C'est ce sentiment de la moralité telle qu'il l'entendait, et auquel rien ne l'aurait fait renoncer, qui lui fit sacrifier sa renommée en lui faisant manifester ses incertitudes et l'instabilité de ses pensées. Gloire à lui!

CHAPITRE XXI.

Développement historique de la doctrine de Spinoza en Allemagne.

§ IV. *Schelling.*

L'héritier de la gloire littéraire et philosophique de Fichte, est Schelling, qui, faisant faire un pas de plus à l'idéalisme transcendantal subjectif, le précipita tout entier, et de propos délibéré, dans le gouffre du spinosisme, d'où il s'efforce, dit-on, à l'heure qu'il est, de le retirer, pour lui faire subir une nouvelle transformation; mais le public n'étant pas encore initié à l'esprit de cette régénération philosophique, nous avons le droit d'attribuer au fondateur de la philosophie de l'identité, tout ce que ces ouvrages contiennent de spinosisme et d'insuffisant pour fonder une *Philosophie de la vérité* (1).

Il ne s'agit donc plus, suivant Schelling, d'exami-

---

(1) Frédéric-Guillaume de Schelling, né en 1775 à Léonberg, dans le Wurtemberg, fut d'abord professeur à Iéna, puis à Munich; depuis le 15 novembre 1841, il est professeur de philosophie à Berlin. Il a déclaré n'être venu dans cette ville que pour rendre à la philosophie de plus éminens services que ceux qu'elle peut lui avoir dus jusqu'ici, en la faisant sortir des difficultés où elle s'est engagée, et en la remettant sur la voie de son libre développement. *Voir* la première leçon de Schelling à Berlin, Stuttgardt, 1841. Dans l'*Exorde*, elle a pour titre : *Schellings erste Vorlesungen in Berlin*.

ner si ce qui est hors de nous a une existence réelle, mais si nous-mêmes nous possédons cette réalité dans le sens transcendantal du mot; en analysant notre faculté de connaître et de sentir, il trouva que le sujet et l'objet sont des corrélatifs qui se supposent l'un l'autre; que ne pouvant se prouver seuls, il faut bien qu'il y ait identité dans tout ce que nous nommons réalité, soit dans le sujet, soit dans l'objet; s'il y a identité, il il n'y a donc en réalité qu'une seule et éternelle existence. Et voilà comment le *moi*, grandi depuis Kant, est venu de degré en degré se transformer en la substance de Spinosa.

Schelling avait été séduit, dès sa jeunesse, par le grandiose de la philosophie de l'*Ethique,* autant qu'entraîné par la force de ses propres sentimens et par l'impulsion du mouvement philosophique de son époque, à faire servir à la réhabilitation de cette philosophie, tout ce que son imagination avait de puissance, son génie de brillant et de fécond. A l'âge de dix-sept ans, il publia son premier ouvrage; et dans celui-ci, comme dans tous ceux qui se succédèrent en grand nombre et à de courts intervalles, son style élégant et souvent fleuri, qu'il unissait à une dialectique vigoureuse, forçait ses lecteurs à admirer l'écrivain, s'ils montraient de l'étonnement pour la hardiesse du philosophe.

Ainsi, partisan de l'unité absolue avec Spinosa, persuadé que cette unité consistait dans l'union de l'idéal et du réel, et se révélait dans la vie de la nature entière par la lutte de puissances contradictoires, Schelling se donna la double tâche, d'abord de construire *à priori* la matière et les fonctions de la nature dans la

18

sphère des nécessités physiques, ainsi qu'un système rationnel des sciences naturelles d'après un plan plus vaste que celui de Kant; puis, de faire naître transcendantalement les phénomènes de l'intelligence et de la liberté, pour les expliquer ensuite. C'est ainsi qu'il délivrait insensiblement la philosophie de l'influence de Kant et de Fichte, et qu'il la préparait à recevoir ses propres idées sur l'identité. En effet, ce ne fut qu'après les premiers travaux de pure critique qui désignent plusieurs époques de sa vie philosophique, qu'il put mieux développer ses idées sur Dieu et le monde. Alors Dieu fut déclaré la seule existence vraie et réellement absolue; il n'est autre chose que l'être, et seul il remplit la sphère de la réalité (1). D'après cela, Dieu ne peut pas être compris seulement par l'intelligence, mais plus encore par l'intuition. Il ne saurait exister dans le monde des pensées sans former le positif ou la nature, et comme il ne saurait y avoir d'opposition entre le monde réel et le monde idéal, entre cette vie et la vie à venir, la philosophie doit être la science de la réalité dans le monde naturel, et par conséquent la philosophie de la nature (2).

Mais si Dieu est à lui seul l'existence, et s'il ne peut exister que par la vue qu'il a de lui-même, il faut que la nature soit de toute éternité en Dieu et avec Dieu,

---

(1) Schelling, *Darlegung des wahren Verhältnisses der Natur-Philosophie zu der verbesserten Fichteschen Lehre*. Tubingue, 1806, p. 13.

(2) *Darlegung*, etc., 13-16. — Comparez avec son autre ouvrage intitulé: *Bruno, oder uber das göttliche und natürliche Princip der Dinge*. Berlin, 1802; ainsi que *Philosophie und Religion*. Tubingue, 1824.

ce qui revient à dire avec Spinosa, qu'excepté Dieu, aucune substance ne peut être conçue, et que tout ce qui est né peut être conçu sans Dieu (1). Et dans ses *Cogitata metaphysica*, Spinosa dit positivement que la science de Dieu n'a aucun objet hors de lui, et qu'il est lui-même l'objet de sa science, mieux encore, qu'il est sa propre science (2). « S'il arrive, dit Schelling, que les êtres que nous nommons individuels, parviennent à une sui-conscience individuelle, c'est lorsqu'ils se séparent de Dieu et qu'ils vivent ainsi dans le péché; mais la vertu consiste à faire abnégation de son individualité et à retourner ainsi à Dieu, source éternelle des individualités (3). » D'où il suit qu'il n'y a de vertu que dans la connaissance de Dieu, et la vie bienheureuse n'est que la joie que procure la science divine. C'est toute la doctrine morale de Spinosa. La philosophie de l'identité ne diffère pas même de l'*Ethique* dans les expressions : Schelling ajoute que l'âme est l'idée d'une chose qui, considérée comme finie, est destinée à être l'âme d'une chose particulière et existante, tandis que son idée qui est en Dieu est la seule qui ne soit pas sujette aux conditions du temps ; c'est encore la reproduction de tout ce qu'enseigne Spinosa, « dont le système, dit Schelling, fut la première ébauche d'une imagination hardie, qui passa de l'infini, qui est dans l'idée abstraite, au fini, qui est dans les perceptions et les sensations (4) ». Il est donc vrai

(1) *Ethic.*, 1, prop. 14, 15, 18, 21.
(2) *Cogitata metaphysica*, chap. VII.
(3) *Bruno*, etc., çà et là, de 58 à 68.
(4) *Ibid.*, 98.—*Philosophie und Religion*, 68.—Comparez avec *Ethices*, 1re part., prop. 23, et de la deuxième partie, prop. 20.

18.

de dire que, si l'on voulait être sincère, on réduirait tous les travaux de la philosophie moderne et ceux de l'illustre Schelling en particulier, à quelques propositions de Spinosa, et celle-ci en particulier serait le pivot sur lequel rouleraient toutes les autres : «Tout ce que l'intelligence infinie perçoit comme constituant l'essence de la substance, tout cela appartient seulement à la substance unique, et conséquemment la substance pensante est la même que la substance étendue, seulement elle est conçue tantôt sous un attribut, tantôt sous un autre (1). » Mais il s'en faut bien qu'on veuille le confesser, et Schelling lui-même, tout en reconnaissant la haute valeur de la philosophie de Spinosa, prétend l'avoir perfectionnée (2). Ecoutons-le maintenant lui-même lorsqu'il nous parle de Spinosa et de ses propres pensées.

« Il manque au système de Spinosa, dit-il, une connaissance scientifique et perceptible du passage de la première définition de la substance, à ce qui est. Un des principes fondamentaux de la doctrine : « « Quod quidquid ab infinito intellectu percipi potest tamquam substantiæ essentiam constituens, id omne ad unicam tantum substantiam pertinet, et consequenter, quod substantiæ cogitans et substantia extensa, eademque est substantia quæ jam sub hoc, jam sub illo, attributo comprehenditur. » » La connaissance scientifique de cette identité n'ayant pas été donnée par Spinosa, il l'a exposée par ce seul fait à tous les mésentendus qui ont

---

(1) *Ethices*, II, prop. 7, Schol.
(2) Il s'en plaint surtout dans sa *nouvelle préface* aux fragmens philosophiques de M. Cousin.

eu lieu jusqu'à ce jour, et c'est son apparition qui doit être le réveil de la philosophie (1). » — « Il faut avoir admis en soi-même ce système, s'être mis soi-même à la place de cette substance infinie, pour savoir que l'infini et le fini ne sont pas hors de nous, mais en nous, qu'ils n'y naissent pas, mais qu'ils y existent dès l'origine et en sont inséparables, et que c'est sur cette union primitive que repose la nature de notre esprit et toute notre existence spirituelle. Car nous ne connaissons immédiatement que notre propre être, et il n'y a que nous qui nous soyons compréhensibles à nous-mêmes. Comment il y a en dehors de moi des affections et des déterminations, c'est ce que je ne comprends pas; mais qu'en moi il ne puisse rien y avoir d'infini sans qu'il y ait, en même temps un fini, c'est ce que je comprends. Car en moi se trouve cette union nécessaire de l'idéal et du réel, de l'absolue activité et de l'absolu support (que Spinosa dans sa substance avait placé hors de moi); elle est en moi originairement, sans l'avoir acquise, et c'est précisément en quoi consiste ma nature (2). » — « Mais quel est donc ce lien secret qui unit notre esprit à la nature, ou bien cet organe caché par lequel la nature parle à notre esprit, ou notre esprit à la nature? Nous vous faisons grâce à l'avance de toutes vos explications, comment une nature aussi conforme au but s'est réalisée hors de nous. Car expliquer cette conformité du but en disant : qu'un entendement divin en est l'auteur, ce n'est pas là de la philosophie, mais de pieuses

(1) *Ideen zur Philosophie der Natur*, t. 1, p. 85.
(2) *Ideen zur Philosophie der Natur*, p. 37.

considérations ; et par là, vous n'avez rien expliqué ; nous ne demandons pas à savoir comment une pareille nature a pris naissance hors de nous, mais comment l'idée même d'une pareille nature est venue en nous ; non comment elle y est née volontairement, mais comment et pourquoi elle est originairement et nécessairement inhérente à tout ce que notre race a de tout temps pensé sur la nature. L'existence d'une pareille nature hors de moi n'explique nullement l'existence d'une pareille nature en moi ; si vous admettez qu'entre les deux il préexistait une harmonie, nous touchons précisément à l'objet principal de notre question : ou si vous soutenez qu'une pareille idée sur la nature n'est que traditionnelle, alors pas même le pressentiment de ce que la nature est et doit être pour nous, n'est venu dans notre âme. Car nous voulons, non que la nature se rencontre par un effet du hasard (par exemple par la médiation d'un troisième) avec les lois de notre esprit, mais qu'elle réalise, qu'elle exprime qu'elle est elle-même nécessaire aux lois de notre esprit, qu'elle en est l'origine, et qu'elle n'est nature et ne se nomme nature qu'en tant qu'elle le fait. La nature doit être l'esprit invisible, et l'esprit la nature invisible. C'est donc dans l'identité absolue de l'esprit en nous et de la nature hors de nous, que doit se résoudre le problème, comment une nature hors de nous est possible (1).

« Le premier pas pour parvenir à la philosophie, ainsi que la condition sans laquelle on ne saurait y entrer, c'est de reconnaître que l'absolu idéal est aussi

(1) *Ideen*, etc., p. 63, comparez p. 51.

l'absolu réel, et que sans lui il n'y aurait en général que des réalités matérielles et conditionnelles, mais aucune d'absolue, et d'inconditionnelles. On peut amener de différentes manières jusqu'au point de reconnaître celui à qui l'absolu idéal n'a pas encore paru comme absolu réel; mais on ne peut la prouver elle-même qu'indirectement et non directement, puisqu'elle est la base de toute démonstration (1).

« Cette même indifférence entre le réel et l'idéal, que les sciences mathématiques admettent dans un sens subordonné, la philosophie ne la fait valoir que dans sa signification la plus haute et la plus générale, et après en avoir éloigné tous les rapports sensibles. C'est sur elle que repose cette évidence qui est le propre des sciences élevées; c'est sur ce terrain où l'on n'exige pour l'absolue réalité que l'absolue idéalité, que le géomètre peut attribuer une absolue réalité à sa construction, qui est bien aussi une idéalité, et soutenir que ce qui de l'une était applicable comme forme, l'était aussi éternellement et nécessairement de l'objet (2).

« Nous présupposons donc que l'indifférence entre l'absolu idéal et l'absolu réel est reconnu; reconnaissance qui est elle-même absolue, et nous devons affirmer que si l'on en demande une autre ou que l'on en pense un autre absolu, non-seulement nous ne saurions contribuer à le faire trouver, mais encore nous ne pourrons leur rendre intelligible notre connaissance de l'absolu. Nous prenons pour point de départ l'idée de

(1) *Ideen,* etc., p. 67.
(2) Le même, p. 70.

l'absolu; nous le posons comme savoir absolu, comme un acte de connaissance absolu (1).

« L'absolu est nécessairement pure identité; ce n'est que de l'absolutisme et rien autre ; et l'absolutisme n'est par lui-même semblable qu'à lui-même. Il appartient aussi à l'idée de l'absolu, que cette identité qui est indépendante de la subjectivité et de l'objectivité, sans pour cela cesser de l'être dans l'un et dans l'autre, soit néanmoins à elle-même la matière et la forme, le subjectif et l'objectif. Cela résulte de ce que l'absolu est l'idéal absolu, l'absolu (2).

« L'absolu est un éternel acte de reconnaissance, et qui est pour lui-même la matière et la forme, un produit dans lequel il devient éternellement réel, dans tout son éclat comme idée et pure identité, et d'un autre côté, comme forme ou object, il se résout de la même manière éternelle dans le même subject. Il n'y a rien ici qui précède ou qui suive, rien qui sorte de l'absolu pour passer à l'action. L'absolu est lui-même cette éternelle action, puisqu'il appartient à son idée qu'il soit, immédiatement après que sa notion a été saisie, et que son essence lui soit aussi forme et sa forme son essence (3).

« Il n'y a donc que l'absolu sans autre détermination; l'absolutisme et l'éternelle action ne sont qu'un, et néanmoins, dans cette unité, il se trouve immédiatement une généralité, celle des trois unités, celle où l'essence devient absolu dans la forme, celle où la forme devient absolu dans l'essence, et celle dans

(1) *Ideen*, etc., p. 71.
(2) Le même, p. 72.
(3) Le même, p. 73.

laquelle les deux absolus sont de nouveau un seul absolu. L'absolu ne produit de lui-même rien que de l'absolu ; chacune des trois unités constitue l'entier acte de la reconnaissance absolue, et redevient lui-même comme essence ou identité une forme, ainsi que l'absolu lui-même (1).

« Les choses en elles-mêmes sont donc les idées dans l'éternel acte de reconnaissance, et comme les idées dans l'absolu sont à leur tour une idée, il s'ensuit que toutes les choses sont aussi en vérité et intérieurement une essence; c'est-à-dire celle du pur absolutisme sous la forme de la sujet-objectivité, et même dans l'apparition où l'unité absolue ne devient objective que par sa forme particulière, par exemple par des choses individuelles et réelles, les différences entre elles ne sont ni essentielles ni qualificatives, mais simplement inessentielles et quantitatives, et reposent sur le degré de la conception de l'infini dans le fini (2). »

« Mais c'est justement par la raison que la nature et le monde idéal ont chacun en eux un point de l'absolutisme où les deux contrastes se réunissent, qu'il faut que chacun d'eux, d'un autre côté, conserve en lui, s'il veut être considéré comme unité particulière, les trois unités qui le distinguent, et que nous nommons dans leur distinction et leur subordination, être sous une puissance d'unité; de manière que ce type général de l'apparition se répète nécessairement aussi dans ce qui est concret, ainsi que comme tel dans le monde réel et dans le monde idéal.

(1) *Ideen*, etc., p. 74 et suiv.
(2) Le même, p. 76.

« La philosophie est la science de l'absolu ; mais comme l'absolu dans son éternelle action comprend nécessairement deux côtés, un idéal et un réel comme n'étant qu'un, la philosophie doit, considérée sous le rapport de la forme, nécessairement se partager en deux côtés, quoique sa nature consiste précisément en cela, de ne voir dans l'acte absolu de la reconnaissance les deux côtés que comme un.

« Le côté réel de cette action éternelle se révèle dans la nature ; la nature en elle-même ou la nature éternelle est l'esprit naissant dans l'objectif, c'est l'essence divine introduite dans la forme, seulement dans cette introduction sont comprises immédiatement les autres unités. La nature, par contre, est la représentation de l'essence dans ses formes particulières ; ainsi, la nature éternelle, en tant qu'elle se prend elle-même pour corps et se produit ainsi elle-même par elle-même sous une forme particulière, est déjà comme telle hors de l'absolu, non la nature comme acte absolu de reconnaissance (*natura naturans*), mais la nature comme corps ou simple symbole du corps (*natura naturata*). Dans l'absolu, elle est avec l'unité opposée, celle du monde idéal ; c'est pourquoi elle n'y est plus nature comme nature, ni le monde idéal comme monde idéal, mais tous deux y sont comme un monde.

« Si nous déterminons la philosophie dans son entier d'après la manière dont elle envisage et présente le tout, d'après l'acte absolu de la reconnaissance, ainsi que d'après l'idée de toutes les idées, alors elle est de l'idéalisme. Toute philosophie est donc et reste donc de l'idéalisme, et ce n'est qu'entre soi que celui-ci conçoit de nouveau le réalisme et l'idéalisme; toutefois il ne faut pas confondre l'absolu idéalisme avec celui qui n'est que d'un genre relatif (1). »

Après cette explication du spinosisme et des améliorations qu'a prétendu y apporter Schelling, je laisserai parler un disciple de Kant, grand ami et partisan de Reinhold, qui nous dira à son tour quelle valeur on doit attacher à ces améliorations.

« Schelling paraît avoir oublié, dit Schönborn (2), comment il est parvenu à son système d'identité par la conception de l'absolue identité, et que Spinosa a vécu tout un siècle avant Kant et Fichte. Il a encore oublié que lui-même, sans la subjectivité de l'étendue et de la pensée dont Kant avait le premier établi la marche, n'aurait jamais su quelque chose des simples formalités posées par ces deux philosophes, et que, sans l'identification de la pensée et de la conception du pur *moi* de Fichte, il n'aurait jamais rien su de ces choses. Que Spinosa se soit représenté la pensée et l'étendue comme quelque chose ni purement formel ni purement identique, c'est ce qu'on voit dans tout son système, quand on ne l'examine pas à travers le prisme schellingien.

« Est-ce que Spinosa a même jamais rêvé que la pensée, qu'il confondait, comme tous les autres philosophes, avec le travail de la pensée, dût être prise

---

(1) *Ideen*, etc., p. 78 et suiv.

(2) *Schönborn und seine Zeitgenossen*, Hambourg, 1836. Les rapports d'amitié qu'entretenait Schönborn avec tous les coryphés de la littérature allemande, les Voss, les Klopstock, les Gœthe, les Stolberg, etc., donnent du prix aux jugemens qu'il porte sur la philosophie contemporaine.

pour le subjectif? Non; la pensée et l'étendue sont, pour Spinosa, l'immuable et le général pour les choses changeantes et étendues dont la variété est pour lui le subjectif, lequel est assujetti à l'immuable de la pensée et de l'étendue, comme il l'est à l'objectif. Mais ces deux choses, pensée et étendue, ou l'objectivité, sont les attributs sans mélange et inséparables dans leur immutabilité, de l'être immuable en soi.

« Est-ce que Spinosa a jamais rêvé que l'être simplement comme tel, consistait dans l'étendue, et qu'il fallait refuser l'être à l'idée, comme Schelling l'a fait après Fichte? Au contraire, il fait consister l'être en soi ou l'objectivité dans la pensée et l'étendue. « « Par la nature naturalisant, dit-il (*Ethique*, § 29 schol.), il faut entendre ce qui est conçu en soi et par soi, ou ces attributs de la substance, qui impliquent une éternelle essence, c'est-à-dire Dieu considéré comme cause première. Par nature naturalisée, j'entends tout ce qui procède de la nécessité de la nature divine ou de chacun de ses attributs; et j'entends par là les modes des attributs en tant qu'on les considère comme des choses qui sont en Dieu, et qui sans Dieu ne peuvent ni exister ni être conçues. » » Schelling ne pouvait pas expressément nier, réfuter que la pensée et l'étendue fussent seulement distinguées par Spinosa dans la *natura naturata*. Aussi, la différence essentielle du panthéisme spinosiste et du panthéisme schellingien consiste en ce que le premier fait de la pensée comme telle et de l'étendue comme telle son absolu absolu, tandis que le second les fait perdre dans l'absolu en soi absolu; et en ce que l'essence de l'absolu est pour le premier l'inséparabilité et le non-mélange de la pensée et de l'étendue, pendant que pour le second c'est l'identité de la pensée et de l'étendue qui serait par là sans pensée ni étendue. Cette différence se montre encore en ce que, d'après Spinosa, la pensée immédiate et l'étendue non-seulement expriment, mais encore constituent comme attributs, l'essence de Dieu qui ne peut pas apparaître ; tandis que les choses palpables, représentées et étendues, n'expriment cette essence qu'au moyen des modifications de ces attributs, mais ne la constituent pas ; d'après Schelling, la pensée et l'étendue sont la manifestation même de la Divinité, ne terminent pas l'essence divine mais l'expriment, et cette essence consiste alors dans l'identité de la pensée et de l'étendue avec ce qui est privé de pensée et d'étendue, et du muable avec l'immuable.

« La divinité de Schelling est par là tout à la fois le tout et le rien. Elle est la totalité qui en soi n'est point la totalité, mais de laquelle provient tout ce qui arrive (*alles werden*). Elle est tout ensemble le néant et tout ce qui doit arriver. Elle est l'immuable immutabilité dont la manifestation intérieure est la pensée, comme pensée et idée, et dont la manifestation extérieure est le soi-disant être comme étendue et mouvement (1). »

Je ne poursuivrai pas l'analyse de cette attaque directe de Schönborn, qui ne s'arrête pas à ce qui fait le principe constitutif du système de l'identité, mais qui se prend encore à la manière dont les croyances

---

(1) *Schönborn und seine Zeitgenossen*, p. 116-17.

du christianisme ont été travesties pour qu'elles vinssent témoigner en faveur des convictions de Schelling ; il me suffit de faire remarquer combien l'envie de contredire peut porter les hommes les plus droits à l'injustice. On voit ici Schönborn, tout en restant dans les limites de la vérité historique, chercher à affaiblir les torts de Spinosa, afin de relever davantage les erreurs de Schelling par le contraste, et grossir, autant qu'il est en lui, les torts de ce dernier, afin d'établir la supériorité de l'auteur de l'*Ethique*. Je ne connais encore qu'un écrivain en Allemagne qui se soit montré généreux adversaire ; et cet écrivain est Jacobi. Nous tâcherons d'être plus justes nous-mêmes en disant que Schelling a eu le talent d'opposer une résistance vigoureuse à la philosophie critique dans sa manière trop exclusive d'exposer la vérité subjective ; qu'il a combattu avec habileté les vues insuffisantes du dogmatisme dans la question de la dualité primitive, et que, par l'immense variété de ses connaissances et la brillante exposition de ses idées, il a répandu au loin l'amour de la philosophie ; mais il sera peut-être plus connu dans l'avenir pour avoir vu sortir de son sein la doctrine hégelienne qui ne peut manquer d'être une des dernières figures sous lesquelles le spinosisme se montrera dans le monde ; à moins que, par une nouvelle naissance qu'il serait digne de son beau génie de demander à l'esprit qui la communique aux hommes de bonne volonté, Schelling honore sa vieillesse, par une dernière phase de sa philosophie qui la fera proclamer la philosophie de la vérité, non-seulement par quelques amis, mais par toutes les âmes qui errent dans le monde des idées comme des brebis sans berger (1).

(1) Un fragment de lettre que nous avons pu lire et qui a été écrit par la personne qui est le mieux placée pour connaître ce qu'il y a de plus intime dans l'âme de Schelling, désigne en effet par ce nom de *philosophie de la vérité*, la doctrine philosophique que Schelling s'est donné la tâche d'enseigner à Berlin. Ceci était écrit depuis plusieurs mois, et le manuscrit allait être livré à mon éditeur, lorsque pour en avoir la conscience nette je me suis adressé à un ami qui avait suivi les cours de Schelling à Munich, et qui est en correspondance avec ce philosophe; je lui ai demandé si, dans sa persuasion, Schelling avait, en effet, comme on le dit quelquefois, renoncé à son identité, et dans ce cas s'il professe un christianisme positif, scripturaire et pas seulement de nom. Je crois devoir placer ici sa réponse, que l'amour de la justice et de la vérité me font un devoir de faire connaître à mes lecteurs: « Oui, dans sa première jeunesse, nous a dit cet ami, Schelling se passionna pour l'idéalisme subjectif; cependant on se trompe quand on dit qu'il a été le disciple de Fichte. A cette époque de sa vie appartient l'ouvrage: *Ueber die Möglichkeit einer Form der Philosophie uberhaupt*. Mais il s'aperçut bientôt des imperfections de ce système, et travailla à le rectifier dans *System des transcendentalen Idealismus*. C'est à cette époque que doivent se rapporter ses grands travaux sur la chimie et la physique, et cette étude de la nature lui inspira sa philosophie transformatrice de l'idéalisme subjectif en un idéalisme objectif. C'est pendant le temps de son enseignement à Iéna que, reconnaissant le mérite de Spinosa, il tenta de perfectionner et de compléter son système. Alors aussi il publia, outre ses journaux, *Philosophie der Religion*, *Bruno*, etc. Ici Schelling se montre tout-à-fait panthéiste et spinosiste. Mais voilà qu'il incline peu-à-peu vers le théisme, sans renoncer pour cela au fond de son système; la lecture de Jacob Böhme paraît avoir fait sur lui une vive impression. C'est désormais dans Schelling une lutte entre le théisme et le panthéisme, voyez *Abhandlung über die Freiheit*, et *Denkmal d. Schrift Jacobi von dem göttlichen Dingen*. Il est bien question ici d'un Dieu, mais

ce n'est pas le Dieu de l'Écriture. C'est ici qu'il faut placer ses études sur l'histoire et la mythologie des peuples, dont l'ouvrage sur les dieux de Samosate fut un des résultats; c'est toujours de la philosophie négative qu'on y trouve. S'étant de nouveau remis à l'œuvre, il rapporta de nouvelles idées de l'étude plus approfondie de la mythologie de tous les peuples, de l'Écriture qu'il lit dans la langue originale, de l'histoire ecclésiastique; et c'est le fruit de ces études qu'il communique à ses auditeurs. S'il n'a pas fait imprimer cette grande composition, c'est qu'il espère en améliorer toujours plus les détails, mais le public en jouira, et si l'on ne veut pas mesurer la philosophie avec la formule de concorde de 1578, on reconnaîtra dans Schelling un vrai chrétien et un bon protestant. N'écoutez pas ceux qui, se faisant les échos de la haine, parlent de son catholicisme; il n'est que chrétien. Pour lui, Dieu est maintenant le souverain de l'être (*der Herr des Seins*), il est ce qu'il veut être, et la création est un acte de sa liberté. L'homme libre, la couronne de la création, s'est séparé de son créateur, et par lui le genre humain; mais le conseil de la rédemption fut conçu dans l'éternité, et Dieu l'a manifesté par l'envoi de son fils sur la terre, qui avait pour but la réhabilitation du genre humain. — Vous pouvez donc assurer que le christianisme actuel de Schelling est positif. J'aime cet homme de tout mon cœur, et je suis convaincu que Dieu l'a conservé pour produire de nos jours une grande révolution dans les idées philosophiques et religieuses. Que je vous fasse part de ce que m'écrit Néander, dans sa joie: « Je crois que les paroles de vérité que Schelling fait entendre ici avec une si grande force auront un retentissement inouï, et réaliseront la nouvelle ère qui se prépare, malgré le fanatisme de l'incrédulité et de l'orthodoxie de la lettre.» — Ceci ne s'accorde point avec le mot de Schelling dit à un voyageur russe: « Je suis toujours *sur le même terrain*, mais il est plus élevé. » — Le récit de cette entrevue est consigné dans l'*Europe,* de Lewald, 1839, IVe vol., p. 145-161.—Ce qui paraît certain, c'est que Schelling a en portefeuille cinq ouvrages dont voici les titres: 1° *Introduction*, en forme d'histoire de la philosophie depuis Descartes; 2° *Philosophie positive*, ainsi nommée parce qu'elle n'est pas construite logiquement et dans l'idéal, mais qu'elle a sa racine dans la réalité vivante;

3° *Philosophie de la mythologie*; 4° *La Philosophie de la révélation*; 5° *La Philosophie de la nature*. Les quatre premiers de ces ouvrages, dont le premier est entièrement achevé, paraîtront ensemble, mais le dernier ne sera publié qu'après la mort de l'auteur. »

CHAPITRE XXII.

Suite du développement historique de la doctrine de Spinosa en Allemagne.

§ V. *Hégel.*

On entend dire généralement en Allemagne, que le philosophe qui voulut surmonter les imperfections du système de Schelling était doué d'une plus forte pénétration que le professeur actuel de Berlin, et qu'avec une puissance d'esprit qui lui a fait tout découvrir et tout construire, il a enfin donné à la philosophie sa véritable base, et l'a élevée à la science vraiment absolue (1).

N'écrivant point une histoire complète de la philosophie, et ne m'étant donné que la tâche de décrire le sort des idées de Spinosa depuis leur circulation dans le monde philosophique, j'ai dû m'abstenir de raconter les points de vue scientifiques que plusieurs des philosophes dont j'ai à m'occuper ont émis sur les diverses branches des connaissances humaines. Mais il est bon néanmoins de signaler le peu de cas que Hégel, Schelling et plusieurs de

---

(1) George-Guillaume-Frédéric Hégel, né à Stuttgardt en 1770, enseigna d'abord la philosophie à Iéna (1801), puis à Heidelberg (1816), et enfin à Berlin (1818) où il mourut du choléra en 1831.

leurs plus célèbres disciples, font des données de l'expérience, et combien cette manie de tout considérer *à priori* leur a fait porter des jugemens erronés. Comme la philosophie de Schelling embrasse toute la nature, on ferait des volumes de toutes les conjectures monstrueuses que tant lui que ses disciples se sont permises en physique, en chimie et en astronomie; en cela on peut dire que l'exemple avait été donné par Kant, qui, dans ses *Elémens des sciences naturelles* (1), avait considéré les catégories et les principes *à priori*, non-seulement comme étant les formes de nos pensées, des idées et des principes de la logique générale, mais aussi comme des idées et des principes de la physique; et d'après cela, prenant pour base de ses développemens les catégories de quantité, de qualité, de relation et de modalité, il a érigé un monde phénoménal que la philosophie expérimentale a vivement attaqué; mais il faut aussi dire que Kant ne méprisait point les résultats de l'expérience, et qu'il cherchait seulement à les concilier avec son système.

Je dois rappeler qu'il a même devancé certaines découvertes dans le monde planétaire (2); mais ici Kant jugeait plutôt par analogie qu'*à priori*, et s'il se fût davantage occupé de sciences naturelles avec la méthode adoptée par Newton, il eût certainement recueilli des succès aussi brillans que ceux du philo-

---

(1) *Metaphysische Anfangsgründe der Naturwissenschaft*, Riga, 1787.
(2) *Allgemeine Naturgeschichte und Theorie des Himmels*, Leipzig, 1797.

sophe anglais. Fichte, Schelling et Hégel se sont donné également les coudées franches quand ils ont voulu expliquer le monde réel par le monde idéal, le monde physique par les évolutions nécessaires de l'être; les lois les plus simples de la physique, de la chimie, comme les expériences les mieux constatées en astronomie, n'ont pu trouver grâce à leurs yeux, et c'est presque pitié de voir combien ces philosophes, si fiers d'avoir terrassé le dogmatisme, se montrent si décidés, si affirmatifs, lors même qu'ils contredisent ce que le monde savant n'a accepté qu'après les expériences les mieux constatées. Un hégelien, qui occupe honorablement une chaire à Berlin, a dépassé à ce sujet toutes les limites, et, s'il fallait en croire Michelet, il faudrait en revenir à ces temps de déplorable ignorance où la terre était tout l'univers, et l'homme qui l'habite l'être pour qui tout avait été créé, la lune, le soleil, tous les astres du firmament, toutes ces myriades de monde qui racontent la gloire de l'Eternel (1). Entre mille exemples que je pourrais puiser à pleines mains dans les livres des deux chefs des écoles, je n'en choisirai qu'un seul, que me fournira le disciple de Hégel que je viens de citer. « Le genre humain et le petit point qu'il habite dans l'univers ne sont donc rien de si méprisable ni de si passager, eu égard au reste de la création. La terre n'est, à la vérité, comme le dit Klopstock, qu'une goutte au

---

(1) *Examen critique de la philosophie allemande*, par Steininger, p. 67, 70, 86, 94, où l'auteur se plaît à citer des exemples qui ne peuvent que jeter du ridicule sur des écrivains d'ailleurs si estimables.

milieu de l'océan de l'infini; mais l'*infini de l'espace* n'est pas le siège de la grandeur de l'esprit (l'esprit ne serait donc pas infini!)..... Le genre humain étant une révélation de l'essence divine, il devrait y avoir sur les autres planètes et les soleils d'autres systèmes de révélations de Dieu plus parfaites ou semblables (et pourquoi non! vous admettez bien, vous, que l'esprit a diverses manières de se révéler dans tout ce qui a vie, pourquoi lui refuseriez-vous la puissance de se révéler ailleurs?), et la sui-conscience divine *rassemblerait tout cela dans sa personnalité* (puisque vous lui faites rassembler des millions d'hommes sur la terre, les quelques millions de plus qui peupleraient les autres planètes n'épuiseraient pas davantage la personnabilité divine)..... Quelque brillante et piquante que soit la pluralité des mondes, elle n'en est pas moins contradictoire avec la physique, la religion et la philosophie. La conception de l'éternelle personnalité de Dieu serait tout-à-fait détruite! Car la sui-conscience divine dans son objet ne serait pas parfaitement égale à elle-même; *elle ne serait que disséminée sur un grand nombre de sphères* (mais, comme le fait observer M. Gros (1), que fait à l'esprit l'espace qui sépare les sphères? Nous ajouterons, est-il moins éparpillé quand il se révèle à la fois sur nos divers continents?)... Combien d'îles, de rochers épars et inhabités au milieu de l'Océan! à quoi servent-ils? pourrions-nous demander (à ceux qui demanderaient à quoi servent les lieux inhabités). Jetée et roulant inconsciencieuse-

―――――――――――
(1) De la personnalité de Dieu et de l'immortalité de l'âme, par Gros; Berlin, 1841, p. 74.

ment dans l'espace, les étoiles ne sont-elles pas des *rochers lumineux disséminés dans l'océan céleste* ? La conception du ciel étoilé est le *moment* de la durée abstraite et insensible, un simple phénomène non vivant de l'éternité ! Les étoiles fixes ont leur caractère déterminé que l'on n'ose pas troubler par l'analogie. . . . Les anciens étaient plus près de la vérité en *décernant la priorité de la terre*, sinon sur le rapport matériel, du moins comme centre spirituel du système. Le soleil est le *moment* abstrait de la lumière, les comètes sont des masses vaporeuses, les satellites, des restes volcaniques, avec peu d'atmosphère, les planètes, la totalité des élémens physiques ; *le mélange du soleil et du liquide réchauffé par le soleil est seul capable de porter des êtres organiques.* . . . La terre n'est pas seulement le plus beau point lumineux du système planétaire, mais aussi *de tout le firmament*. Si les autres planètes n'ont point d'habitans (comment le savez-vous ?), à plus forte raison les étoiles fixes n'en ont-elles pas, étant des corps lumineux extraits, comme le soleil. . . . . Il est donc évident que notre système est le plus parfait, et que hors de là c'est en vain que l'on cherchera une trace de l'esprit. . . . Bien *qu'on prétende* avoir remarqué le mouvement du soleil dans l'espace, cela n'infirme en rien notre raisonnement. . . . . Les traditions religieuses nous prêtent aussi leur secours. Car, si Dieu a tellement aimé le monde qu'il a envoyé son fils unique sur la terre, elle est donc l'objet de sa prédilection ? La terre étant le siége de l'esprit, on voit en elle le progrès de l'âme, qui travaille à prendre les ailes de l'esprit infini, précisément parce que l'esprit infini s'est réuni à elle. Si les autres planètes étaient habitées par des esprits, la nature de l'esprit étant partout la même, ce progrès aurait dû se répéter ailleurs. Dieu n'ayant pas plusieurs fils pour se communiquer aux autres esprits, Christ aurait dû recommencer son voyage et se faire crucifier sur toutes les étoiles de la voie lactée pour réconcilier le père avec les esprits (1). »

En voilà assez, ce semble, pour donner une idée de la hardiesse avec laquelle la nouvelle philosophie dispose de l'univers physique ! Comme s'il ne lui suffisait pas de porter le ravage dans le monde des idées, il faut encore qu'elle rapetisse la majesté de la nature pour l'encadrer dans les limites de ses faibles conceptions. Spinosa ne s'était point jeté dans ces écarts; sobre dans ses conjectures, il marchait à pas comptés sur le terrain de la science; quoiqu'il ait prétendu avoir compris Dieu, c'est parce qu'il avait cru être arrivé à cette connaissance après une série de raisonnemens qui avaient la valeur apparente des axiomes.

Il est temps que je revienne à Hégel et à sa manière de considérer Dieu et le monde. Ce philosophe avait commencé par pénétrer dans la sphère des idées de Schelling, et avait assuré qu'elles devaient former une nouvelle ère dans les sciences (2); mais il ne tarda pas à faire ses réserves et à avancer qu'on avait simplement salué avec joie l'aurore du rajeunissement de l'esprit,

---

(1) Michelet, *Vorlesungen über die Persönlichkeit und Unsterblichkeit der Seele, oder die Ewige Persönlichkeit des Geistes*; Berlin, 1841.

(2) Ces aveux se trouvent dans : *Phænomenologie....., p. xiii-xv*; et dans: *Wissenscha....., logik., I, vi-vii.*

et que, sans travail profond, on avait voulu donner la jouissance de l'idée (1). Il se crut donc appelé à développer systématiquement, et en partant du point de vue de l'identité absolue, le contenu des actions philosophiques. Si l'on voulait résumer en peu de mots l'idée fondamentale de son système panthéistique dialectiquement conçu, on dirait : Dans l'unité de l'être absolu se réunissent toutes les oppositions ; mais la réunion de ces oppositions n'est pas une unité solide, ferme et constante. Outre cela, l'absolu est un procès sans commencement ni fin, c'est-à-dire, un mouvement éternellement continu au moyen duquel ce qui est substantiel, impersonnel, infini, inconditionnel, n'agit que d'après ses propres lois et formes. Ainsi l'intelligence humaine et la divinité, qui avaient été *se fondre* dans la nature objective avec Schelling, reparaissent avec Hégel, mais pour se *réunir* avec la nature objective et former un tout qui se nomme l'*idée absolue*. Dès-lors, l'intelligence humaine et la nature ne peuvent plus être que des manifestations du principe commun. Il en résulte que cette philosophie, dépouillée du prestige de sa terminologie, se résume en un panthéisme de l'identité de la modification.

» On dit que Hégel, ayant occasion de se prononcer sur Jacobi (quand celui-ci prétendait avec raison qu'il n'y avait pas à hésiter entre la piété du cœur qui aime à croire et la science qui ne veut que des démonstra-

---

(1)..... Die Margenröthe des verjüngten Geistes mit Taumel begrüsst habe, und ohne tiefere Arbeit gleich an den Genuss der Idee habe gehen vollen. *Encyclopédie der philos. Wissenschaft;* Vorrede.

tions), répondait : qu'il préférait la démonstration, dût-elle le conduire, comme le disait Jacobi, au spinosisme. Le spinosisme, ajoutait-il, est le fondement de toute science (1). Cependant il s'en faut bien que Hégel ait eu un sentiment de prédilection avoué pour le panthéisme. Il s'en défendait, au contraire, et pour être conséquent, il passait l'éponge sur ce qui pouvait en faire trouver un chez Spinosa. Croirait-on qu'il établissait, avec la meilleure foi du monde, une profonde distinction entre ces deux propositions : *Dieu est tout*, et *tout est Dieu!* La première devait exprimer la négation du monde et aurait formé l'idéalisme pur, tandis que la seconde devait exprimer la négation de Dieu et aurait formé le pur matérialisme.

Quoique la doctrine de Hégel compte beaucoup de partisans qui se divisent, il est vrai, en une quantité de fractions belligérantes entre elles, son école n'est pas tellement reconnue dominante qu'elle ne compte pas un égal nombre d'adversaires ; ceux-ci l'ont attaquée sur tous les points, sur sa méthode dialectique, sur ses divisions logiques en trois membres, sur ses oppositions métaphysiques, sur ce que tout notre savoir, en tant qu'il est humain, ne doit être jamais qu'un fragment propre tout au plus à se perdre dans une nuit mystérieuse. Mais parmi ces attaques, celle qui lui allait davantage au cœur, c'est l'accusation de spinosisme. Avant de l'entendre lui-même exposer ses idées à ce sujet, montrons comment on pourrait le forcer d'en convenir.

L'individu chez Hégel est toujours subordonné à

(1) Schluter, *die Lehre des Spinosa*, Münster, 1836, p. 104.

l'idée ou à l'espèce, comme coefficient d'une grandeur ou comme exemple pour l'application d'une règle. Il y a plus : comme l'impératif moral ou la conscience morale nous oblige à reconnaître en nous une personnalité supérieure à celle que limitent le temps et l'espace, une personnalité indéfinissable qu'aucune notion ne peut saisir dans sa généralité, et qui, s'il était possible de la voir, ne pourrait être sue que par l'intuition la plus individuelle et la plus subjective, il s'ensuit que la philosophie de Hégel, en posant l'individuel égal à zéro, se révolte contre l'impératif moral ; car la puissance libre et non terrestre, à laquelle s'adresse son invitation de s'élever au-dessus du mécanisme de la nature, est précisément cette personnalité pure, cette individualité qui est supérieure à l'espèce, et qui, flamme émanée du monde plus élevé, nous fournit l'image et la comparaison la plus juste pour la divinité elle-même. C'est cette personnalité supérieure qui se trouve en toute personne et qui la domine, que les adversaires de la philosophie hégelienne y cherchent en vain et qu'ils lui reprochent de détruire en supprimant un Dieu personnel (1). Or, ajoutent ces mêmes adversaires, la philosophie de Hégel est à cet égard inférieure à la fois, à celle de Kant et au stoïcisme, en ce qu'elle place le rapport de l'homme avec le monde supérieur, non dans la personne et dans la volonté, mais dans la pensée et dans l'idée générale. De là il suit que Hégel, au lieu d'un Dieu personnel, enseigne un Dieu purement logique (2).

---

(1) *Litterarische Jahrbücher*, publiées à Heidelberg, juin, 1834, traduites par M. Wilm dans la *Nouvelle Revue germanique*, III, 343.

(2) *Ibid.*, 344.

« N'y a-t-il pas plus de franchise dans Spinosa, quand il avoue ingénument que sa manière de voir n'est pas conforme à l'opinion reçue parmi les chrétiens, et par là même le philosophe d'Amsterdam ne mérite-t-il pas mieux toute notre estime? Le même auteur que je citais tout-à-l'heure, quoique peu enclin à professer les sentimens philosophiques de Spinosa, disait, dans un excellent esprit : « Spinosa avoue avec franchise qu'il regarde la liberté morale et un Dieu personnel comme imaginaires, et l'on ne s'indigne pas contre lui, parce que ce même Dieu que sa logique rejetait, il le portait dans son cœur et le professait par sa vie. Mais Hégel parle beaucoup d'un Dieu personnel, de la trinité, de la création, de la liberté, de moralité, de vertu, de tout ce qui est cher à l'homme; par ce langage, il égare le lecteur, qui, intimidé par ce ton péremptoire, ose à peine s'avouer à lui-même ses doutes, et se persuade aisément que tout cela se trouve intact dans le système; il ne s'aperçoit pas que cette même dialectique qui amène ces idées les détruit aussi, en ce qu'elles ne sont pour elles que des momens passagers; en sorte que la vie, selon Hégel, est semblable à l'état déplorable de Tantale, à qui une destinée cruelle dérobe sans cesse les fruits à l'instant même où il tend la main pour les saisir et les goûter (1). »

Mais il faut le laisser lui-même s'exprimer à sa manière sur ce qu'il entend par philosophie, spinosisme, religion. « L'objet de la religion comme de la philosophie est l'éternelle vérité dans son objectivité même, Dieu et rien que Dieu, et l'explication de Dieu. La phi-

(1) *Litterarische Jahrbucher*, publiées à Heidelberg, juin, 1834, traduites par M. Willm dans la *Nouvelle Revue germanique*, III, 347.

losophie n'explique qu'elle-même en expliquant la religion, et, pendant qu'elle s'explique elle-même, elle explique la religion. Elle est, comme la religion, tout occupée de cet objet, elle est l'esprit pensant qui pénètre cet objet; la vérité est dans cette occupation, elle pénètre la vie et la jouissance, la vérité et l'épuration de la conscience subjective. C'est ainsi que s'opère l'union de la religion et de la philosophie. La philosophie est ainsi, par le fait lui-même, un culte divin, mais les deux choses sont des cultes divins dans leur genre particulier, et c'est dans cette manière particulière à chacune de s'occuper de Dieu qu'elles se distinguent (1).

Il s'ensuit que la philosophie n'est pas une philosophie, ainsi qu'on l'a nommée, en opposition à la foi. Ce n'est pas une sagesse du monde, mais la reconnaissance de ce qui n'est pas du monde ; non la connaissance des masses extérieures, de la vie et de l'existence empiriques, c'est la connaissance de ce qui est éternel, de ce qui est Dieu, et de ce qui dérive de sa nature ; et cette nature doit se manifester et se développer (2).

« Quant à ce qui concerne les rapports de la philosophie de la religion à l'égard de la doctrine de l'Eglise, en tant qu'elle ne soit pas vide, il suffira de remarquer qu'il n'y a pas deux espèces de raisons ni deux espèces d'esprit; qu'il n'y a pas un esprit divin et un esprit humain qui tout uniment différeraient ensemble. La raison humaine, la conscience de son être,

(1) *Philosophie der Religion*, 1, p. 5.
(2) *Le même*, p. 15 et suivante.

c'est la raison en général, le divin dans l'homme, ainsi que l'esprit, en tant qu'il est esprit, n'est pas un esprit placé au-delà des étoiles; mais Dieu est présent, tout-présent et comme esprit, esprit dans tous les esprits; Dieu est le Dieu vivant qui est agissant et actif. La religion est le produit de l'esprit divin, et non une invention de l'homme; c'est l'action divine qui la fait naître en lui (1).

« Et lorsque nous voulons connaître davantage ce que c'est que l'esprit, l'idée fondamentale de l'esprit, c'est celle dont le développement est l'entière doctrine de la religion. Regardons-nous préalablement ce que l'esprit est? c'est de se manifester, d'être pour l'esprit comme sujet en même temps qu'objet. L'esprit est pour l'esprit, non d'une manière occasionnelle et extérieure, mais il n'est esprit qu'en tant qu'il est pour l'esprit; c'est ce qui résume la notion de l'esprit. Dieu est essentiellement esprit en tant qu'il est dans son Église (2).

« Dieu, comme esprit, et lorsqu'il reste au-delà et qu'il n'est pas comme esprit vivifiant de son Église, n'est objet que dans cette détermination particulière. Ceci est la notion; la notion de l'idée; la réalité est l'esprit, qui est pour l'esprit, qui est son propre objet, et c'est ainsi que cette religion est la religion manifeste. Dieu se révèle : un esprit qui n'est pas révélé n'est pas un esprit. On dit Dieu a créé le monde, et par là on exprime un fait une fois accompli et qui ne se répétera plus, comme une détermination qui peut

---

(1) *Philosophie der Religion*, I, p. 24 et suiv.
(2) *Le même*, p. 13 et suiv.

être ou ne pas être; c'est en même temps une détermination arbitraire qui n'appartient pas à la notion de Dieu. Mais Dieu, comme esprit, se révèle essentiellement; il ne crée pas le monde une seule fois, mais il est l'éternel créateur, il est cette éternelle révélation, cet acte : c'est là sa notion et sa détermination (1).

« Dieu dans sa généralité (pas Dieu en lui, ni pour lui ou considéré dans son Église), dans cette généralité qui n'a ni bornes, ni fini, ni particularité, est la seule subsistance (*bestehen*), l'absolue subsistance, et ce qui subsiste n'a de racine qu'en lui. Si nous avons bien compris ce premier contenu, nous pouvons nous exprimer ainsi : Dieu est la substance absolue, la seule vraie réalité. Toute autre chose qui est réelle, n'est pas réelle pour soi, n'a pas de subsistance à elle; la seule réalité absolue est uniquement Dieu, c'est ainsi qu'il est la substance absolue. Tient-on à cette pensée avec une fermeté abstraite, alors c'est en effet du spinosisme. La substantialité comme substance n'est pas encore distincte de la subjectivité. Voici ce qui appartient encore à la présupposition qui a été faite. Dieu est l'esprit, l'esprit absolu, l'esprit éternellement simple, qui est essentiellement présent à lui-même; cette idéalité et subjectivité de l'esprit qui est la transparence et l'idéalité de tout ce qui est particulier, est de même sa généralité, ce pur rapport à lui-même.

« Lorsque nous disons *substance*, nous entendons par là que cette généralité n'est pas encore comprise d'une manière concrète; lorsqu'elle est comprise,

---

(1) *Philosophie der Religion*, ii, p. 158.

alors c'est l'esprit; même dans sa détermination concrète, la substance conserve en elle cette unité. Une détermination ultérieure est : que la substantialité, cette union de l'absolue réalité avec soi-même, n'est qu'*un moment*, dans la détermination de Dieu comme esprit. La détraction contre la philosophie vient de ce que l'on croit que si la philosophie veut être conséquente, elle doit se faire spinosiste, et, par suite, tomber dans l'athéisme et le fatalisme; mais dans cette détermination, nous n'avons Dieu encore que dans sa généralité; nous ne nous arrêtons pas là, quoiqu'il reste comme base, fondement; dans tous les développemens ultérieurs, Dieu ne sort jamais de son unité. Après qu'il a créé le monde, comme on le dit habituellement, il n'est rien provenu d'autre ou de mauvais qui fût indépendant et immuable (1).

« Ce que nous avons devant nous est un absolu; mais nous ne saurions donner à cette détermination le nom de religion, il y manque l'esprit subjectif et la conscience. La pensée est le siège de cette généralité; mais ce siège est en premier lieu absorbé dans cet *un*, cet éternel, ce *étant* en lui et pour lui. — Cette généralité est le point de départ et le commencement; mais cette unité immuable n'est pas simplement un terrain d'où croissent des différences, mais toutes les différences restent enfermées dans cette généralité. Ce n'est pas non plus une généralité paresseuse et abstraite, mais le sein absolu, la source infinie dont tout provient, où tout retourne et y est conservé. — Cette idée a été désignée sous le nom de panthéisme; elle eût été nom-

---

(1) *Philosophie der Religion*, 1, 50.

mée avec plus de justesse : idée de la substantialité. Dieu y est premièrement déterminé comme substance; l'absolu subject de l'esprit reste aussi substance; il est non-seulement déterminé comme substance, mais encore en lui comme subject. Ceux qui disent que la philosophie spéculative est du panthéisme, ignorent ordinairement cette différence; ils ne font pas attention à la chose principale. Le panthéisme, dans le vrai sens du mot, est de croire que l'univers et tout ce qu'il contient (sans subjectivité), enfin que tout est Dieu; c'est ce qu'on accuse la philosophie de soutenir et de dire que cette grande variété de choses, non cette généralité en elle et pour elle, mais les choses individuelles dans leur existence empirique, telles qu'elles sont immédiatement, est encore Dieu. Dit-on, Dieu est tout, ce papier, etc., voilà du panthéisme.— Mais il est complétement faux qu'un pareil panthéisme se soit jamais trouvé dans quelque religion que ce soit; il n'est jamais venu dans la pensée d'un homme de dire tout est Dieu, les choses dans leur individualité, dans leur occasionnel, et bien moins encore à une philosophie de le soutenir (1).

« L'idée absolue éternelle est :

« 1° En lui et pour lui Dieu dans son éternité, avant la création du monde et hors du monde;

« 2° Création du monde. Cette création se partage en deux parties, la nature physique et l'esprit infini. Ce qui est créé est donc premièrement un autre, placé hors de Dieu. Mais Dieu veut se réconcilier (ce qui est inséparable de l'essence de Dieu) avec ce qu'il y a d'é-

---

(1) *Philosophie der Religion*, 1, p. 53 et suiv.

tranger, de particulier et par lui placé séparément, et qui, d'après l'idée reçue, s'est détaché de lui, et le ramener à sa vérité.

« 3° C'est là le chemin, le *process* de la réconciliation, par lequel l'esprit a réuni à lui ce qu'il en avait distingué, et de cette manière il est hors le saint Esprit, l'esprit de son Eglise.

« Ce ne sont donc pas des distinctions que nous faisons d'après une manière extérieure d'être, mais c'est l'action, le développement vital de l'esprit absolu. Ce développement, et le retour à lui de ce développement constituent sa vie éternelle. L'esprit est ainsi à considérer dans les trois formes ou trois élémens dans lesquels il s'est placé.

« Dans le premier, Dieu n'est pour l'esprit fini que pensée : c'est la conscience théorique dans laquelle le subject reste passif et ne s'est pas encore placé dans ce rapport ou *process* et reste dans le silence de l'esprit pensant; là, Dieu est pensée pour lui, et s'il est dans la simple conclusion que par le moyen de sa différence, mais qui n'en est encore ici que dans la pure idéalité et sans s'être manifesté au dehors, il est réuni avec lui-même et se trouve immédiatement avec lui-même. C'est la première position qui n'est que pour le subject pensant. C'est le règne du père.

« La seconde détermination est le règne du fils, dans lequel Dieu est en général pour l'idée dans l'élément de la perception, le moment de la concrétation. Dans ce second point, celui qui dans le premier était l'autre partie de Dieu sans en avoir la détermination

---

(1) *Philosophie der Religion*, 1, p. 177 et suiv.

(qui n'était un autre que dans l'idéalité) obtient la détermination d'un autre. Ici Dieu comme fils n'est pas différent du père, mais il n'est exprimé que sous le rapport du sentiment: il reçoit la détermination comme autre, et de cette manière l'idéalité de la pensée n'est pas conservée *in abstracto*, si, suivant la première détermination, Dieu n'engendre qu'un fils, il produit la nature; ici l'autre est la nature; ce qui en est distinct est la nature, l'univers en général et l'esprit qui s'y rapporte, l'esprit naturel. Ce que jusqu'à présent nous avons nommé subject devient lui-même contenu (*jnhalt*). Ici l'homme est mêlé au contenu. L'homme en se rapportant à la nature entre dans le cercle de la religion, et c'est la manière religieuse de considérer le monde. Le fils entre dans le monde, c'est le commencement de la foi; lorsque nous parlons de l'entrée du fils, c'est déjà dans le sens de la foi. Le divin est premièrement pour l'homme dans l'histoire extérieure; mais il perd ensuite ce caractère et devient la manifestation de Dieu même (1). C'est ce qui constitue le passage au règne de l'esprit qui comprend la conscience que l'homme en soi est réconcilié avec Dieu, et que la réconciliation est pour l'homme. Le *process* de la réconciliation est renfermé dans le culte (2). »

C'est dans ce même langage et imbu des mêmes idées, que Hégel passe en revue la plupart des dogmes de l'Evangile et des cérémonies du culte chrétien, et qu'il les trouve en parfaite harmonie avec ses pro-

---

(1) *Philosophie der religion*, I, 150; II, 260.
(2) *Philosophie der religion*, II, p. 179.

pres idées. La mort du Christ, sa résurrection et son ascension, la rédemption qu'il nous a procurée, les sacremens du baptême et de la Sainte-Cène, tout y est considéré sous le même point de vue (1); et si l'on trouve que c'est se moquer de ses lecteurs de leur donner ces idées pour du christianisme, on vous répondra que le christianisme que vous connaissez n'est pas le véritable, et qu'il est temps enfin de jeter au loin l'écorce et de respirer l'esprit.

(1) *Philosophie der religion*, pages 246-255, 270-274.

CHAPITRE XXIII.

Suite du développement historique de la doctrine de Spinosa en Allemagne.

§ VI. *Vues de Schelling et de Hégel sur la personnalité de Dieu et l'immortalité de l'âme.*

Le spinosisme pouvant se résumer dans la négation du dualisme chrétien et l'affirmation pure et simple de l'être, il eût suffi de mentionner ce que les deux grands philosophes, Schelling et Hégel, ont pensé sur les questions de la personnalité de Dieu et de l'éternelle durée de l'âme humaine qui s'attache au cœur du spinonisme, pour montrer les progrès incessans que cette doctrine a faits en Allemagne; c'est au point que l'idéalisme de Spinosa pourrait aujourd'hui passer pour du mysticisme, à côté des théories matérialistes que l'on y enseigne d'après Hégel et Schelling.

Dieu est-il un être personnel dans ce sens qu'il a une parfaite conscience de lui-même? Spinosa, ce semble, a résolu cette question d'une manière affirmative par cela seul qu'il a doué son Dieu d'une intelligence infinie. Car, ainsi que le dit fort bien Jacobi, malgré ses préventions contre Spinosa, on ne peut pas se faire une idée d'une intelligence sans personnalité (1).

---

(1).... Von einer intelligens ohne personalität hutte ich Keinem Begriff. *Uber die Lehre*, etc. 337.

Mais si vous placez en Dieu une personnalité et une conscience, disait Fichte, vous devez dire ce que vous entendez par conscience et par personnalité (1); et c'est en voulant définir ces deux qualités constitutives de l'être divin qu'on en est venu à laisser entièrement s'évaporer toute idée de personnalité en Dieu. Signalons ici une inconséquence dans le système de Spinosa. Forcé d'avouer cette personnalité sous peine de refuser à son Dieu l'intelligence, n'est-il pas évident qu'il bat en brèche son principe de l'unité? Le moi, en effet, et plus que tout autre philosophe Spinosa le fait consister dans l'intelligence, le moi, dis-je, ne peut s'affirmer vis-à-vis de rien, et l'on ne parvient à constater son identité que par ce qui fait son antithèse, la négativité. Si la volonté, avait dit le théosophe Böhme, n'existait que dans un seul être (une seule substance), le sentiment ne posséderait qu'une seule qualité, serait même qu'une chose inerte, ne produirait jamais qu'une seule chose qui serait privée de joie et de connaissance, ne posséderait ni science ni arts divers, pas même de sagesse. Le tout ne serait rien; il n'aurait à proprement parler ni sentiment ni volonté, car il serait seulement l'unique. On ne peut donc pas dire que Dieu le *tout* est dans *un*, volonté et essence (2). Aucun être ne peut se révéler, dit-il ailleurs, sans éprouver d'obstacles; si rien ne lui résistait il ne pourrait pas rentrer en lui-même, et s'il ne rentrait

(1) Uber den grund unseres glaubens an eine Göttliche Weltregierung, dans le journal philosophique que Fichte rédigeait avec Niethammer, VIII, 1, 16. C'est cet article qui souleva contre lui la persécution.
(2) Von drei principien Göttlicher Wesens, 10, 35.

pas en lui-même, d'où il est originairement sorti, il ne connaîtrait pas son état primitif (1). Dans ses réponses aux questions théosophiques il parlait dans le même sens : on doit savoir que tout ce qui existe, existe comme oui ou comme non, que ce soient choses divines, sataniques, terrestres ou tout ce qui peut se nommer. Le *un* en tant que *oui* n'est qu'une force et un amour dans l'état de pure passivité. Il serait méconnaissable à lui-même et n'aurait ni plaisir ni élévation de sentiment, car il n'aurait pas le non. Le *non* n'est une opposition au *oui* ou à la vérité, qu'afin que la vérité se manifeste, et soit ce quelque chose dans laquelle se trouve un *contrarium*, et dans laquelle, par conséquent, se trouve aussi l'amour éternel agissant, sentant et voulant (2).

Strauss fait observer que c'est de cette négativité de Böhme que Schelling fit dériver la personnalité divine. Il est certain que son langage ne diffère pas de celui du théosophe, lorsqu'il dit : « Un être, qui serait simplement être et purement *un*, ne pourrait d'aucune manière se révéler à lui-même; car il n'aurait rien en quoi il pourrait se révéler. C'est pourquoi il ne pourrait être que *un*; l'être actuel et réel étant à soi-même sa propre révélation. S'il doit être *un*, il doit alors se révéler à lui-même; s'il ne se révèle pas, il est simplement lui-même, et si dans lui il n'est aucun autre, et si dans cet autre il ne se retrouve pas lui-même, en un mot, s'il n'est pas le lien vivant entre lui et un autre (3). » Voilà pour l'admission

(1) Van Göttlicher Beschaulickeit, 1, 8.
(2) Theosoph. Fragen, 3, 2, 6.
(3) Darlogung des Wahren, etc., 53.

de la négativité; comment Schelling en conclura-t-il la personnalité? « Aussi longtemps, dit-il, qu'on ne reconnaît pas une réalité réelle en Dieu, et qu'à une force affirmante et tendant à s'étendre on n'en oppose pas une autre limitée et négative, on ne peut avoir une personnalité de Dieu scientifiquement reconnue. Toute sui-conscience est une concentration, une réunion, un rapprochement de soi-même. Cette négativité de la force d'un être qui se replie sur lui-même est la vraie source de la personnalité en lui, la force du soi, de l'égoïté (1). » On verra plus loin, que si par la force de l'habitude, plutôt que par une loi de la logique, Schelling retient ici le mot de personne quand il s'agit de Dieu, ce n'est qu'aux dépens de la personnalité humaine; et nier celle-ci, n'est-ce pas brûler ses vaisseaux et se mettre dans l'impuissance de constituer celle de Dieu?

Il paraît que Hégel était préoccupé de la même idée que Böhme et Schelling, lorsqu'il voulut définir à son tour la personnalité divine. Il déclare, en effet, que le tout arrive au vrai non comme substance, mais comme sujet, et que c'est sous ce seul aspect qu'on peut en saisir l'idée en l'exprimant. C'est par là qu'il blâme Spinosa de n'avoir pas conservé à sa substance la conscience du moi et de l'avoir ainsi privée de personnalité (2). Mais ici Hégel donne un mauvais exemple à ses disciples, en prenant une inconséquence de Spi-

---

(1) *Denkmal der Schrift von don Gottlicher dinger*, p. 98. Cet ouvrage est une attaque dirigée contre Jacobi.

(2) *Phænomenologie*, 14.... 14. — Voir aussi : *Geschicte der philosophie*, III, 377.

nosa pour quelque chose de fondamental à son système. Oui, Spinosa n'a pas dépouillé sa substance de la conscience d'elle-même, puisque douée de la pensée elle ne peut que se connaître subjectivement par l'antithèse que fait naître l'attribut de l'étendue. Dire, comme le fait Strauss, que le Dieu de Hégel n'a une supériorité marquée sur le Dieu de Spinosa que parce que celui-ci engloutit dans son sein toutes les personnalités, puisqu'il reste l'absolue personnalité, c'est vouloir faire de l'esprit sur des mots; et n'est-ce pas en cela particulièrement que réussit la mordante critique de Strauss (1)?

Voici, du reste, comment ce célèbre disciple de Hégel expose les idées du maître. Quand on demande si la substance est sujet, veut-on dire par là que Dieu soit une personne? Hégel disait que la substance vivante était l'être, qui, en vérité, était sujet, ou, ce qui est la même chose, qui, en vérité, était réelle en tant qu'elle est le mouvement ayant faculté de se poser elle-même, ou encore en tant qu'elle est le moyen de devenir soi-même autre (2). Ce que les théologiens chrétiens disent de la personnalité de Dieu qui se constitue en produisant éternellement un fils de soi-même et s'unissant à lui dans l'unité de l'esprit, Hégel le désigne comme un jeu de l'amour avec lui-même, mais d'où il ne résulte ni un autre lui-même ni une séparation. Mais, chose singulière! cette distinction immanente de Dieu d'avec lui-même n'est pas encore le vrai; la vie de Dieu et la con-

---

(1) *Die Christliche Glaubenslehre*, t. 1, p. 512.
(2) *Phænomenologie*, 15.

naissance divine pouvant être exprimées comme étant un jeu de l'amour avec lui-même, quoique cette idée tombe dans l'édification (*Erbanlickeit*), et même dans la fadeur lorsqu'il y manque le sérieux, la douleur, la patience et le travail du négatif. L'esprit universel se chargea de ce travail dans la formation de la nature et de l'histoire du monde, attendu qu'il ne pouvait pas arriver autrement à la conscience de soi. D'où il résulte que la nature de l'esprit absolu est d'être réel et sujet ou devenant soi-même (1).

On va voir maintenant la différence qu'établit Hégel entre sa substance qui est en même temps sujet, et ce qu'il nomme la simple substance de Spinosa. La différence, dit-il, est sur la question de savoir si le penser, qui anéantit ses finis et ses intermédiaires, renie ses négations, et par là comprend l'*un* absolu, et possède ou non la conscience de ce qu'il a fait dans la connaissance de la substance absolue. Ce qui veut dire que la substance doit être la destruction du fini, c'est-à-dire encore la négation de la négation, vu que le fini n'a que la négation en partage. Comme négation de la négation, la substance est l'affirmation absolue et immédiatement la liberté et sa propre destination. Dieu n'est pas un Dieu mort, mais un Dieu vivant; il est plus encore, il est esprit et amour éternel, et il l'est seulement parce que son être n'est pas l'abstrait, mais le mouvement de distinction de soi à soi et la connaissance d'un autre en lui que lui-même (2).

---

(1) *Christliche Glauberslehre*, 1. — Voir aussi de Hégel *Religion, philosophie*, XI, 206.

(2) *Vermischte Schristen*, XVII, 9.

S'il ne fallait juger d'une doctrine que par les mots qui l'expriment, nous en trouverions ici qui désigneraient assez une personnalité en Dieu ; mais quand on s'applique à embrouiller ingénieusement ce que l'on pourrait dire en termes fort clairs, c'est faire croire à des arrière-pensées qui gagneraient davantage à être mises au jour. Ailleurs, désirant encore montrer la supériorité de son absolu sur la substance spinosiste, Hégel dit que le spinosisme est une philosophie fautive, en ce que la réflexion avec ses nombreuses décisions n'est chez lui qu'une pensée extérieure ; que la substance n'avait la pensée que dans son union avec l'étendue et non comme se séparant de l'étendue ; et par conséquent, qu'elle n'est ni comme décidant et formant, ni comme se mouvant, en commençant d'elle-même et retournant à elle-même. C'est pourquoi cette substance ne peut pas être nommée sujet et par là une personne ; tandis que son absolu, comme procès vivant de la subjectivité, est en lui-même *l'infini autre* et par là *un* en lui-même (1) ; ou, comme le dit Fichte le fils, en interprétant la philosophie de Hégel, il est l'absolue fluctuation de l'éternellement posé, et par là l'absolue fluctuation des oppositions continuellement détruites et réparées (2).

Après avoir exposé les idées fort peu claires, des deux chefs d'école de notre époque sur la personnalité de Dieu, voyons s'ils se sont exprimés plus nettement sur la durée perpétuelle de l'âme humaine.

(1) *Logik*, 1, 11, 194.
(2) Die idee under personlickeit und der individuellen fort dauer.

C'est, il faut le croire, à son corps défendant que la philosophie moderne s'est dépouillée de l'idée d'immortalité personnelle, doctrine qui a été constamment enseignée et reçue dans toutes les religions qui se sont montrées au soleil. L'affection qu'à son début elle portait au *moi*, qu'elle semblait d'autant plus idolâtrer qu'elle voyait s'écrouler à sa voix tous les autres objets du culte, elle la lui a conservée tant qu'elle l'a pu sans compromettre son jugement; quand il a fallu lui en faire le sacrifice, elle montrait par ses allures décidées qu'elle tiendrait bien peu à Dieu et à son paradis, si on lui permettait de s'en créer à sa guise. L'homme pieux et éclairé, dit Strauss avec une fine ironie, préfère encore se laisser prendre son Dieu et son Christ, plutôt que sa durée après sa mort (1). Que nous serviraient, en effet, un Dieu si nous ne devions l'aimer éternellement, et éternellement avancer dans la connaissance de ses perfections infinies? Pourquoi nous chargerions-nous de la croix de Christ, si tout devait finir avec cette vie? Aussi ceux des philosophes modernes en Allemagne qui ont le plus insisté sur la loi et le devoir, ont en même temps insisté sur la notion d'une immortalité individuelle, comme la conséquence nécessaire de la loi du devoir imposée à l'homme ici-bas.

Schelling ne s'est jamais expliqué sur ce sujet d'une manière catégorique. Cependant, à travers le voile dont il enveloppe ses pensées, lorsqu'il s'en occupe dans des images platoniques auxquelles ses disciples donnent le sens qu'ils veulent d'après la direction

---

(1) Die Christliche Glaubenslehre, II, 697.

d'idées qu'ils suivent eux-mêmes (1), il est impossible de ne pas déduire de l'ensemble de ses doctrines l'anéantissement de tout l'être humain après la mort. Quand on exige, dès cette vie, comme le plus haut degré de vertu, le renoncement à notre propre individualité, ce serait se montrer inconséquent de vouloir nous en gratifier dans l'autre vie; mais la théorie de Schelling n'implique pas cette contradiction, et malgré les efforts louables de quelques-uns de ses disciples pour faire jaillir de sa doctrine les vérités après lesquelles soupirent tant d'âmes altérées d'immortalité, nous verrons bientôt qu'il n'y a à louer chez eux que de bonnes intentions.

Quant à Hégel, il n'a pas traité non plus *ex professo* la doctrine de l'immortalité individuelle; c'est ce qui permet également à ses disciples de se donner libre carrière dans l'interprétation des pensées de leur maître. Si quelqu'un devait réussir dans cet ingrat labeur, c'est sans doute l'un de ses plus célèbres disciples, Göschel, qui s'est donné la peine, dans ses écrits sur l'immortalité de l'âme, de recueillir çà et là, parmi les nombreux volumes de Hégel, certaines paroles qui exprimassent quelque chose d'équivalent à une immortalité individuelle; mais un adversaire de Hégel, les épluchant les uns après les autres, en a fait sentir l'insuffisance pour le but que l'on se proposait (2). On lui a entendu dire néanmoins que, dans les plus

---

(1) *Philosophie und religion*, 71.
(2) Voir l'écrit polémique de H. Beckers dirigé contre Göschel: *Uber C. F. Göschels Versuch eines Exwuiser der persönlichen Unsterblicheit*, pages 56-58.

hautes régions de la vie de la nature, la généralité
interne conservait sa puissance négative contre l'individualité naturelle de l'être vivant dont il souffre la
violence, et que celui-ci succombe parce que son
existence ne possédait en elle-même ni cette généralité ni la réalité (1). Il dit encore, dans le même ouvrage, que l'esprit, en tant que âme ou entéléchie du
corps, est placée dans la corporéité, dans la natura-
lité, et par là même soumis à ses lois (2). Or, la loi de
la corporéité étant de se mêler à la terre, l'esprit subit
une destruction devenue nécessaire par l'absence de
l'instrument qui le plaçait dans la vie. Comment pourrait-il encore être question d'immortalité pour l'âme,
lorsque disparaît par la mort ce qui faisait de l'individualité organique un objet? Quelques mots de consolation qu'adresse Hégel à un ami qui venait de
perdre son unique enfant, vont nous révéler le fond
de sa pensée. « J'aurais pu vous demander, lui dit-il,
ce que j'ai demandé à ma femme après une perte semblable à la vôtre; je lui demandai donc si elle ne préférait pas d'avoir possédé un tel fils au printemps de
son âge, et de l'avoir ensuite perdu, que de n'avoir
jamais éprouvé cette jouissance, et son cœur n'hésita
pas à préférer le premier cas. L'enfant est perdu!
mais il vous reste le sentiment du bonheur qu'il vous
a fait éprouver; il vous reste le souvenir de ce cher
enfant, de ses joies, de ses heures de plaisir, de son
amour pour vous et sa mère, de ses sentimens enfan-
tins, de sa douceur, de son aménité envers chacun.

(1) *Encyclopedie der philosoph. Wissenschat*, p. 388.
(2) *Id.*, 30.

Ne soyez donc pas ingrat envers le bonheur et le contentement que vous avez goûtés ; conservez-en la mémoire avec vivacité contre la perte du présent, alors vous n'aurez pas perdu votre fils, ainsi que les jouissances que vous avez goûtées dans sa possession (1). » Tel est le langage que crut devoir tenir Hégel dans une circonstance aussi intéressante pour lui-même que pour l'ami à qui il adressait d'aussi sèches consolations. Je doute que le cœur de beaucoup de parens pût s'en contenter : ce langage prouve que quand il parle de la perpétuité de l'esprit, il n'entend parler que de l'immortalité que nous conservons dans la mémoire de nos semblables, ou de l'esprit absolu dans lequel s'est engloutie l'individualité humaine.

(1) *Sämmliche werke*, XVII, 633.

CHAPITRE XXIV.

Suite du développement historique des doctrines de Spinosa en Allemagne.

§ VII. *École de Schelling.*

La philosophie contemporaine en Allemagne peut se diviser en deux groupes, dont les diverses parties constituantes ne forment pas un tout bien homogène, mais qui, conservant leurs nuances particulières, ne se réunissent pas moins pour proclamer des principes communs auxquels on les voit se rattacher avec zèle; c'est, d'une part, le panthéisme chrétien que Descartes et Leibnitz avaient cherché à étayer à leur manière; ses appuis ont été fortement ébranlés par les attaques de la philosophie de l'identité de l'absolu. Aujourd'hui, Fries, Herbart, J.-H. Fichte et quelques autres moins connus, s'efforcent de l'affermir sur de plus solides bases, soit en donnant de meilleurs éclaircissemens à la philosophie transcendantale ou à celle de la foi, soit en l'élevant aussi à une philosophie spéculative qui puisse défier les prétentions du panthéisme; c'est à ce groupe que se rattachent tous les théologiens supernaturalistes, comme tout ce qui professe le socinianisme dans le rationalisme. D'autre part, c'est cette philosophie panthéistique hautement avouée, vers laquelle gravitent la majorité des écrivains qui ont le talent de fixer quelque peu l'attention du public. Il faut donc l'avouer, les idées chrétiennes sur Dieu et le monde, telles que nos pères les avaient adoptées depuis que la parole de salut s'était fait entendre du haut du Calvaire, ces idées ont perdu à-peu-près tout leur crédit en Allemagne ; il faut savoir gré à ces nobles débris des écoles de Leibnitz et de Kant qui forment le premier groupe, des efforts généreux qu'ils tentent pour réparer les brèches innombrables que le panthéisme avec sa terrible massue, a déjà faites à nos idées sur Dieu et l'immortalité. Mais n'est-il pas à craindre que le penchant de Fichte à une liberté sans limites dans la sphère de la pensée, que l'espèce d'éclectisme d'Herbart, qui, par une analyse de tout ce qui a été donné jusqu'ici, cherche à retenir ce qu'il y a de simple et d'immuable dans le passé, ou que les combinaisons de Fries, qui, à son tour, cherche à réunir la séparation faite par Kant du subjectif d'avec l'objectif, avec la foi de Jacobi dans l'immédiatisme de la connaissance, n'est-il pas à craindre, dis-je, que ce groupe auquel se réunissent sans doute de beaux talens, ne se laisse absorber par la philosophie dominante? Ils la combattent, il est vrai, mais ils en retiennent eux-mêmes beaucoup d'élémens sans avoir à lui opposer un christianisme positif qui tranche toutes les difficultés; tout en se réservant de donner au cœur, seul capable de le comprendre, toutes les explications qu'il peut raisonnablement demander.

Certes, si un éclectisme eût été suffisant pour opérer une réconciliation sur le terrain de la philosophie, c'est bien Schleiermacher qui eût réussi dans une œuvre qui demandait les plus hautes facultés de l'intelligence. Mais, quoique également puissant dans la philosophie et dans la théologie, ce n'est guère que sur ce terrain que l'ont suivi quelques dévoués partisans. J'ai cité dans mon introduction quelques paroles de ce brillant orateur, de ce philosophe profond, paroles dans lesquelles il confond en une même admiration le philosophe Spinosa et le poète Novalis; je dois ajouter ici celles qui les complètent. « Lorsque les philosophes, disait-il, seront pieux et chercheront Dieu comme Spinosa, et que les poètes auront de la piété et aimeront le Christ comme Novalis, alors la grande résurrection sera célébrée par les deux mondes (1). » On se demande naturellement ce que pensait un si grand homme sur notre immortalité. Ce n'est guère que dans sa dogmatique qu'il finit par se déclarer pour l'affirmative, en rattachant cette vérité au dogme de l'union continue de la nature divine et humaine en Jésus. Mais ici encore n'est-ce pas en affaiblissant quelque peu l'idée de la personnalité divine qu'il affirme l'immortalité humaine? En effet, dans les écrits théologiques, comme dans ceux qui traitent spécialement des matières philosophiques, il associe toujours la nature à la divinité; sans la nature, il ne peut arriver à sa notion, il ne peut nommer Dieu, s'il n'a pas lu son nom inscrit sur le fronton de l'immense univers. « Voulons-nous, dit-il dans un de ses ouvrages philosophiques, isoler la conscience de Dieu, alors nous nous livrons à un travail sans fruit; et nous sommes obligés de dire que la conscience de Dieu est d'autant plus vive qu'une autre se joint à elle avec

---

(1) *Lehre Ueber die Religion.*

plus de vivacité (1). » Il y soutient encore que lorsque la conscience religieuse reste dans sa nature, et qu'on ne veut pas faire des expériences avec elle, les efforts pour isoler la conscience de Dieu ne sauraient avoir lieu. Que l'homme religieux ne voyait pas de mal à n'avoir la conscience de Dieu que dans la conscience fraîche et vivante des choses terrestres! Que les efforts philosophiques voulaient seuls l'avoir purement pour eux, mais qu'il leur suffisait de la connaître comme une présupposition nécessaire (2). Il disait encore que la notion de Dieu n'était jamais complète, qu'elle restait toujours comme un schème indirect, en un mot, que nous ne connaissons d'Être divin que dans nous-mêmes et dans les choses de la nature, et que nous ne saurions le connaître hors du monde ou en lui-même (3).

Il est vrai que dans sa dogmatique, Schleiermacher s'énonce avec plus de réserve, et qu'il cherche même dans ses explications sur la Trinité, c'est-à-dire sur l'Être divin considéré en soi ou dans le Christ ou dans l'Eglise, à donner une conception de Dieu qui serait particulière au christianisme; c'est ce qui a engagé sans doute son ami et fervent disciple, Lücke, à proclamer que l'idée de la personnalité divine est le noyau véritable de la pensée chrétienne. Mais la manière dont Schleiermacher a traité, dans cette même dogmatique, les attributs de Dieu, sa toute-puissance, sa toute-science, etc., donne l'explication de ce qu'il pensait de sa personnalité. Il s'y écarte tellement des

(1) *Dialectick*, p. 133.
(2) *Ib.* 132.
(3) *Ib.* 134.

idées reçues, que l'on demeure convaincu que pour lui la personnalité divine n'est point l'essence ou le noyau essentiel (***Kern***) de la pensée chrétienne. En effet, les attributs de Dieu ne sont pas une qualité que nous reconnaissons en Dieu; nous voyons seulement en eux une manière de reconnaître notre dépendance de Dieu; ce qui fait dire à Weisse que la personnalité de Dieu ne saurait être, en prenant l'ensemble des idées de Schleiermacher répandues dans ses œuvres de théologie et de philosophie, que des idées inadéquates figurées, et qui ont pris naissance dans ses réflexions sur le sentiment religieux, et comme telles, ne sont point reconnues par la science comme de vraies décisions objectives de l'Être divin. Comme point central de notre pensée, ainsi que l'avouerait certainement le docteur Lücke, ce ne pouvait être que le *moment* qui nous donnait la certitude de sa valeur immédiatement objective. Chez Schleiermacher, un pareil *moment* n'est dans l'idée de la divinité comme étant l'absolu, que lorsqu'il est purifié de tout positif et de toutes limites, ainsi que de tout mélange avec les notions du monde, sans lesquelles, d'après sa déclaration (1), pouvait bien s'élever la pensée religieuse, mais non le sentiment religieux. D'où Weisse conclut que la doctrine de Schleiermacher confessait bien l'idée de Dieu en général, mais non l'idée d'un Dieu personnel, et que la première seulement avait pour lui une valeur absolue et objective (2).

Il a été dit que Hégel avait débuté dans sa carrière

(1) *Dialectick*, p. 132.
(2) *Zur Vertheidigung des Begriffs der immanennten Wesenstrinität von Weisse, im Stud. und critik*, 1841, 2ᵉ partie.

21.

philosophique en rendant hommage à ce qu'il y avait de hardi, de grand et de plein d'espérance pour l'avenir dans les vues du fondateur de la philosophie de l'identité, mais qu'il ne tarda pas à voler de ses propres ailes et à s'élancer dans une voie où Schelling devait le laisser. Cependant d'autres disciples furent plus fidèles à leur maître, et sans vouloir mentionner leurs travaux qui m'éloigneraient de mon but (puisqu'il n'est aucune des branches de la philosophie et des sciences naturelles qu'ils n'aient explorées), il me faut cependant signaler ceux d'entre eux qui ont plus ou moins largement payé leur tribut au spinosisme ; les uns, le sachant et s'en glorifiant, les autres, contre leur gré et par la seule nécessité d'obéir à certains principes de logique qui conduisent à ce que le spinosisme a de rationnel (1). On peut dire que deux surtout, également célèbres dans les sciences naturelles, expriment les deux pôles dans le rayonnement de cette sphère intellectuelle ; l'un s'est plus exercé dans la psychologie et la métaphysique, c'est Steffens(2); l'autre dans le domaine de la physique et de la psychologie qu'il a singulièrement agrandi, c'est Oken. Tous deux, en effet, prennent leur point de départ dans la

(1) On range communément en Allemagne parmi les disciples de Schelling, quoique ce soit parfois d'une façon assez arbitraire, puisqu'on les voit réunir des qualités assez opposées, Daub, Franz de Baader, H. Flessens, G. Görres, L. Oken, G. M. Klein, Schwartz, Tronler, Windischmann, Schubert, Solger, Eschenmayer, Stahl, Wagner, Krause, Blasche, de Walther, Weber et plusieurs autres, dont il serait facile de grossir cette liste.

(2) Voyez des détails sur les idées religieuses de Steffens dans l'*Hist. crit. du rationalisme*, p. 333-336.

philosophie de la nature; mais le premier possède une âme trop imprégnée de poésie pour mettre exclusivement au service de la nature *naturata* les éminentes facultés de l'esprit qui le distinguent; il confesse que l'identité de Schelling n'a rien de commun avec la substance de Spinosa, qui avait paru cependant le contenter dans ses jeunes années. Oken, au contraire, poussant jusqu'à ses dernières limites l'idée de l'identité, détruit tout ce qui pourrait rester de personnalité dans l'Être, et arrive à ne plus rien voir dans la nature que la nature elle-même. Au lieu que Steffens, dans l'étendue du règne animal, trouve un reflet, quoique pâle, de la personnalité qu'il ambitionne de faire ressortir de la philosophie de la nature, Oken fait servir les vastes connaissances qu'il possède en histoire naturelle pour nous convaincre de l'illusion qui nous entraîne lorsque nous nous mettons à la recherche d'une personnalité qui n'existe nulle part. Ainsi, dira Steffens, nous sommes doués de personnalité parce que nous sommes immortels de notre nature et que l'immortalité est la condition de la personnalité; nous ne sommes point immortels, dira Oken, parce que l'individuel dont on se flatte d'ordinaire n'étant qu'une apparition partielle du seul être éternel, il nous faut rentrer dans le néant d'où nous sommes sortis, du moment que cet individuel est privé de son organisme (1).

C'est à la suite du grand naturaliste Oken que paraît s'être rangé Lehmann, suivant lequel la vie consiste à

---

(1) C. *Bartholmess*, dans : *Essais et fragm. de phil. et de théologie*, t. 1, 2ᵉ partie, p. 233.

se perdre en Dieu, dont l'homme s'est détaché par la naissance (1), ainsi que Richmann qui proclame seul immortel l'esprit universel qui possède seul l'existence. Celui qui se sépare de Dieu, dit Richmann (et d'on s'en sépare par le péché), et croit conserver éternellement son individualité, sa personnalité, sa conscience; celui-là se trompe étrangement; car il attend quelque chose d'impossible, la vie n'étant qu'en Dieu. Pour vivre éternellement, il faudrait être éternellement uni à Dieu, et qui peut se flatter d'une telle union (2)?

Dans un esprit à-peu-près semblable s'est montré un théologien d'un esprit calme et paisible, et qui n'en poursuit pas moins avec persévérance la réalisation d'un grossier panthéisme d'où toute idée d'immortalité est à jamais bannie; c'est Blasche qui ne se recommande que par la franchise avec laquelle il décrit la perte de toutes nos espérances immortelles (3). L'univers est pour lui la substance de toute existence, et Dieu est le fond absolu de cette existence, qui d'éternité en éternité devient la toute possibilité réelle dans la réalité de l'univers. Le gouvernement de cet univers consiste dans la mise en action des lois générales de la nature, au nombre desquelles se trouve le développement de tout être ayant la conscience de soi (la

---

(1) *Phœnix, neuer Versuch uber die Unsterblichkeit der Menschen-Seele*, Kœnigsberg, 1811.

(2) *Richmass, Gemeinfassl. Darstellung und Wurdigung aller gehaltreichen Beweisarten für Gott und für Unsterblichkeit der Seele.* Stuggard, 1817.

(3) Son principal ouvrage est: *Die Göttliche Eigenschaft. philosoph. Unsterblichkeit.*

sui-conscience). — Dieu se révèle à l'univers en se faisant homme, aussi l'humanité est infinie comme la divinité ; elle n'est pas limitée dans les bornes de notre étroite planète. — Chaque chose qui a l'être est un terme passager de l'être infini, un *moment* individuellement réalisé. — La toute-puissance de Dieu n'est autre chose que la toute-possibilité rendue réelle.—La toute-science n'appartient pas à Dieu comme à l'être absolu ; elle n'appartient qu'à l'univers ; chaque être de cet univers qui est sachant (*jeder einzelne Wissende*) a sa part de cette toute-science, en sa qualité de membre de l'organisme de la toute-science. — L'attribut immédiat de Dieu c'est sa toute-présence. — L'homme ne peut pas se flatter d'une durée individuelle après la mort ; la vie éternelle n'est que la vie générale de l'univers qui se réalise dans le changement continuel de la vie finie des individus.

Comme on le voit, Blasche ne diffère de Oken qu'en ce qu'il retient le nom de Dieu à qui il refuse néanmoins toute conscience de sa personnalité, ce qui conduit aux mêmes résultats matérialistes ; et en ce que, à l'exemple de Pierre Leroux, il ne refuse pas d'admettre, pour satisfaire certains esprits trop timides et faire quelque concession à leurs préjugés, une espèce de métempsychose qu'il nomme circulaire, et qui n'est que le mouvement de l'absolu impersonnel à travers les existences qui peuplent ce globe comme toutes celle de l'immense univers.

D'autres disciples de Schelling ont essayé, au contraire, de remplir les lacunes qu'ils croyaient apercevoir dans sa philosophie : c'est d'abord Wagner qui a voulu y introduire l'élément de la morale et de la religion dont il la voyait dépouillée (1), mais plus particulièrement Krause, qui, de modifications en modifications, a fini par se créer une théorie à lui (2).

Persuadé de l'insuffisance et de la forme des résultats de la philosophie de l'identité, Krause tenta, par une méthode particulière, de développer le germe de la vérité philosophique, qu'il disait être enfermée dans les écrits de Schelling, pour en former un système réellement scientifique, qu'il désigne par le nom d'absolutisme. Il commence par chercher dans la conscience humaine, de quoi élever la connaissance du *moi* d'un tout organique. Il dit que le *moi* se reconnaît avec certitude et avec une valeur objective comme individualité organique, et par conséquent comme un être qui d'abord était un tout indivisible, et ensuite qui réunissait plusieurs destinations contradictoires, telles que l'infini et le fini, le constant et l'inconstant, l'esprit et le corps. Dans l'organisme de cette nature du moi se trouvent trois catégories : la thèse, posant l'unité de l'individu; l'antithèse, posant la différence des facultés; et enfin la synthèse, comme les unissant l'une à l'autre. Krause s'applique ensuite à trouver et à fixer l'idée de Dieu dans l'idée fondamentale de l'être et de l'essence de cet organisme; voici comment : Dans la série des conceptions et des

(1) *Wagner's System der ideal Philosophie*, Leipzig, 1804.

(2) Né en 1781 à Eisenberg, Krause est mort en 1832. On publie en ce moment ses œuvres posthumes; il ne peut être question ici que de ceux de ses ouvrages qu'il a publiés de son vivant, les principaux sont : *Vorlesungen Ueber das System der Philosophie*, Göttingue, 1829, et *Vorlesungen Ueber die Grundwarheiten der Wissenschaft*, Göttingue, 1829.

connaissances du moi, qui sont au-dessus des choses sensibles, on doit placer la nature et la raison comme formant dans leur opposition la part la plus élevée de tout. Ces deux idées doivent conduire, par une nécessité absolue, à reconnaître un autre tout encore supérieur, dans lequel la nature et la raison se réunissent organiquement comme dans une unité absolue. Ainsi, d'un côté, suivant les catégories de l'antithèse et de la synthèse, ce tout doit réunir en lui la raison et la nature comme les deux premières parties organiques qui lui sont subordonnées, et constituer lui-même tout ensemble la nature et la raison; tandis que, d'un autre côté, le tout, d'après la catégorie de la thèse, doit être considéré comme au-dessus de la nature et de la raison, en tant qu'être imaginaire et possédant la toute-science et une liberté, une sagesse et une puissance sans bornes (1).

On rapporte qu'au moment de sa mort, Krause répéta trois fois ces paroles, qui témoignèrent des sentimens qui l'avaient animé pendant sa vie : « L'amour

(1) Krause a trouvé à son tour un disciple parmi les professeurs de l'université libre de Bruxelles qui développe ainsi son idée des catégories : « .... La vie intérieure après la réhabilitation de la conscience, doit être triple et résulter de l'harmonie de l'esprit, de l'âme et des sens.
« Cette trinité spirituelle, élément de la vie morale et supérieure, partage exclusif de la nature humaine, correspond essentiellement à la triple puissance, à la triple personnalité que renferme la nature divine dans son unité de substance, et fonde, autant que le peut l'incommensurable distance qui sépare le créateur d'avec la créature, l'analogie merveilleuse qui existe entre l'homme, faible et variable, et l'esprit infini de l'éternel amour. » *Cours de philosophie de l'histoire,* par Altmeyer, p. 8. Bruxelles, 1840.

de l'humanité finira par remporter la victoire. » Mais est-ce bien par la propagation de ses catégories que l'on parviendra à enrôler les mortels sous l'étendard sacré de l'amour de Dieu et des hommes? et ne voit-on pas, à travers cette terminologie obscure, une âme tourmentée sous le poids d'une incertitude terrible! pour ne pas arborer les couleurs de l'Évangile, elle est entraînée sur la pente fatale du panthéisme; et, pour échapper à cet aveu de la faiblesse humaine, elle se jette dans des combinaisons décelant d'autant mieux la nécessité pour l'esprit humain de s'en tenir à ces deux alternatives, qui peuvent logiquement lui suffire.

L'école de Hégel est la seule dans l'Allemagne contemporaine qui porte ce nom d'école; les partisans de Schelling, quoique nombreux et puissans par les hautes facultés de l'esprit, n'ont pas cherché à se réunir pour mettre en faisceaux leurs vues et leurs connaissances spéciales, et travailler ensuite à en faire jaillir le feu sacré dans l'intérêt de la société, qui attendait d'eux la réalisation de leurs promesses; l'école de Hégel, malgré l'obscurité des nombreux écrits de son fondateur et la scission bien tranchée qui existe parmi ses disciples, reste néanmoins la plus influente, et l'empire qu'elle exerce sur la théologie lui conservera longtemps encore cette prépondérance sur l'école de l'illustre Schelling, plus posée, plus raisonnable, plus scientifique, mais aussi moins active, moins remuante et d'un caractère moins décidé. Certes, dans un pays où tout homme qui croit avoir deux idées dans la tête se croit par là même appelé à l'investigation des problèmes les plus difficiles de la philosophie, il est vraiment étonnant qu'un panthéisme aussi bizarre que celui de Hégel ne se soit pas encore écroulé aux applaudissemens de tous ceux qui placent le bon sens au-dessus de toutes les spéculations creuses de l'esprit humain ; mais je ne dois pas moins constater que, malgré les attaques réitérées que subit cette école, elle exerce sur les esprits une influence réelle ; c'est pour cette raison que le spinosisme, déguisé sous le manteau de l'esprit absolu, peut être considéré comme trônant dans la philosophie allemande. Je ne parle pas de cette secte d'éclectiques ou de syncrétistes qui, depuis les premières publications de Schelling et de Hégel, ont cherché à concilier le système chrétien du dualisme avec le néochristianisme de l'anti-absolu ou de l'identité ; j'ai déjà dit que l'éloquent Schleiermacher peut être considéré comme son plus habile interprète. Ces nombreux efforts ne font également que prouver l'insuffisance de toute doctrine qui ne passe pas à travers l'Evangile pour arriver à quelque chose de plus stable et de plus approprié aux sentimens du cœur. Il suffira de nommer quelques-uns des écrivains qui occupent le plus l'attention des contemporains pour signaler l'esprit du mauvais spinosisme qui jaillit de toutes les ramifications (1) de

---

(1) Je prie le lecteur de remarquer que, sans prétendre donner moi-même une explication de la véritable doctrine de Spinosa, j'ai plusieurs fois eu l'occasion de signaler qu'il est impossible, si l'on est de bonne foi, de faire sortir le matérialisme de l'*Ethique* de ce philosophe ; qu'ainsi je n'ai nullement donné de la prépondérance à l'objet aux dépens du sujet, mais que je les ai maintenus dans un parfait équilibre, comme le chrétien admet cet équilibre qui tend à établir cette prépondérance de l'objet.

l'école hégelienne. Or, citer des écrivains tels que Göschel, Richter de Magdebourg, Conradi, Ruge, Feuerbach, Michelet, Frauenstädt de Berlin, Valke, Strauss et Richter de Quedlinbourg, c'est prouver déjà que toutes les nuances de l'école se réunissent sur ce point avec les amis de Schelling, pour réhabiliter ce que le spinosisme a de plus faible et de plus contraire aux nobles instincts de l'homme : Dieu, pour eux tous, n'est plus que l'idée *en et pour soi,* qui se révèle dans les organisations physiques, suivant les uns, dans l'intelligence des hommes, suivant les autres; chez tous, mais plus particulièrement dans l'humanité que chez les individus, et cela en faisant des évolutions qui expliquent son procès sans commencement ni fin, et n'arrivant à la pleine conscience de lui-même que dans la philosophie; ce qui a fait dire que plus l'on s'éloigne de la philosophie, plus l'on s'éloigne de Dieu; tandis que plus on s'avance dans les connaissances spéculatives et plus on se déifie; au point qu'il ne serait pas inexact d'avancer que Hégel ayant atteint le plus haut degré d'intelligence, aurait pu se nommer Dieu sans que l'on eût eu quelque chose de plausible à lui objecter.

Ainsi, sans m'arrêter à ce qui n'est pas de mon sujet, c'est-à-dire à ceux de l'école de Hégel qui ne font proprement qu'emprunter la méthode dialectique du maître, et qui exposent ensuite leurs propres idées croyant exposer les idées chrétiennes qu'ils prétendent être contenues dans les écrits du maître, tels que Rosenkrantz, Hinrichs, Weisse et quelques autres non moins connus, je dois signaler tout ce que cette école a fait sortir du matérialisme de la doctrine panthéistique de Hégel; pour cela, je n'ai qu'à raconter les débats d'une vivacité peu commune, auxquels a donné lieu, il y a peu d'années, la publication d'un ouvrage de Richter de Magdebourg (1).

(1) *Die Lehre von dem letztem Dingen*, Breslau, 1833. — J'entends dire quelquefois et surtout par quelques journaux religieux de la France que l'hégelianisme s'affaiblit, et que le triomphe de l'ancienne foi est déjà éclatant en Allemagne. Je voudrais bien qu'il en fût ainsi; mais pour donner une preuve du contraire, je ne citerai qu'un seul fait; il sera concluant. Dans une réunion d'étudians à Berlin, le docteur Strauss (celui-ci est prédicateur à la cathédrale) ayant porté un toast aux plus fermes soutiens de l'Université, il nomma seulement Néander, Westen et Stahl, c'est-à-dire deux théologiens et un professeur en droit, sur plus de cinquante professeurs que compte l'Université! Evidemment, M. le prédicateur Strauss a pensé que l'orthodoxie chrétienne ne comptait que trois hommes un peu remarquables dans cette université, où tant de talens sont néanmoins réunis. Voir le *journal*, Zeitbilder, 1842, n° 1.

CHAPITRE XXV.

Suite du développement historique de la doctrine de Spinosa en Allemagne.

§ VIII. *Disciples de Hégel. — Débats sur l'immortalité de l'âme et la personnalité de Dieu. — Richter de Magdebourg, Weisse, Göschel.*

La doctrine de l'esprit absolu devait conduire à la destruction de la personnalité de Dieu et de toute idée rationnelle de l'existence éternelle du moi humain. C'était, il est vrai, le droit de la philosophie de ne reculer devant aucune conséquence du principe; mais on n'avancera jamais que la hardiesse soit de la raison, et que des conséquences contre lesquelles protestent tous les instincts de l'homme soient une présomption en faveur d'un principe.

Quoi qu'il en soit, l'école de Hégel, que les disciples de Schelling aidaient en cela merveilleusement, quoique à leur insu et même contre l'intention formelle de plusieurs, l'école de Hégel, dis-je, par des travaux préparatoires, cherchait à enlever au genre humain ce qu'elle nommait sa dernière illusion, en lui arrachant sa foi à l'immortalité de l'âme. Mais quelques-uns, se montrant plus pressés que les chefs reconnus du parti, laissèrent là toutes les élucubrations de la dialectique, pour arriver enfin à la question vitale de la durée perpétuelle de l'homme qu'on n'avait pas encore osé attaquer ouvertement.

Feuerbach avait bien débuté par ses pensées sur l'immortalité (1), mais cet essai a manqué, quoique empreint d'un matérialisme grossier, puisque la personnalité humaine y est considérée comme la cause même de sa destruction, et que, suivant Feuerbach, il n'y a d'immortel que l'esprit; cet essai n'eut qu'un très faible retentissement. L'auteur n'avait pas assez dégagé ses pensées d'un certain entourage qui en cachait le poison, et il fallut qu'un écrivain plus audacieux vînt déchirer totalement le voile qui enveloppait la philosophie hégelienne et en montrât les tendances dans toute leur crudité. Celui qui se chargea de cette tâche est connu sous le nom de Richter de Magdebourg qui est le lieu de sa naissance, et j'ai déjà eu occasion d'indiquer l'ouvrage qu'il lança dans le public (2). Aussitôt amis et ennemis de sonner l'alarme, les uns en paraissant désavouer l'indiscret hégelien, les autres pour exalter leurs propres idées aux dépens de l'audacieux novateur. On peut comprendre par l'impression que fit sur les esprits une pareille levée de boucliers, que l'humanité venait d'être blessée au cœur dans ses sentimens les plus intimes. La dernière divinité que la philosophie avait respectée jusqu'alors, celle qu'elle s'était créée elle-même, le *moi*, venait d'être brisée à son tour, et comme toutes les autres, jetée dans l'abîme de l'anéantissement. Si les chrétiens furent ravis de voir la philosophie régnante montrer le bout de l'oreille, il eût fallu, pour imposer silence à leur joie, ou que ses partisans désavouassent com-

(1) *Gedanken über Tod und Unsterblichkeit*, 1830.
(2) *Die Lehre von dem letzten Dinge.*

plétement les inductions hégeliennes de Richter, ou qu'ils les confirmassent par des raisonnemens plus scientifiquement élaborés : c'est ce que les hégeliens ne firent point. Ils se jetèrent dans une lutte où ils ne savaient pas trop ce qu'ils avaient à défendre ou à condamner, et ils allèrent même jusqu'à accuser Richter d'avoir profané le secret de l'école (1), les articles de journaux ne suffisant pas pour effacer la fâcheuse impression des idées de Richter; cependant, il disait vouloir éclairer l'humanité, mieux que ne l'avait fait le christianisme, en lui proposant de se débarrasser enfin de cette espérance d'immortalité qui empêchait le développement de son bien-être, et en lui proposant comme fiche de consolation les joies réalisables de cette vie ; on se mit donc à écrire des livres où l'on s'efforça d'établir une espèce d'immortalité que la philosophie pût avouer, sans que les chrétiens pussent en prendre trop d'ombrage. Mais Strauss déclare que c'était tout autant d'hypothèses moqueuses qui venaient se dissiper à la clarté des recherches de Richter. Strauss va jusqu'à dire avec son esprit satirique « que leurs déclamations passionnées restaient inintelligibles même à leurs auteurs ; que le zèle de Richter, quelquefois trop ardent et tombant par là dans le comique, mais toujours loyal et plein de moralité, fut condamné, comme exprimant de vils sentimens, par des

(1) *Wissenschaftlicher jahrbücher,* de Berlin, 1833; l'article était de Weisse, de Leipzig. Né dans cette ville en 1801, Weisse occupa quelque temps la chaire de philosophie dans l'université de cette ville (1825-1837); mais aujourd'hui, retiré à la campagne, il ne vit que pour les lettres et l'étude de la philosophie et de la théologie spéculative.

personnes, qui n'étaient pas dignes de délier les cordons de ses souliers, et qui pourtant s'empressaient à qui mieux mieux de décrotter contre lui leurs propres bottes (1). » Ces mordantes paroles paraissent être surtout dirigées contre Weisse qui avait parlé du vulgarisme sans sel et sans talent de Richter, dans l'ouvrage qu'il avait opposé au sien (2). Rosenkrantz, qui avait d'abord pris la défense de Richter, ne tarda pas à l'abandonner et à écrire contre lui dans les *Annales* de Berlin et dans un nouvel ouvrage de sa composition (3); puis vint Göschel qui se mêla à la dispute et qui fut rangé avec quelques autres, par Lange, au nombre des *bien pensans* (4). Mais, quoique déclarés bien pensans par une plume amie, tous les adversaires plus ou moins hostiles de Richter ne furent pas moins dénoncés, dans cette circonstance, par Strauss « comme ayant fait le plaisir à la théologie de lui laver la peau sans la mouiller. » Richter qui avait fait mine de vouloir riposter aux attaques des rusés de l'école, n'a pas encore jugé à propos de publier le second volume de son ouvrage; mais l'avant-propos, qu'il vient d'ajouter à l'ouvrage de Müller sur les *disputes du temps présent*, prouve bien que ses pensées n'ayant pas subi de modifications, il ne tardera pas à rentrer en campagne (5).

(1) *Christliche Glaubenslehre*, t. II, au § der L. dinge.
(2) *Weisse's die philosophische Geheimlehre....*, p. 26.
(3) *Kritische Erlauterungen des Hegelschen System....*, p. 348.
(4) C'est le titre d'un article fort bien fait sur les écrits escharotiques que fit naître cette dispute, et que l'on trouve dans *th. Studien und Kritik*, 1836, p. 693.
(5) Il avait seulement publié pour sa défense un article dans le

22

Je reprends le fil de ma narration. Celui qui se mesura le premier avec Richter et qui tira ses argumens de l'arsenal hégelien, c'est-à-dire qui les prit dans la science de l'esprit absolu, n'y puisa néanmoins qu'une doctrine de l'immortalité humaine, partage seulement *des esprits régénérés*. Weisse part de cette déclaration, que d'après Hégel, la *non-durée* de l'esprit humain était une évidence pour tous ceux qui n'avaient pas en eux-mêmes une raison pour croire le contraire; mais, après avoir rendu hommage à la profondeur de Hégel et à la haute religiosité qui l'animait, il le loue de ce qu'ayant lui-même dépassé la *lettre* de sa doctrine, il a su l'animer d'un esprit qui, tôt ou tard, brisant son enveloppe, saura lui en créer une autre, et qui sera plus en harmonie avec les exigences objectives de la religion que celle qu'il a maintenant. C'est ainsi que, par des tergiversations quelque peu ambiguës, Weisse semble séparer sa manière de voir sur l'immortalité, de celle de son maître, sans renier la liaison de ses convictions intimes avec celles de l'école hégelienne. Il soutient, en effet, avec Hégel, la distinction de l'esprit fini et de l'esprit absolu, distinction que Weisse considère comme la base scientifique de toute doctrine de l'immortalité; puis, cherchant à faire droit aux

journal de Breslau, le *Prophète*, et dont le titre : *die Geheimlehre der neuern Philosophie* paraît avoir inspiré l'ouvrage de Weisse. Bretschneider, dans la 4º édition qu'il vient de donner de son *Systematische Entwickelung, etc.*, lui attribue un autre écrit qui parut anonyme, mais Strauss s'en déclare l'auteur dans sa dogmatique. Il avait pour titre : *Die neue Unsterblichkeitlehre ;* c'est un dialogue qui devait faire suite à *l'Athanasia* du sceptique Wieland.

justes réclamations des chrétiens supernaturalistes, il essaie de faire passer, tant bien que mal, la doctrine du Nouveau-Testament à travers ses propres conceptions. A cet effet, il déclare que le Sauveur n'a jamais dit que l'immortalité fût un fait logique, un fait qui eût en lui-même sa raison d'existence, mais seulement que la vie éternelle et le royaume des cieux était un salut qu'il accordait à ses disciples, c'est-à-dire à ceux qui entendraient sa parole et y croiraient. On voit que Weisse confond ici deux choses bien distinctes, l'immortalité de l'homme et la condition de son immortalité. Le Christ s'entretient, il est vrai, avec ses disciples de l'état des âmes dans la vie à venir, disant que les uns auront en partage la vie éternelle, tandis que les autres n'hériteront que de la mort éternelle; mais évidemment il n'est ici question que de la position heureuse ou malheureuse de ces âmes, ce qui suppose aussi évidemment leur existence, mais ce qui n'est pas leur existence même. Ajoutez, comme le fait Weisse, que cette mort que Jésus oppose à la vie est l'anéantissement de la vie individuelle après la mort, c'est non-seulement mettre gratuitement Jésus en contradiction avec l'ensemble de ses enseignemens sur la vie future, mais c'est encore lui faire énoncer une proposition absurde, lui faire dire un non-sens.

Göschel avait aussi commencé sa lutte avec Richter, dans les *Annales* de Berlin; bientôt il fit don au public de deux ouvrages qu'il nommait Cadeaux de Pâques (*Ostergabe*), et dans lesquels, malgré son grand désir de rester lui-même et de se dégager de toute influence d'école, il ne prend pas moins le système de Hégel pour base de ses raisonnemens. C'est, en effet, à l'aide de la logique immanente qu'il s'efforce d'établir la réalité de l'idée d'une durée perpétuelle. Le fait historique de la résurrection de Jésus devrait suffire, suivant Göschel, à convaincre de leur immortalité tous ceux qui espèrent aux promesses que Jésus a faites à ses disciples; mais comme peu arrivent par cette voie à une conviction inébranlable, il faut bien les y attirer au moyen du fil invisible d'une explication plus appropriée à leurs désirs. C'est en partant de ces deux faits que les hégeliens ne reconnaissent néanmoins que pour des mythes, mais aussi, qui dans leurs idées peuvent tout aussi bien servir de bases à un raisonnement, puisque l'idée mythique a la même valeur à leurs yeux qu'un fait; c'est, dis-je, en partant de ces deux faits ou idées, de la résurrection et de la rédemption, qu'il en déduit la personnalité de Dieu et la personnalité de l'homme; car que serait l'offre du salut, sans un Dieu personnel qui l'offre à des individualités distinctes de lui? et l'homme aurait-il la faculté d'obtenir ce salut, et par conséquent de ressusciter immortel comme le Christ, s'il n'était pas doué d'une âme qui doit voir son existence se continuer au-delà du tombeau (1)?

Dans son deuxième écrit (2), Göschel fait beaucoup moins valoir les preuves ordinaires par lesquelles on a de tout temps prouvé à l'homme son immortalité. Il emploie davantage le langage de son école, et il ne

---

(1) *Göschel; von den Beweisen für die Unsterblichkeit der menschlichen Seele,* im *Dichte der speculativen Philosophie (Ostergabe),* 1835.

(2) *Die Siebenfaltige Osterfrage,* 1836.

trouve plus de vie éternelle que là où il aperçoit une vie divine. Après s'être demandé avec le texte évangélique : qui roulera la pierre du sépulcre ? Il se fait encore ces sept questions : 1° Que signifie la pierre avec sa pesanteur et son impénétrabilité ? 2° Qu'est-ce que le tombeau avec la mort qu'il suppose et la corruption qui lui appartient ? 3° Qu'est-ce que la porte du tombeau avec son entrée insuffisante, avec son intermédiaire incertain et même fermé entre la mort et la vie ? 4° La pierre s'ouvrira-t-elle ? 5° La nôtre s'ouvrira-t-elle aussi ? 6° Sera-t-elle délivrée de sa pesanteur, pénétrée dans son impénétrabilité ; sera-t-elle déclarée avoir une liaison permanente avec les choses de la nature ? 7° Qui est-ce qui l'ouvrira ? Pour résoudre toutes ces questions Göschel conseille de ne pas aller se heurter à une pierre d'achoppement, et celle-ci n'est autre que la croyance à la pensée, l'être unique, la substance infinie ; car la pensée humaine dans ce cas courrait le risque de se perdre, faute de se tenir ferme à l'individualité personnelle de l'esprit.

Mais l'on a fait remarquer avec raison que toute la théorie de Göschel sur l'immortalité manque de fondement et d'appui, dès qu'elle ne montre pas une liaison nécessaire entre son système et les faits de la révélation qu'il cherche à concilier en les expliquant à la manière hégélienne (1). Ce qu'il y a de plus re-

(1) C'est ce que lui a prouvé Beckers, que l'on place parmi les disciples de Schelling, dans un écrit spécial sur la matière : *Versuch eines Erweises des persönlichen Unsterblichkeit vom Standpuncte der Hegelschen Lehre aus.* Hambourg, 1836.

marquable dans ces deux écrits, c'est la piété subjective de l'auteur qui se montre vive, franche et sans arrière-pensée; nous ajoutons que puisqu'il y soutient comme ce qu'il y a de plus élevé en philosophie, l'identité de l'esprit fini avec l'esprit absolu, Göschel voudrait en vain se soustraire au panthéisme qui le domine malgré lui. Weisse avait demandé avec raison, dans le sens de Hégel, quel but pourrait avoir la perpétuité de l'individu, après que l'esprit universel avait traversé cet individu, brisé cette forme imparfaite de sa forme temporaire, et revêtu d'autres formes sinon plus parfaites, du moins plus fraîches (1). Et Göschel avait répondu ce que répond gratuitement l'esprit humain en pareil cas, savoir, que l'esprit de l'homme est une pensée divine et qu'une pensée de Dieu ne saurait être passagère, mais éternelle. Ce que Dieu a une fois pensé, et par conséquent créé, doit rester et restera éternellement. Mais ce qui prouve trop ne prouve rien, et puisque le monde et toutes les particularités qu'il renferme ont été de tout temps dans la pensée de Dieu, il s'ensuivrait que toutes ces particularités seraient, aussi bien que le monde, éternelles. La preuve de l'immortalité de l'âme ne saurait donc reposer sur les souvenirs de Dieu; et un adversaire de Göschel fait bien mieux ressortir la rationalité de cette croyance quand il la fait dériver de la notion du sujet (2). Il est vrai que Göschel établit une distinction dans les pensées de Dieu, qui semble répondre à notre observa-

---

(1) *Die philos. Geheimlehre* p. 25.

(2) J. H. Fichte, *Idee der Persönlichkeit und der individuellen Fortdauer*, p. 16.

tion; c'est qu'elles sont adéquates à l'essence des choses et par conséquent qu'elles ne peuvent éterniser les choses que telles qu'elles sont. Or, lorsqu'un objet de la nature périt et qu'un autre le remplace, il n'y a de changement que pour le sujet qui l'observe; l'objet est resté ce qu'il était, un objet; tandis qu'elles conservent le sujet tel qu'il est; et que par là est sauvée son individualité. Mais, dit Strauss, d'où Göschel peut-il savoir que Dieu est indifférent en ce qui concerne les changemens des choses de la nature? Prudemment il cherche ses exemples parmi les agrégats, dans la poussière; dans une vague de mer; qu'il les choisisse dans le monde organique, et il verra bientôt que, loin de se montrer indifférens ; le chien lui montrera les dents et le chat ses griffes. D'où il conclut que Göschel ne peut faire dériver l'individualité perpétuelle de l'homme de ce principe d'indifférence dans les pensées de Dieu; qu'en accordant la même immortalité à chaque animal, à quelque degré de l'échelle qu'il appartienne (1).

Ces essais fort contestés, de voir déduire du principe spéculatif la durée perpétuelle de l'individu, paraissent avoir fait une forte impression sur Weisse, qui a déclaré positivement que, pour avoir des solutions sur les questions qui se rattachent à la perpétuité de l'individu, on ne pouvait consulter que les lumières de l'expérience religieuse et de la révélation chrétiennes, qui seules, ainsi que je l'ai déjà fait remar-

(1) *C. F. Göschel*, né en 1784 à Thuringe est aujourd'hui dans les bureaux de la justice de Berlin où ses connaissances dans le droit sont appréciées.

quer, fournissent à l'homme régénéré des preuves de
son immortalité (1).

Plusieurs autres écrivains distingués prirent part à
ces débats; les uns faisant tout à la fois de la polémique et du dogmatisme, comme Becker et Fichte;
les autres cherchant principalement à exposer ce qu'ils
croyaient être le vrai; parmi ces derniers, nous citerons Misès, écrivain fantastique, dont la pensée
finale est pourtant une transvasion panthéistique de
la vie humaine dans la vie divine; Conradi (2), et
Hüffel, superintendant de Carlsruhe; celui-ci s'adresse particulièrement aux esprits cultivés, mais
étrangers à la terminologie des écoles, et qu'il cherche
à préserver de la contagion matérialiste de la moderne philosophie. C'est, à mon avis, celui d'entre
tous les écrivains qui traitèrent la question pendante,
qui possède les qualités les plus propres à faire goûter
la vérité d'une durée perpétuelle de l'homme, à ceux
qui savent apprécier tout ce qu'une telle doctrine a
de rapport avec la constitution morale de l'homme (3).
Quant à tous les autres écrivains qui ont pris part à la

---

(1) *Th. Studium und Kritik*, 1836 p. 274, 281.
(2) *Selbstbewustsein und Offenbarung...*
(3) Voyez: *Briefe über die Unsterblichkeit der menschlichen Seele*
2ᵉ édit. Carlsruhe, 1832, et *die Unsterblichkeit, oder die persönliche
Fortdauer des Menschen nach dem Tode aufs neue beleuchtet von
Ludwig Hüffel*. 2ᵉ édit. Carlsruhe, 1838. Ces deux petits ouvrages,
fort substantiels si l'on ne regarde qu'aux pensées qu'ils renferment,
sont principalement adressés à cette classe cultivée de lecteurs
qui semblent prendre intérêt aux discussions de la philosophie
moderne, et, avec beaucoup de bonheur, il les prémunit contre
les sophismes de l'incrédulité hégélienne.

mêlée, chacun d'eux avec la couleur qui lui était propre, ils n'ont pas laissé que de comprendre, d'une manière ou d'autre, le fini dans l'infini, d'identifier ces deux choses, et de prouver par l'usage qu'ils font de la phraséologie hégelienne ou schellingienne, qu'ils se débattent en vain contre le spinosisme, qui les presse de rendre les armes.

CHAPITRE XXVI.

Suite du développement historique de la doctrine de Spinosa en Allemagne.

§ IX. *Jeune école hégélienne; Strauss, Feuerbach, Ruge. — Polémique de Ruge avec Léo. — Henri Heine.*

Comme c'est le propre des discussions franches et loyales de faire jaillir de leur choc quelque chose qui ressemble à de la lumière, le résultat de cette polémique animée sur la question de l'immortalité de l'homme fut un caractère de négation plus prononcé chez les hégeliens purs, et chez les autres une espèce de rapprochement des idées chrétiennes, qui ne doit plus les confondre avec les partisans d'un panthéisme matérialiste, mais qui les assimile davantage au panthéisme idéaliste de Spinosa. S'arrêteront-ils au milieu de la route, ou bien à la vue de la pente glissante qui se trouve sous leurs pas, reculeront-ils jusqu'à l'adoption pure et nette du principe de la foi, dont ils reconnaîtront enfin la supériorité sur celui de la science?

Quant à ceux qui n'ont pas craint de pousser jusqu'à leurs dernières limites les prétentions du savoir, on doit placer au premier rang, soit à cause de l'éminent talent pour la critique qui le distingue, soit par les connaissances variées qu'il déploie, le célèbre auteur de la *Vie de Jésus,* qui a développé, dans sa dogmatique en lutte avec les sciences modernes, les idées qu'il n'avait pu déposer qu'en germe dans son premier ouvrage. Si l'on veut avoir une idée de la personnalité, dit-il ; il faut passer par la porte étroite du spinosisme. Passons-y donc, ajoute-t-il, et peut-être atteindrons-nous un pays célèbre. Cependant, pour avoir occasion, comme ses amis, de proclamer la supériorité de ses idées sur celles de tous ses devanciers, Strauss ne veut trouver de l'accord entre les siennes et celles de Spinosa qu'à la seule condition de voir le philosophe d'Amsterdam se transformer en hégélien, et confesser avec les modernes que Dieu n'a de personnalité que dans l'homme; c'est, en effet, ce que Strauss cherche à déduire du système de Spinosa (1). Une fois ce point gagné, Strauss montre en une infinité d'endroits de son ouvrage le grand cas qu'il fait de l'auteur de l'*Ethique;* il avoue encore que, bien que dans le vrai, il n'était pas tout le vrai.

On a deviné, par la manière dont il prit l'ouvrage de Richter sous sa protection, quelles sont ses vues sur l'immortalité de l'âme humaine. Il faut voir comment il pulvérise, dans sa dogmatique, les argumens puisés dans la connaissance des attributs de Dieu, ceux que l'on a coutume de nommer preuves cosmogoniques; ceux que l'on tire des analogies du règne animal, et avec quelle malice il s'attaque à Emmanuel Fichte, qui avait cru soutenir l'immortalité par la raison que l'homme n'accomplit pas sur la terre sa destination. « On peut comparer, dit-il, cette conclusion de Fichte à l'arbre de Noël que nous allumions, ou à la portion de caviar que nous mangeons : dans celui-ci,

---

(1) *Christl. Glaubenslehre*, t. 1; 307.

on trouve le mélange d'une centaine de poissons, et dans celui-là des sapins élevés qui ne parviennent pas également à leur développement, sans que l'on se plaigne de ce qu'ils n'ont pas une autre vie pour s'y développer et y atteindre leur destination (1). Non, ajoute-t-il, l'homme modeste et grave confessera volontiers que le fond de ses destinées est quelque chose de fini; il ne rêvera pas une éternité où il donnerait aux dieux une comédie amusante.

Je ne ferai remarquer ici que le ton facétieux de cet écrivain sur une question aussi brûlante d'intérêt pour tout ce qui vit et respire dans le genre humain, et dont la solution peut faire verser des larmes de joie ou de douleur à des millions d'individus qui l'attendent avec anxiété. Que l'on ne dise pas non plus à Strauss que sans immortalité les animaux se trouvent sur la terre mieux partagés que les hommes; il vous répondrait que c'est là un argument cynique, et il le pardonne, dit-il, à un Schubert, en faveur de sa piété, mais Reimarus, qui s'en est servi dans son déisme pour en établir son immortalité, n'a aucune grâce à espérer. « C'est une désolation, disait à ce sujet Richter, d'entendre dire que si l'on a à espérer une durée personnelle, on n'a pas d'autre dignité que celle d'un porc, et même que l'on serait plus maltraité que cet animal. Je pense, au contraire, qu'il vaudrait toujours infiniment mieux apparaître sur cette terre sous la figure d'un homme que sous la forme d'une brute (2). »

De tout cela il résulte, dit Strauss, que la philoso-

---

(1) *Christl. Glaubenslehre*, t. II, 719.
(2) *Die Lehre von.* etc., p. 100.

phie spéculative a, de nos jours, compris Dieu comme l'éternel mouvement de l'universalité, qui se fait sujet et qui ne devient objet et vraie réalité que dans le sujet, et élève par là le sujet à son abstraite individualité : comme Dieu est en soi l'éternelle personnalité, il a donc laissé éternellement sortir de lui-même la nature, afin de revenir éternellement à soi comme esprit ayant conscience de soi ; c'est la pensée de Michelet (1) ; ou bien on se représentera la personnalité de Dieu non dans une individualité, mais dans une universalité comme Blasche (2) ; ou bien encore, au lieu de personnifier de notre côté l'absolu, nous devons le comprendre comme se personnifiant lui-même dans l'infini (3). Voilà pour la personnalité divine ; quant à l'immortalité, le mot de Schleiermacher, devenir un dans l'union du fini avec l'infini, paraît à Strauss tout ce que la science moderne peut dire sur l'immortalité. La vie à venir, dit-il enfin, dans sa forme actuellement conçue, est le dernier ennemi que la critique spéculative a encore à combattre, et, s'il est possible, à vaincre (4).

Comme on le voit, Strauss n'a apporté aucune idée nouvelle pour l'érection de l'édifice que la philosophie moderne veut élever à la gloire de l'esprit humain ; il est venu seulement, par sa puissante dialectique et sa critique ingénieuse, donner un renfort à

---

(1) *Geschichte der letzten System der Philosophie in Deutschland*, tom. II, p. 646.

(2) *Philosophische Unsterblichkeitslehre*, p. 69.

(3) Le même, *das Böse in Einklange mit der Weltordnung*, p. 325.

(4) *Christliche Glaubenslehre*, XI, dernier §.

cette fraction de l'école de Hégel qui se nomme la jeune école, comme d'autres se sont nommés la jeune Allemagne, et qui cherche à conquérir chaque jour du terrain autant par la hardiesse et la vivacité de ses attaques que par ses exorbitantes prétentions d'établir, eux aussi, le ciel sur la terre. On s'exprime inexactement quand on dit qu'après avoir anéanti par la critique toutes les données de l'histoire des Évangiles, il fait sortir de ce squelette dépouillé tout un système philosophique (1); ce système était déjà conçu d'avance, et l'on n'a travaillé à la démolition des livres saints que pour n'avoir pas à se heurter contre des faits qui seraient venus à l'encontre du système (2).

Du reste, ce que Strauss a établi de ruineux pour le christianisme au moyen de l'histoire, Feuerbach cherche à le déduire du point de vue psychologique ou anthropologique (3); ce que Strauss reconnaît d'es-

(1) *Deutsche Monatschrift fur Literatur und öffentliches Leben*, 1842, januar, 20.

(2) Comme il arrive toujours, après les maîtres viennent les disciples, après les fondateurs les parodistes ; de même qu'il s'était trouvé, je ne sais plus dans quel canton de la Suisse, un individu qui avait voulu rendre populaire *la Vie de Jésus* du docteur Strauss, il s'est également trouvé sur les délicieux bords du lac de Constance un prétendu philalèthe qui a parodié sa *dogmatique en lutte avec la science,* sous prétexte de la rendre également populaire; écoutez-le vous disant : « Le monde n'est plus une *matière puante ;* sa matière existe nécessairement et sans elle il n'y a pas de Dieu ; elle est le sang et le pouls de la divinité, et réciproquement Dieu est le sang de ses veines. » Je coupe court à la citation dans la crainte que ces lignes ne finissent par devenir *puantes* pour mes lecteurs.

(3) *Ludwig Feuerbach : Das Wesen des Christenthums*, Leipzig, 1841.

sentiel et d'impérissable dans le christianisme, lui aussi se plait à le reconnaitre, à condition que l'on ajoutera que ce n'est pas au christianisme seulement, mais à la religiosité en général que ce quelque chose appartient. D'après cet écrivain, toutes les religions, et par suite le christianisme, n'ont été que le produit ou le reflet de certaines circonstances psychologiques ou même pathologiques chez des individus, et le problème d'une religion n'est que le problème d'une illusion qu'on se crée soi-même. Oui, la religion, dit encore Feuerbach, est quelque chose de purement humain, de sorte que son essence est l'essence de l'homme; le contenu des notions religieuses n'est-il pas puisé dans la conscience et n'en forme-t-il pas une partie essentielle? Au sujet de l'immortalité, j'ai indiqué le point de vue de cet écrivain, voici en quels termes il s'exprime : « Eternel est l'homme, l'esprit infini en est lui-même caution. Eternel est l'esprit, impérissable et infinie est la conscience de soi ; la liberté et la volonté sont empruntées à toute la nature, et par conséquent, aussi à la mort. Eternellement existeront donc les personnes, la conscience, le vouloir, la volonté. Mais toi-même, destiné à être l'objet de la conscience, tu n'es pas cette conscience, tu sortiras donc une fois nécessairement de cette conscience, de la même manière que tu y es entré, et tu deviendras une nouvelle personnalité dans le monde de la conscience (1). »

(1) *Gedanken ueber und Tod Unsterblichkeit*, p. 120.—On trouve dans ce nouvel ouvrage de Feuerbach, das *Wesen des Christenthums*, tout le développement des germes anti-chrétiens que l'on rencontrait dans ses précédens ouvrages sur l'immortalité, sur la

352   DOCTRINE DE SPINOSA.

A cette trilogie de Richter, Strauss et Feuerbach, est venu se joindre un certain nombre de jeunes gens à l'âme ardente, avides des jouissances que la terre procure, et qui expriment leurs vœux dans les mille et une productions poétiques dont les librairies sont encombrées à défaut d'ouvrages marqués par le sceau du génie. Il ne peut pas entrer dans mon plan de les énumérer ici ; mais je n'aurais rempli que la moitié de ma tâche si je ne mentionnais l'ouvrage périodique qui ouvre complaisamment ses colonnes à tout ce que le panthéisme matérialiste a de plus effréné, et dont la rédaction paraît être placée sous le patronage de Strauss et de Feuerbach. On y lisait, il n'y a pas longtemps : « On nous reproche de ne pas admettre de Dieu, de ne pas croire à la vertu et à l'immortalité ; on a tort. Nous affirmons seulement que Dieu n'est pas en dehors du monde, et qui saurait dire où ? — La vertu n'est pas un don de la grâce divine, mais un acte libre et naturel de l'homme ; l'immortalité n'est pas quelque chose qui appartienne à une autre vie, mais une propriété actuelle.... Laissez-nous exhorter la jeunesse de nos universités et leur dire : Ce que vos ancêtres, ce que l'Église entière vous ont enseigné à

---

philosophie de Leibnitz, dans son intéressant écrit sur Bayle et ses considérations sur la philosophie et le christianisme. Feuerbach ici ne cache plus d'arrière-pensées ; avec une ironie concentrée, mais qui se trahit par des pointes à la manière de Strauss, (ce qui pour le dire en passant, ne prouve pas en faveur de la tranquillité d'esprit que supposerait le matérialisme), il semble se plaire à nous montrer la froide pierre qui couvrira notre tombeau, et il n'a pas une parole de consolation à nous adresser quand il nous arrache nos plus chères espérances.

regarder comme étant hors de vous, vous étant étranger et comme n'étant qu'une propriété de l'avenir ; ce qu'ils vous ont dit être *surmondain*, surnaturel, surhumain, considérez-le comme quelque chose d'intérieur, qui vous concerne, qui appartient à la vie présente, actuelle, qui est naturelle et humaine. Vous ne devez pas attendre qu'elle vous arrive du dehors, que la vérité se *révèle*, que la vertu vous soit envoyée comme un don ; non, saisissez le divin qui est en vous, et qui doit rayonner au-dehors de vous ; ce divin habite dans votre poitrine d'homme, dans votre raison, dans votre conscience (1). » Quel amalgame d'idées ! quelle confusion dans les actions les plus simples de la vérité chrétienne ! Comme si jamais le christianisme avait relégué la divinité dans un coin de l'infini ! comme s'il n'enseignait pas, lui aussi, que nous sommes en elle et que son esprit nous pénètre tout entier ! comme si, en faisant appel à notre responsabilité, il ne s'adressait point par là même à notre liberté morale ! comme si l'on pouvait nier que la vertu soit un *don de Dieu* lorsqu'on se vante de posséder le divin dans sa poitrine d'homme ! comme si ce divin, qui fait notre grandeur sur la terre, ne pouvait pas être le gage d'un autre genre de grandeur dans une vie où le *divin* de l'homme dégagé de son enveloppe pourra s'épanouir librement aux rayons de la bonté infinie !

Ces *annales allemandes* que l'on dit être principalement rédigées par un homme d'un talent reconnu,

---

(1) *Deutsche Jahrbücher für Wissenschaft und Kunst*, 11 janvier 1842.

le docteur Ruge (1), avec la collaboration des têtes les plus exaltées de l'école hégelienne, portaient le titre de : *Annales de Halle*. En 1838 elles suscitèrent une vive discussion dont la vivacité, qui rappelait celle de Richter, ne dut peut-être sa courte durée qu'à l'impression profonde sous laquelle on se trouvait encore depuis la publication des œuvres de Strauss. Görres venait de publier son *Athanasa* contre les entreprises du gouvernement prussien dans l'affaire des mariages mixtes. Le professeur Léo, qui le soumit à sa critique, s'y prit, au jugement des hégeliens, d'une façon trop molle et qui annonçait presque une complicité dans les méfaits du professeur de Munich. De là, dans les *annales*, une verte réprimande, qui n'avait pas seulement pour objet l'abandon prétendu des principes du protestantisme par Léo, mais encore les attaques que celui-ci s'était permises contre la nouvelle philosophie (2). La forme de cet article ne pouvait que faire du tort à son auteur, les expressions en étant dures et grossières; mais l'esprit qui paraissait l'animer en imposa à plusieurs, puisqu'il ne s'agissait de rien

(1) Il est né en 1802 dans l'île de Rugen de la mer Baltique. Après s'être compromis dans quelques complots de jeunes gens, et avoir été longtemps incarcéré, il fut rendu à la liberté en 1830, et les ouvrages divers qu'il a publiés depuis sur l'esthétique et la littérature grecque prouvent qu'il n'est pas resté oisif dans sa captivité.

(2) L'ouvrage de Léo avait pour titre : *Sendschreiben an J. Görres*. Halle, 1838. Et sa première critique se trouve dans : *Hallische Jahrbücher*, 1838, n° 147. Ruge a publié plus tard ses articles sous le titre de : *Preussen und die Reaction*. Léo s'en vengea par la publication d'une brochure ayant pour titre : *Die Hegelingen*. Halle, 1838.

moins que de défendre les intérêts du protestantisme et de la nation allemande en général qu'une conjuration jésuitique tendait à renverser. C'est ce qui détermina Léo à mieux préciser ses accusations contre l'école hégelienne, et il paraît que sa réplique frappa fort et juste, puisque la conscience publique s'alarma de ses révélations, et qu'il en est résulté d'abord l'interruption volontaire des leçons de Ruge à l'université de Halle, ensuite son émigration à Leipzig où il a fondé ses *annales allemandes* qu'il a substituées à celles de Halle.

Aux accusations de vouloir envelopper l'Allemagne d'un vaste réseau de superstitions et d'institutions rétrogrades, Léo répond aux hégeliens comme il les nomme (1), par un argument *ad hominem*, en leur arrachant le masque de patriotisme sous lequel ils débitaient leurs doctrines anti-sociales ; il les accuse à son tour de ne viser à rien moins qu'au renversement des églises chrétiennes, au bouleversement des Etats et à la destruction de toutes les notions de religion et de droit. Voici les quatre chefs d'accusation :

1° Ce parti, disait Léo, nie la personnalité de Dieu. Il entend par divinité, une puissance nullement douée de conscience de soi, qui (pour me servir d'une expression religieuse de l'ancien paganisme allemand) pénètre (*durchwädt*) toutes les personnalités et n'arrive à sa propre conscience que dans la personnalité de l'homme. Une telle manière de penser, l'Eglise chré-

(1) *Die Hegelingen, Aktenstücke und Belege zu der sogenannten Denunciation der ewigen Wahrheit zusammengestellt*. Halle, 1838.

23.

tienne de tout temps la nomme athéisme. 2° Ce parti nie encore que l'incarnation divine en Christ soit différente de celle qui a lieu chaque jour lorsque dans les savans de cette école, la réalité de l'idée, qui jusqu'alors se nommait l'esprit, pénètre dans de tels écrivains. Seulement ils accordent un degré supérieur à la manière dont l'incarnation eut lieu dans le Christ. Ils ne faut pas croire qu'elle fut alors parfaite, vu que le Christ ne s'était distingué ni comme poète, ni comme philosophe, ni comme guerrier. Il n'y eut de parfait en lui que l'idée religieuse; mais comme il ne l'a pas exposée lui-même et qu'elle ne l'a été qu'après sa mort, il faut regarder comme des mythes tout ce que l'on a raconté de sa conception surnaturelle, de sa résurrection et de son ascension, c'est-à-dire en d'autres termes que l'Evangile n'est qu'une mythologie. 3° Ce parti rejette également l'idée de la personnalité humaine après la mort des individus, une résurrection de la chair, une punition et une récompense. Donc ce parti enseigne ouvertement des doctrines qui n'ont que la terre pour but. 4° Mais ce parti, tout en foulant aux pieds tous les articles de la foi chrétienne généralement adoptés en Allemagne, se donne néanmoins pour un parti chrétien, et cela au moyen d'une phraséologie repoussante et incompréhensible au vulgaire. C'est ainsi qu'il croit accorder sa conscience avec le serment chrétien qu'il ne fait nulle difficulté de prêter, ainsi qu'avec la participation extérieure aux sacremens de l'Eglise.

Telles sont les plaintes que crut devoir formuler Léo, et qu'il ne lui était pas difficile d'appuyer des témoignages les plus authentiques. Elles reposaient donc sur des faits incontestables ; mais ce n'était pas une raison pour insinuer l'emploi de moyens coercitifs, afin d'avoir plus promptement justice de ses adversaires. Il ne fallait pas non plus riposter avec la même amertume dans le langage ; l'indignation peut bien donner au style de l'énergie sans qu'il soit nécessaire de dépasser certaines limites que réprouvent le bon droit et la charité. Laissez au rationalisme le soin de s'appuyer sur un bras de chair ; n'ayant pour lui ni la justice ni la vérité, il faut bien que l'injure ou l'épée du magistrat vienne appuyer ses prétentions audacieuses ; mais pour vous, hommes de foi, renoncez à tout ce qui vient du vieil homme, et fiez-vous en celui qui a promis de vous transformer par son esprit, si vous ne voulez plus vivre en réalité que sous la loi de l'esprit.

Ruge répliqua à Léo dans une espèce d'ouvrage où le facétieux occupe la première place. C'est la représentation d'un tribunal que préside la justice, et devant lequel Léo, confessant sa culpabilité, est condamné par la *justice* à partir pour Munich ou Vienne, et à donner la main à Görres ; car, lui dit-on, il n'y a pas de milieu ; il faut être catholique si vous ne voulez pas être protestant. Singulier protestantisme que celui de la jeune école de Hégel !

Comme on le voit, la jeune école ne chercha pas à démontrer que les accusations portaient à faux, ou à prouver que le christianisme, tel qu'elle l'entendait, était le pur christianisme, et, en conséquence, que ses membres étaient les meilleurs soutiens de la cause protestante, et par là même de la liberté ; elle aima mieux, dans un déluge de brochures souvent anonymes, faire couler le fiel de son dépit que de parler le langage de la conviction, toujours respectable quand elle s'exprime avec dignité (1). Le seul docteur C. Zschiesse s'éleva à la hauteur des principes. Il prétendit (2) que les aberrations en matière de religion et de philosophie, de quelque part qu'elles viennent, sont une conséquence nécessaire du principe de la réformation, et que Léo, par conséquent, n'aurait pas dû s'en étonner. Les réformateurs ont posé les principes, et quoiqu'ils en aient ignoré les conséquences, il faut se résoudre à les supporter. Mais des principes qui amènent la perturbation dans toutes les idées ne devraient-ils pas être tempérés par d'autres principes? serait-il défendu de placer la liberté religieuse sous l'éternelle sauvegarde du bon sens, de l'honneur de la morale et de la religion elle-même, dont cette liberté est le plus ferme appui? ne devrait-on pas songer à constituer l'Église sur des bases qui empêchassent les loups d'y pénétrer sous la tunique du berger, afin de préserver les âmes simples de leurs morsures? Si le rationalisme avait en partage la sincérité, s'il s'avouait pour ce qu'il est en réalité, l'adversaire irréconciliable de la religion de Jésus-Christ, alors les populations chrétiennes trouveraient un préservatif dans la crudité même de ses prétentions; mais le ra-

(1) Hégeling, Meyer, Duncker, Marbach et Ruge montrèrent le plus de passion dans cette lutte. Michelet de Berlin, qui avait été mis en cause par Léo, répondit dans la *Gazette littéraire*, n° 141, mais sans annoncer son amendement.

(2) *Ueber den Gott des Doctor L. Leo, und den Atheismus seiner Gegner.*

tionalisme a manqué jusqu'à ce jour de franchise (1);
il n'est parvenu à propager ses doctrines païennes
qu'au moyen de la dissimulation, qu'en se parant des
couleurs chrétiennes, qu'en se servant des expressions mêmes employées par l'Église, mais en leur donnant une signification qui s'éloigne autant du sens
adopté depuis dix-huit siècles, que la terre est éloignée des étoiles du firmament? Et l'on permettrait
ainsi de tels ravages dans le domaine de la vérité chrétienne! Par cette honteuse complicité, vous confessez
que les mêmes pensées vous animent, et que vous aussi
vous verriez d'un œil approbateur, la terre allemande
se débarrasser de cette croix qui comblait jadis toutes
vos espérances.

Zschiesse cherche ensuite à démontrer que Léo
n'entend rien à la spéculation (mais on a vu qu'il s'entend très bien à poser les questions); que le Dieu qu'il
adore n'est pas le Dieu des chrétiens, qu'il est tout à-
la-fois anthropomorphite, polythéiste, ou, pour le
moins, dualiste, et il finit par lui recommander à l'avenir, ainsi qu'à ses adversaires, moins d'impatience
et d'irritation, et de combattre sous la discipline de
l'esprit, de la vérité et de l'amour (2).

(1) Au nom du ciel que l'on remarque bien qu'il s'agit ici du
système et non des personnes qui le professent.

(2) Cette leçon et bonne et belle,
Mais en enfer de quoi sert-elle?

C'est Scarron, je crois, qui parodie ici le vers de Virgile,
discite, justitiam, etc. J'en dirai tout autant à Zschiesse. Si l'enfer
n'est autre chose que l'absence de l'ordre, à quoi servira une leçon
qui tendrait à placer sous la même discipline de l'esprit, de la vérité et de l'amour des principes diamétralement opposés les uns aux

On cherche quelquefois à rattacher à cette école les écrivains connus sous la dénomination de la jeune Allemagne; quoiqu'ils paraissent s'accorder dans les conséquences pratiques du système hégelien, il est rare qu'on voie les spirituels auteurs qui occupent les loisirs des amateurs de romans ou de nouvelles, s'enfoncer dans les élucubrations nuageuses de la métaphysique. Un seul semble vouloir faire exception, en affichant un panthéisme matérialiste qui peut bien convenir à des matérialistes de boudoirs, mais que ne doivent pas élever fort haut les auditoires de Halle ou de Berlin; je veux parler de cet ingénieux narrateur de ses voyages, dont les instincts sont ceux d'un poète plus que d'un philosophe, et qui néanmoins a eu la fantaisie de formuler une croyance physico-religieuse qu'il donne, lui aussi, pour du christianisme spinosiste, mais qu'il aurait mieux fait de présenter comme du matérialisme réchauffé. Dieu, selon Heine, est tout ce qui est; il est tout aussi bien matière qu'esprit. Comme la matière est divine, celui qui l'offense se rend aussi coupable envers elle que celui qui commet le péché contre le Saint-Esprit; de sorte que le christianisme de l'Église, qui annule la matière, d'après Heine, peut se comparer à une de ces idées de jeune étudiant qui font plus d'honneur à la bonté de leur cœur qu'à la puissance de leur entendement. Ainsi, le but principal des nouvelles institutions

autres. Que l'on observe la peine dans la vie civile, rien de mieux; mais peut-on outrager le bon sens à ce point de vouloir que dans les luttes de deux principes opposés on se pénètre du même esprit!

qui se préparent devra être la réhabilitation de la matière, son rétablissement dans sa primitive dignité, la reconnaissance de sa moralité, sa sainteté religieuse, sa réconciliation avec l'esprit.—Les vampires sacrés du moyen-âge nous ont tiré déjà du sang vital, et cependant il nous faut encore faire des sacrifices à la matière pour qu'on lui pardonne ses anciennes offenses. Je conseillerais même d'ordonner des jeux, des fêtes en son honneur, afin de lui payer l'indemnité qui lui est due. Nous devons même revêtir nos femmes de nouvelles chemises, en même temps que de nouvelles pensées, et parfumer tous nos sentimens comme on le fait après l'éloignement de la peste (1).

Que l'on se souvienne maintenant du ton grave de Spinosa, du caractère moral de ses conseils, et de ses préceptes, et que l'on dise si Heine a le moindre droit à se ranger parmi les disciples de ce grand homme! L'un ne trouve le bonheur qu'en pensant à Dieu, qu'en grandissant chaque jour dans cette connaissance, qu'en s'enivrant, comme on l'a dit, de cette divinité à laquelle il voulait ressembler par la pratique constante de la justice et de la charité; l'autre n'est préoccupé que des moyens de satisfaire les appétits de la partie animale de l'homme. L'un dit : Quand je pense, c'est Dieu qui pense en moi; l'autre dit au contraire : Quand je me livre au jeu, à la boisson, aux femmes, quand j'idolâtre tout ce que mes sens réclament, c'est Dieu qui jouit en moi, c'est le plus honorable culte que je puisse lui rendre. Chez Spinosa, l'at-

---

(1) *Der Zeitgeist und die moderne Literatur, Briefe an einer Dame, von G. O. Morbach. Leipzig*, 1838.

tribut de la pensée l'emporte dans la pratique sur celui de l'étendue; c'est l'étendue ou la nature qui, chez Heine, doit toujours l'emporter sur la pensée. De sorte que, pour Spinosa, la divinité sera toujours un être pensant, tandis qu'elle ne sera pour Heine qu'un agrégat de la chair, et des sensations qu'elle procure (1). Il est vrai que ce panthéisme d'une nouvelle espèce est exprimé par Heine dans un style très harmonieux, et qu'il a su mettre à profit tout ce que les poèmes indiens contiennent de suave poésie sur le parfum des fleurs, le bruissement des feuilles, la merveilleuse organisation des animaux, et de l'homme en particulier, qui sont tout autant de manifestations de la divinité; mais quand on a fait passer par le creuset de l'analyse ces poétiques descriptions de la divinité, il n'en reste pas néanmoins autre chose que cette quintescence : Dieu est tout ce qui est. Il a existé un écrivain en France qui voyait le nom de Dieu partout, dans le port majestueux des forêts, comme dans la douce verdure des prairies, dans les groupes des plantes, le parfum et l'émail des fleurs, et je doute que, malgré le beau talent de Heine, il puisse l'emporter en fraîcheur de style sur Bernardin-de-Saint-Pierre; mais il ne fût jamais venu à la pensée de l'auteur des *Etudes et des harmonies de la nature*, de la confondre avec son auteur (2). Inutile de dire qu'avec

---

(1) *Der Zeitgeist.* etc. 253.
(2) Il en est de même du poète anglais lorsqu'il dit :

    Vois, l'univers est grand ; il forme un tout immense:
    Son corps c'est la nature, et son âme c'est Dieu;
    Dieu partout différent et le même en tout lieu,

de tels principes, Heine n'a pas grand soin de ce que peut devenir la personnalité de Dieu et l'immortalité de l'âme. Comme il anéantit l'homme après sa mort, en le précipitant dans l'abîme de la nature, qui est apparemment le Golgotha de Dieu, comme Hégel le dit de l'histoire, il n'a de conseil à donner aux dieux de ce monde que de se nourrir de nectar et d'ambroisie, de se parer de riches manteaux, et de passer leur temps avec de joyeuses nymphes aux sons voluptueux de la musique.

Infini dans les cieux, infini sur la terre,
Il brille dans l'éclair, parle dans le tonnerre;
Il luit dans le soleil, rafraîchit dans les vents,
Echauffe dans l'été, fleurit dans le printemps,
Remplit tout l'univers sans occuper de place,
Produit sans qu'il s'épuise, agit sans qu'il se lasse;
Sans jamais s'appauvrir il verse ses trésors.

Pope, épître 1, § 9, trad. de Delisle.

CHAPITRE XXVII.

Développement historique de la doctrine de Spinosa en Allemagne.

§ X. *Michelet et Richter de Quedlinbourg.*

La plupart des propositions panthéistiques que Léo avait soumises à l'appréciation du public chrétien, avaient été extraites de l'histoire de la philosophie que Michelet a écrite pour rehausser, par la comparaison des systèmes philosophiques qui ont été en vogue depuis un siècle, celui par lequel il croit pouvoir lui-même résoudre tous les problèmes de l'esprit humain. Avoir cité textuellement les accusations formulées de Léo contre la jeune école dont Michelet est l'une des gloires, c'est donc avoir fait connaître l'esprit dans lequel est composée son histoire. Mais ce n'est pas assez pour le but que je me suis proposé. On va voir, par le soin qu'a pris Michelet lui-même de nous initier à tous les mystères de sa philosophie, combien le panthéisme de Michelet, pour être conséquent avec ses principes, est obligé de se mettre en opposition avec les faits les mieux constatés par l'histoire ou les sciences naturelles; on va voir dans quel abîme d'absurdités on ne craint pas de se précipiter plutôt que d'avouer l'impuissance de l'esprit humain à créer seul la vérité.

Cet habile professeur de Berlin a parfaitement bien compris que puisque la philosophie a absorbé la théologie, depuis que les théologiens ont abdiqué leur titre d'hommes de Dieu pour devenir les prêtres de la raison, c'est à elle qu'il appartient de résoudre toutes les questions religieuses, et que celles-ci peuvent toutes se réduire à la question de la personnalité de Dieu et de l'immortalité de l'âme; il devait s'y attacher comme aux deux questions qui intéressent le plus l'humanité; mais le titre seul de son ouvrage spécial sur cette matière (1) indique déjà la manière dont il les a résolues; car la personnalité de l'esprit est, en définitive, tout ce qui reste de notre foi en un Dieu personnel et à l'individualité éternellement persistante du moi humain.

On ne doit pas être effrayé de cette prétention de la philosophie à se mettre au lieu et place de la théologie. En général, les théologiens sont peu propres à faire aimer la religion, et pour quelques-uns d'entre eux qui savent l'exposer avec talent, ou la défendre avec dignité, le plus grand nombre ne fait que la discréditer par les formes grotesques dont ils l'affublent, ou par le ton emphatique avec lequel ils la débitent. Ce n'est certes pas une raison pour messieurs les philosophes de gourmander à leur tour la religion, de lui tenir le langage d'un magister de collége, de l'étendre sur un autre lit de Procuste, et de faire subir à cette patiente toutes les rudes expériences que des jeunes

(1) *Ueber die Persönlichkeit und Unsterblichkeit der Seele.* Voir aussi le résumé qu'en a fait le docteur Gross; dans son *Examen de quelques résultats de la philosophie allemande*, Berlin, 1841.

gens inexpérimentés font souffrir à des êtres maladifs. Or, il n'y a qu'à entendre Strauss et ses amis pour être convaincu que l'infaillibilité papale n'a jamais tenu un langage aussi décidé que le leur, et que jamais les murs des séminaires n'ont vu tant de morgue que les auditoires de certaines universités. Dieu fasse donc que la philosophie moderne, qui paraît devoir exercer bientôt un grand empire sur les esprits, fasse d'avance force provisions de modestie, et qu'une fois reconnue pour religion, elle ne finisse point par se nier elle-même après avoir tout jeté dans l'abîme de la négation! N'a-t-elle pas, en effet, la prétention non-seulement de remplacer les religions existantes, mais encore, comme s'exprime Michelet, de réunir en une seule toutes les sectes chrétiennes; et cela, en se tenant à une égale distance de toutes, en les attirant à elle par la seule force de la vérité qui émane de ses principes? Pour atteindre ce but, dit-il encore, on n'a besoin que d'une chose : faire jaillir l'esprit de la lettre, cet esprit que le paraclet y a déposé. Alors toute la vérité qui se trouve dans la Bible, apparaissant sous une forme plus élevée aux hommes du xixe siècle, devra infailliblement les réunir. Car la philosophie ôte tout voile aux mystères du christianisme; elle les met à nu, les expose à la lumière, et par cette action elle devient un vrai mysticisme, non, dans ce sens, ajoute-t-il, qu'elle enveloppe les dogmes dans l'obscurité mystique de la foi, mais en ce qu'elle appelle à contempler face à face dans le miroir de ces mystères, la vérité chrétienne (1). C'est donc d'un tel mysticisme

---

(1) **Préface**, iv. vi.

que s'occupent les leçons académiques de Michelet, qui roulent sur la personnalité de Dieu et l'immortalité de l'âme, et dont les idées, réunies ici, auront été précédemment éparpillées par leur auteur, soit dans son histoire de la philosophie, soit dans son anthropologie et psychologie.

Michelet examine d'abord ce que nous apprend sur ces deux grandes questions l'histoire universelle, et comme on le pense bien, elle est obligée par le professeur de venir ployer le genou devant la puissance de sa synthèse ; puis il examine les deux sujets, Dieu et l'homme, la personnalité et l'immortalité ; et pour cela il lui faut donner l'idée de l'esprit, ou si l'on veut, l'idée de l'idée, car Dieu n'est que l'idée absolue tendant à se réaliser. Dieu est un esprit infini, mais cette infinité de Dieu exclut toute individualité. Il se révèle pourtant dans tous les individus, et quand ceux-ci périssent, il demeure dans son essence. Il s'ensuit de là que Dieu n'est pas un moi vis-à-vis d'un autre moi, car le moi se limite en présence d'un autre moi, et l'esprit serait-il infini s'il pouvait être limité? Il est donc le moi universel, ce qui ne veut pas dire la personnalité universelle, car il serait alors la substance spinosienne à laquelle Michelet, comme les autres hégeliens qui tiennent plus aux mots qu'aux choses, préfère le nom d'esprit. Il ne peut encore moins avoir une personnalité particulière, car où la placeriez-vous ? Mais si Dieu n'est ni la généralité, ni la particularité, il est donc leur union, le tout qui se personnalise en s'individualisant constamment? Dans ce mouvement de l'idée, Michelet rencontre une formation de la trinité dont on devrait la découverte à la philosophie si l'Eglise n'en avait pas parlé avant elle. Cependant Dieu n'ayant pas de non-moi, ne peut avoir conscience de lui-même en lui-même; il faut que l'homme existe pour que Dieu existe dans sa plénitude, et le Saint-Esprit est la conscience de l'idée. Donc, pour bien connaître Dieu et l'homme, il faut se faire une idée juste de l'incarnation.

L'acte par lequel Dieu se pose hors de lui est un acte par lequel il se dédouble, et le résultat en est le fils ou la parole; comme Dieu n'arrive à sa sui-conscience que dans l'homme, il passe incessamment par le fini avec lequel il se réconcilie; c'est le progrès de la vie éternelle de Dieu; ainsi Dieu se fait homme ou s'incarne éternellement, bien que ce phénomène ait lieu dans le temps. Mais, dans le Christ, apparaît pour la première fois la conscience de la personnalité universelle de Dieu dans une personne individuelle, et c'est en quoi le Christ s'est distingué des autres hommes. Il est Dieu, puisque c'est dans cette conscience de l'union du divin et de l'humain que consiste la divinité. Cela posé, tous les croyans ne sont plus qu'une personne dans laquelle bat le pouls de la conscience divine (1).

Néanmoins, si Dieu n'est ni la personnalité générale, ni la particularité, il peut être dit à bon droit posséder la personnalité éternelle de l'esprit, puisqu'il est le mouvement nécessaire, l'activité indispensable à toute existence; mais si l'esprit est indispensable à tout, l'homme à son tour est indispensable à l'esprit. L'aurait-il produit s'il ne lui était pas nécessaire? Oui,

(1) *Ueber die Persönlichkeit*, etc.

l'homme est nécessaire aux momens de l'idée absolue ; et puisque l'homme est esprit, il est évident que sa destination est d'être le siège de l'esprit et l'asile de l'esprit individuel. Dieu donc est la personnalité éternelle de l'esprit; l'homme est le héros de l'épopée éternelle que fait l'intelligence céleste, comme le dit Schelling.

Les lois de la nature divine étant immuables, la libre essence divine produit toujours nécessairement la même chose, d'où l'on arrive à la conception d'une création éternelle : car si Dieu a commencé de créer, il était donc en repos auparavant. Créer serait donc pour lui quelque chose d'accidentel, et l'on ne voit pas pourquoi il n'aurait pas tardé encore des milliers d'années. Le propre du monde est d'être éternel, et la nature de Dieu exige que Dieu se soit réalisé dans un monde sans que l'on puisse adopter un commencement. De plus, la création éternelle découle nécessairement de la conception de l'éternité même, qui est complète en Dieu. Si l'éternité est ce dont la conception est complétement réalisée, ou dont la réalité répond à la conception, l'univers est la réalité qui est identique avec la conception éternelle en Dieu. Il s'ensuit que Dieu n'existait pas comme but subjectif avant sa réalité, et que le monde n'a pas été chaos avant d'être arrangé par l'intelligence divine.

Mais qu'est-ce que l'immortalité de l'homme? C'est notre égoïsme, notre mesquine personnalité qui nous porte à nous bercer d'une immortalité outre-tombale. Où sont les sacrifices que nous faisons pour mériter la vie éternelle? Ce serait prêter à usure. Et si la vie est un bien qui puisse être révoqué en doute, qui de nous ne se sentirait le courage de s'en délivrer pour jouir d'un bonheur éternel ? — Si ce sont des jouissances spirituelles qui nous attendent de l'autre côté de la tombe, nous n'avons pas besoin de les reculer si loin, puisque déjà, dans ce monde, elles peuvent s'offrir à nous. En immolant nos jouissances et nos désirs sensuels, nous pouvons nous mettre en possession des joies suprêmes de l'amour fraternel et de notre raison. — En vain l'on dirait que ce système est dangereux pour la société ; la vérité n'est jamais nuisible, et tôt ou tard la lumière dissipe les ténèbres. Que l'on enseigne au peuple à aimer la vertu pour elle-même, qu'il sache de bonne heure que l'égoïsme et le vice laissent après eux l'aiguillon de la mauvaise conscience. En considérant la vertu comme la félicité, et le vice comme la damnation, sans croire à la durée, à l'immortalité individuelle, on est plus vertueux que celui qui attend sa récompense ; on est plus libre que celui qui se fait volontairement esclave de la crainte ou de l'espérance. — Si l'on demande ce que devient dans ce système la justice de Dieu qui laisse tant d'innocens souffrir, on répond que le crime ne reste jamais impuni. Le méchant, livré aux furies de sa conscience, est d'autant plus malheureux que le bonheur extérieur le favorise davantage. Et l'histoire qui est la raison divine, appelle tous les jours à son tribunal ceux qui n'ont pas suivi les lois immuables du bien.

Ainsi, pour Michelet, comme pour toutes les ramifications de la philosophie hégelienne, Dieu n'a pas de personnalité, et l'âme humaine d'immortalité. Cette philosophie ne frappe-t-elle pas au cœur de toutes les religions à-la-fois ? Ne s'attaque-t-elle pas de préférence au christianisme ? Et suffit-il de dire, en énonçant de pareilles propositions, voilà mon christianisme, je vous l'offre plus pur, plus rationnel, plus parfait que tous les philosophes qui se sont appliqués jusqu'à ce jour à l'épurer. Suffit-il, dis-je, de l'énoncer pour être cru sur parole ? Vous avez beau prendre vos mesures d'avance et dire qu'ayant répandu dans son écrit une chaleur religieuse et n'ayant jamais dépouillé personne de son titre de chrétien, il espère qu'on en agira de même à son égard (1), il n'en est pas moins vrai qu'un jury composé d'individus de toute langue et de toute nation, à qui l'on proposerait de prononcer consciencieusement sur la justice d'une telle prétention, répondrait infailliblement et sans partage de votes : non ce n'est point là du christianisme; oui, cet homme s'abuse étrangement quand il prétend avoir dépouillé l'esprit chrétien de l'enveloppe qui l'étouffait. Et cependant, entendez-le s'écrier à la fin de son introduction : « Cette foi vivante est celle qui me rend heureux. En cette foi, je sais que je suis réconcilié avec l'Etre divin, que je suis devenu un membre du corps du Seigneur, un bourgeois du royaume des esprits. Maintenant mon but sera atteint, si j'ai pu, dans un seul de mes auditeurs ou de mes lecteurs, réveiller de semblables sentimens et allumer en lui le feu de la religiosité (2). » Certes, les intentions peuvent être

(1) ... So darf ich wohl von andern erwerten, dass sie ebenfalls mit ihrem *Verdammungsurtheile zurückhalten*. vii.

(2) ...Dieser lebendige Glaube ist es, der mich beseligt; in diesem Glauben weiss ich mich mit dem göttlichen Wesen versöhnt, ein Glied am Leibe des Herrn, und ein Mitglied des Geisterreichs.

24.

droites, et ce n'est pas moi qui me permettrai d'en douter; mais je défie de ne pas blesser la conscience universelle, quand on viendra nous affirmer que le christianisme n'est le dernier mot de la philosophie que parce qu'il a été enfin compris et formulé scientifiquement par l'école hégelienne.

Et cependant entendez cette autre voix qui nous invite à la confiance, c'est celle d'un directeur de gymnase à Quedlinbourg, qui, accusé de donner à la jeunesse qui lui est confiée des leçons de religion hégelienne, s'en excuse en disant que le panthéisme n'est pas si à redouter que se l'imagine le vulgaire (1). Il se propose donc d'examiner si le panthéisme est réellement un système aussi mauvais qu'on le croit, et si on doit le redouter comme un malheur; à cet effet, il se demande s'il détruit, comme on le dit, la personnalité de Dieu, et s'il déifie le monde et toutes les choses qu'il renferme; il faut avouer que, se sentant plus de penchant pour Spinosa que pour Hégel, la manière dont il définit la personnalité atténue sensiblement les vices inhérens à tous les genres de panthéisme. « La personnalité, dit-il, consiste dans l'essence d'un être de raison, ou simplement dans un être doué de raison. Dieu, dans ce cas, ne peut avoir qu'une entière personnalité; car, en lui, l'être se trouve dans la mesure la plus parfaite, de même que la raison; de sorte que le culte qu'on lui adresse

---

Hätte ich auch nur in einem meiner Zuhörer oder Leser ähnliche Gefühle geweckt, und den Funken der Religiosität in ihm angefacht, mein Zweck wäre vollkommen erreicht.

(1) *Ueber Pantheismus und Pantheismusfurcht*, Leipzig, 1841.

n'est pas un non-sens, et que la prière n'est nullement inutile. » Il est vrai que Richter a soin d'ajouter que cette prière n'est qu'une pieuse confiance, qu'une résignation parfaite à ce qui doit arriver comme devant être conforme au bien général des êtres. A ceux qui craignent la déification de tous les objets de la nature, il dit qu'après la définition qu'il a donnée de la personnalité, un éléphant et un homme ne seront pas plus Dieu, que le poil de l'éléphant et un cheveu de l'homme ne sont l'éléphant ou l'homme. Il y a une plus grande différence entre la plus grande des particularités de la nature et l'univers (la différence est infinie) qu'entre la plus minime partie d'un détail et la chose qu'on désigne. De sorte que le panthéisme ne peut pas plus adorer une pierre ou un animal, que Dieu ne peut lui-même se prier.

Quant à la vertu que le panthéisme semble regarder ordinairement comme assez indifférente, Richter dit que si l'on regarde à la haute sphère de la vertu, qui consiste dans l'amour du beau et du juste, que la nature a mis en nous, alors le panthéisme la recommande plus que tous ces autres systèmes de morale; car il rappelle toujours le fini au sentiment de l'infini; il en arrivera le contraire si l'on descend dans la basse sphère de la prudence et de la raison vulgaire. On demandera peut-être à Richter ce qu'il faudra conseiller aux hommes, pour qu'ils regardent plus à la sphère élevée qu'à la sphère basse, quand on leur place le paradis sur la terre. Et quoique la réponse se fasse longtemps attendre, l'auteur ne se croira pas moins obligé, puisqu'ainsi le veut l'usage actuel, de signaler la concordance du panthéisme avec les enseignemens de la religion chrétienne. En effet, la révélation est non-seulement possible dans ce système, mais elle ne l'est que dans ce système, puisque sa réalité consiste dans l'union intime de Dieu avec l'esprit humain, union que le panthéisme proclame dans son expression la plus élevée. Aussi le christianisme annonce le panthéisme sous la forme de la pensée et du savoir (1). Dès-lors il est le sublime idéal de la religion. Ses sectateurs ne sont donc plus des brahmanes idolâtres comme leurs pieux adversaires les en accusent; ils ne sont pas davantage des philosophes d'eau ou d'air, comme ceux de l'école d'Ionie, ainsi que les nomment les subtils de leurs contradicteurs; ce ne sont pas des adorateurs stoïques d'un univers animé, mais bien les adorateurs d'un esprit véritablement vivant, tout sage et tout puissant qui se révèle dans un monde réellement infini et qui assure à tous les êtres doués de raison la liberté et l'éternité de l'être; en un mot, ils sont chrétiens dans l'acception la plus complète du mot. On ne doit donc pas se laisser effrayer par l'expression du nom dont on se sert; car la crainte actuelle du panthéisme ne vaut pas mieux que la crainte des spectres d'autrefois (2). Dans cette courte exposition de ses idées, il ne me manque qu'une chose pour rendre le panthéisme de Richter, non-seulement rationnel, mais, en réalité, conforme aux plus sévères enseignemens du christianisme sur la personnalité de Dieu et l'immortalité de l'âme; ce qui man-

(1) Page 64.
(2) Page 71.

que, c'est la démonstration de sa définition de la personnalité. Il lui a été facile, après avoir emprunté au spiritualisme une définition qui la recommandait à l'attention des penseurs chrétiens, d'en tirer quelques conséquences moins déraisonnables que celles de son homonyme de Magdebourg.

CHAPITRE XXVIII.

Résumé et conclusion.

La voilà présentée historiquement et dans toutes ses formes, cette idée philosophique que Spinosa prétendait être déposée dans les écrits des anciens Hébreux, et que les Indes, la Grèce et l'Europe du moyen âge, dans quelques-unes de ses contrées, n'ont pas craint de vénérer comme étant la vérité par excellence! La voilà telle qu'elle domine actuellement dans l'esprit de tous ceux qui, en France comme en Allemagne, veulent sincèrement se livrer à la recherche de la vérité, et résoudre le problème de l'existence humaine! Proclamer l'unité et faire entrer dans cette unité l'idéal ou le réel, le sujet ou l'objet, c'est proclamer le spinosisme. Il importe peu que le *tout*, de qui toutes choses procèdent et à qui toutes choses retournent, s'appelle *moi* ou la nature, l'esprit ou l'absolu; ces dénominations n'ont été employées que pour éviter le terme de *substances*; l'effroi que pouvait inspirer le *moi* n'a pas empêché les lois de la logique d'avoir leur cours, et la réalité du spinosisme s'est trouvée au fond de ceux-là même des systèmes que l'on prétendait lui opposer avec le plus de succès. Ah! c'est que, quelque chose que l'on fasse ou que l'on pense, lorsque l'on ne s'est pas soumis au *joug doux et léger* de la foi évangélique, l'esprit humain vous demandera toujours des démonstrations que vous ne pourrez lui accorder. Comme Spinosa, il dira qu'il n'existe qu'un seul être de quelque nom qu'on le nomme; et que faute de trouver un mot qui soit l'expression véritable de sa pensée, il nomme, lui, substance (1).

Elle est le pur être, l'être éternel, le seul qui a en soi la cause de son existence, et cette substance est Dieu (2).

Aucune autre chose ne pouvant, comme elle avoir en soi la cause de son existence, il s'ensuit qu'il n'y a pas d'autres substances que la substance divine (3).

Elle est ainsi le fondement, l'essence et l'être de toutes choses, et ses principaux attributs sont la pensée et l'étendue (4).

Soit qu'on la considère comme substance pensante ou comme substance étendue, elle est toujours la même (5).

La pensée et l'étendue ne sont pas même proprement des attributs de Dieu, puisqu'elles constituent sa propre essence; mais l'homme pensant les lui attribue, parce qu'il sent qu'ils sont nécessaires à son propre être (6).

« Si la pensée et l'étendue étaient en réalité de vrais attributs, ils supposeraient en Dieu des déterminations, et comme des déterminations sont des néga-

---

(1) *Eth.* 1, prop. 8, schol. 2, prop. 14, Coroll. 1. — (2) *Epist.* 41, *Eth.* 1, prop. 8, schol. 1. — (3) *Eth.* 1, prop. 8, sch. 2. — (4) *Eth.* 1, prop. 10, sch. — (5) *Eth.* 2, prop. 7, schol. — (6) *Epist.* 27.

tions (1), ce serait en Dieu une contradiction. Aussi repos et mouvement, intelligence et volonté ne sont que de simples modifications des attributs infinis (2). D'où il suit que Dieu n'agit point librement (3), ni pour atteindre un but spécial (4), mais il agit comme il convient à sa nature d'agir.

Puissance et action en Dieu, sont soumises à la nécessité de son être (5).

Comme la substance est l'être absolu, il faut conclure que les choses particulières n'ont pas une existence qui leur est propre. Ce sont des modes ou des affections des attributs infinis de Dieu, et comme ceux-ci ne sont pas l'être même de Dieu et par conséquent n'ont pas en eux une cause d'existence (6) on ne leur donne d'autre existence que celle de les concevoir en Dieu (7).

L'ensemble des modifications de l'infinie étendue de la substance constitue le monde des corps, de même que l'ensemble des modifications de la pensée infinie de la substance constitue le monde des idées ou esprits. Ces deux mondes n'en forment ainsi qu'un seul, car ils appartiennent à la même substance représentée sous deux attributs. De sorte que chose ou idée, corps ou esprit sont par nous conçus, tantôt sous un attribut, tantôt sous un autre. De sorte qu'à proprement parler, les choses et les idées (les corps et les esprits) ne sont pas distinctes les unes des autres. L'esprit de

---

(1) *Epist.* 50. — (2) *Eth.* 1, prop. 32, Coroll. 1. — (3) *Eth.* IV, præfatio; *Eth.* 1, appendix. — (4) *Eth.* 1, prop. 34. — (5) *Eth.* 1, prop. 19. — (6) *Eth.* 1, prop. 17, Coroll. 1, 2. — (7) *Epist.* 29, *Eth.* 1, prop. 25, Coroll.

l'homme, comme mode de la pensée divine est ainsi, pour parler avec Spinosa, une expression déterminée de la nature divine (1), une fraction de la connaissance infinie de Dieu (2).

Comme fraction de l'intelligence divine, l'esprit humain peut s'élever à une connaissance infinie, éternelle (3).

L'homme se croit libre parce qu'il ignore les choses qui le portent à vouloir ou à désirer (4).

Plus un homme avance dans la perfection, plus il est actif, moins il est souffrant, et *vice versâ*, plus il est actif, plus il se perfectionne (5).

Pratiquer la vertu, ce n'est pas autre chose qu'agir, vivre, conserver son être; cela s'appelle, il est vrai, agir dans des vues d'utilité, mais c'est aussi d'après les lois de sa nature (6).

Tant que l'homme fait usage de sa raison, il n'estime une chose utile qu'autant qu'elle s'harmonise avec la connaissance; car la raison n'est que l'esprit de l'homme connaissant avec clarté et précision (7).

Celui-là rend son esprit d'autant plus éternel qu'il applique son corps à des choses utiles et honorables (8).

Le bien suprême de l'esprit consiste dans la connaissance de Dieu, de même que c'est le plus haut effort de la vertu de l'esprit, de s'élever à cette connaissance (9).

(1) *Eth.* II, prop. 10, Coroll. — (2) *Eth.* II, prop. 10, Coroll.; *Eth.* II, prop. 11, Coroll.; *Epist.* xv, p. 500. — (3) *Eth.* v, prop. 50. — (4) *Eth.* I, appendix. — (5) *Eth.* III, def. 2 et 1. — (6) *Eth.* IV, prop. 24, c. demonst. — (7) *Eth.* IV, prop. 26, c. demonst. — (8) Id., ib. — (9) *Eth.* IV, prop. 28.

Plus on se connaît, plus on s'aime, et plus on s'aime, plus on aime Dieu (1).

Dieu ne peut avoir pour personne ni amour ni haine ; car ce serait dans Dieu passer d'une perfection à une imperfection, ou *vice versâ*, ce qui est impossible (2).

Mais comme Dieu s'aime lui-même, il aime par là même les hommes, parce que l'amour de Dieu envers les hommes, et de l'esprit envers Dieu, est le même amour (3).

Ainsi le bonheur n'est pas la récompense de la vertu, mais la vertu même, et nous n'en jouissons pas parce que nous domptons nos passions ; mais parce que nous en jouissons, nous sommes mis en mesure de les dompter (4).

D'où il suit que quand nous ignorerions que notre esprit est immortel, nous devrions encore pratiquer constamment la piété et la religion, tout ce qui est propre à élever notre âme (5).

Mais l'esprit de l'homme est éternel, il demeurera autant que l'éternelle connaissance (6).

Certes, il y a dans ce système un je ne sais quoi dont on se retire le cœur serré, et l'amour chrétien en a déjà fait justice avant que l'intelligence elle-même en ait signalé les faiblesses. Mais Dieu a permis l'apparition de Spinosa sur la terre, d'abord pour donner une leçon frappante au fanatisme de toutes les sectes qui, en dénaturant le principe chrétien de la chute, se font

---

(1) *Eth.* v, prop. 15, demonst. (2) *Eth.* v, prop. 17, coroll. — (3) *Eth.* v, prop. 36, coroll. et schol.—(4) *Eth.* v, prop. 42.—(5) *Eth.* v, prop. 41. — (6) *Eth.* v, prop. 31, schol. voir aussi la prop. 23.

donner de cruels démentis par l'histoire, autant qu'ils se mettent en opposition avec certains instincts universellement constatés de la nature humaine (1); ensuite pour montrer avec évidence jusqu'où pouvaient aller les forces de l'esprit humain. Les hégeliens ont beau se vanter d'avoir trouvé le dernier mot de la philosophie et d'avoir laissé en arrière, tout en l'employant, le spinosisme, ils n'ont prouvé qu'une chose dans leurs élucubrations, c'est qu'il n'y a pas et qu'il ne peut pas y avoir de milieu entre le christianisme évangéliquement constitué (et j'entends par là une foi chrétienne fondée sur le supernaturalisme), et le pur spinosisme qui consiste dans la combinaison des deux attributs, la pensée et l'étendue qui forment à elles seules l'être unique, l'être nécessaire, de qui toutes choses procèdent inévitablement et à qui tout

(1) Le docteur Chalmers, dont les écrits sont autant appréciés par l'homme d'état et le savant que par l'homme pieux, dit avec beaucoup de tact: « Il y a une certaine manière d'argumenter sur la nature humaine, et de le faire avec une exagération si outrée et si véhémente, que le goût en est révolté et que le jugement même y refuse son assentiment. Certaines gens traitent ce sujet avec si peu de mesure et ont tant de répugnance à modifier leurs expressions, que tout homme éclairé, qui observe avec attention les phénomènes que lui présentent le caractère humain, se refuse à suivre ces guides étranges.» *Application des principes du christianisme au commerce*, dans une série de discours qu'a traduits M. Pons, de Genève. — Le supernaturalisme n'est pas responsable de ces aberrations, pas plus que le rationalisme sérieux ne l'est de l'impiété de quelques-uns de ses adeptes; mais il y a toujours cette différence énorme entre les deux principes, que les exagérations des uns sont formellement condamnées par l'Évangile, et que les impiétés des autres dérivent nécessairement des prémisses posées, dont on n'aperçoit pas toujours les conséquences.

retourne par la même nécessité. Pour éviter le spinosisme, les uns ont fait prédominer le subjectif, et de là est né l'idéalisme pur, contre lequel réclame une constante expérience ; tandis que les autres ont fait prédominer l'objectif contre lequel protestent avec non moins d'énergie les nobles facultés du cœur et de l'esprit. Ainsi nous croyons que ce ne sera point entre Schelling, Hégel et le Christ que s'établira la dernière lutte, encore moins entre le rationalisme qui n'est qu'un enfant perdu de l'incrédulité moderne ; mais bien entre le Christ, et Spinosa qui représente fidèlement son plus loyal et son plus fort adversaire. Si le christianisme est divin, il faudra, après avoir laissé grandir encore quelque temps le panthéisme de Spinosa afin de pouvoir se mesurer avec un vrai géant, il faudra, dis-je, qu'il en triomphe avec éclat, sous peine de se laisser vaincre par un système qui semble présenter à l'esprit humain les meilleurs caractères de la vérité universelle. L'homme de foi n'a aucun doute sur la brillante issue de cette lutte mémorable. L'expérience lui a déjà appris que le panthéisme le plus mitigé n'est compréhensible que par l'intelligence, mais laisse le cœur vide ; qu'il n'a, par conséquent, jamais été, et qu'il ne sera jamais une religion populaire, et qui dit religion ne doit-il pas entendre par ce mot quelque chose qui réponde aux besoins de tous ! Outre cela, il y a dans la philosophie chrétienne, qui fait dériver l'intelligence de l'amour, un principe métaphysique contre lequel viendront se briser toutes les prétentions panthéistiques de l'esprit humain, je veux dire le principe de la personnalité humaine qu'il est impossible de conserver dans tout autre système que dans celui qui regarde l'amour comme le principe constitutif de la personnalité. L'amour supposant nécessairement un sujet qui se possède lui-même, autant qu'un autre sujet auquel il se donne et se dévoue. Or, tous les sophismes de l'esprit ne détruiront jamais ce besoin d'aimer qui est le caractère essentiel de l'être humain, comme il l'est de l'être nécessaire ou Dieu ; de ce principe, qui sauva ainsi les personnalités divine et humaine, sera-t-il bien difficile de faire découler la règle des devoirs ? On a beau répéter, avec la philosophie qui est ici d'accord, du reste, avec les prétentions de l'intelligence humaine, que l'on ne doit pas argumenter de ce qui arrive, du *Warden*, comme on s'exprime en Allemagne, pour constater ce qui est l'être (le *Esse* ou Εἶναι), mais que l'on doit parler de celui-ci, puisque l'unité est la première loi de la raison, pour déduire ce que l'on croit être distinct de lui. Avec notre manière de constituer la personnalité par l'amour, qui est un sentiment réellement existant et qui domine toutes les subtilités de l'esprit, on voit de suite que le panthéisme et l'amour ne peuvent pas subsister ensemble ; que dans ce système l'amour est un non-sens, puisque ce sentiment ne peut exister que dans la supposition de plusieurs ; il s'ensuit que le panthéisme est frappé par là dans sa base, et que celui qui aime regarde la personnalité de Dieu, ainsi que s'exprime fort bien Lücke, comme le noyau intérieur de sa pensée chrétienne (1). Il faudra donc désormais, si l'on veut obéir

---

(1) *Ueber die immanente Wesens Trinität*, etc., dans la revue trimestrielle *Stud. und Kritik*, 1840, 1re partie.

à la logique, être ou spinosiste ou chrétien; contempler stoïquement la Divinité et redouter de lui demander raison de tant de besoins physiques, intellectuels et moraux qui ne trouvent pas sur la terre leur satisfaction, ou travailler avec joie et confiance, non pas seulement *pour la nourriture qui périt, mais pour celle qui subsiste éternellement* (1). Quant à cette multitude de systèmes qui, bariolés de mille couleurs, empruntent et au spinosisme et au christianisme un fonds d'idées, mais qui refusent d'arborer franchement un étendard; qui, au contraire, s'affublent de quelques lambeaux qu'ils arrachent à la robe du Christ, pour faire mieux passer, sous cette apparence d'esprit chrétien, les rêves de leurs propres conceptions, on devrait une bonne fois y renoncer; ces tours de force chez quelques-uns, de ruse chez quelques autres, devraient enfin avoir leur terme. Les hommes d'honneur ne comprendront-ils pas que si c'est le seul triomphe de la vérité que l'on ambitionne, on doit hardiment afficher de part et d'autre ses prétentions, et qu'il est indigne de placer sous l'égide de ses adversaires ce qu'on lui cache d'hostilités? Comme en définitive, c'est le système qui répondra le mieux aux besoins incessans de la nature humaine qui prévaudra; c'est à exposer largement les remèdes que l'on propose que devront s'appliquer les défenseurs des deux systèmes. Quant à la forfanterie d'avancer que les maîtres d'école et les femmes seront les seuls à s'asseoir désormais sur les bancs des églises chrétiennes (2), il faudrait, quand

(1) Paroles du Christ.
(2) Strauss, vers la fin du 2ᵉ tome de sa *dogmatique*.

on s'exprime ainsi, se montrer un peu plus conséquens, ne pas attendre, comme vous le dites, qu'on vous chasse de l'Eglise, parce que, de notre temps, on ne chasse plus personne, et que la liberté étant la seule discipline mise en vigueur, les rationalistes hégeliens, comme les autres, devraient user de cette liberté pour réunir leurs adeptes et se préserver de tout contact avec des gens dont on méprise au fond du cœur toutes les croyances. Plus que jamais l'âme humaine s'agite dans tous les rangs, dans toutes les conditions; plus que jamais les hommes de science et d'examen se dépouillent de leurs vieux préjugés pour étudier ce que le christianisme a de vraiment conforme à notre nature d'homme; ne viendront-ils donc jamais ces personnages revêtus du noble caractère du génie et de la vertu, qui feront disparaître les nombreux malentendus qui ont si longtemps désuni la science et la foi, la philosophie et la religion, et qui démontreront que toute vérité étant essentiellement moralisante, toute idée chrétienne, doit, par cela seul qu'elle est vraie, avoir sa racine dans quelque fibre du cœur humain? Et comment résister à une telle démonstration? comment, surtout, refuser alors d'abattre les barrières qui séparent encore les chrétiens des diverses communions? comment enfin les hommes de cœur ne réserveraient-ils pas tout leur zèle pour parvenir à la réalisation de cette vaste et imposante unité dans les esprits, que prescrit autant l'autorité de la raison que celle de la religion, cette unité qui serait si éminemment propre à entretenir sur la terre le feu de la charité.

J'aurai peut-être contribué, pour ma faible part, à

ce rapprochement des esprits, par les liens d'une même foi et des mêmes espérances immortelles, si le principal but qui me préoccupait en composant cet ouvrage est atteint, but qui ennoblissait à mes yeux la tâche que je m'étais imposée, tout en regrettant de manquer des qualités nécessaires pour la remplir dignement. Ce but était de montrer dans la personne et dans la doctrine de Spinosa tout ce que l'esprit humain et son libre arbitre, abandonnés à eux-mêmes, sont capables de comprendre de plus raisonnable et de faire de plus moral, afin qu'à la vue de cette impuissance à satisfaire toutes les exigences de notre nature, l'homme sensé accepte enfin dans toute sa plénitude la doctrine si éminemment rationnelle de la foi évangélique, et ne relève plus que de celui qui, suivant l'expression d'un apôtre, « a mis en évidence la vie et l'immortalité. »

FIN.

IMPRIMÉ CHEZ PAUL RENOUARD,
rue Garancière, n. 5.

TABLE DES CHAPITRES.

	Pages.
INTRODUCTION	1
Bibliographie spinosiste	XVII
CHAPITRE PREMIER. — Jeunesse de Spinosa	1
CHAP. II. — Premiers démêlés de Spinosa avec ses maîtres en religion	9
CHAP. III. — Premières études scientifiques de Spinosa et ses travaux manuels	18
CHAP. IV. — De l'influence de la cabale sur les idées de Spinosa ; son point de départ de la philosophie de Descartes	30
CHAP. V. — La renommée de Spinosa s'étend de plus en plus ; il est appelé à la chaire de philosophie de Heidelberg	41
CHAP. VI. — Spinosa dans sa vie privée pendant son séjour à La Haye. — Qui étaient ses amis	49
CHAP. VII. — Publication du *Tractatus theologico-politicus*	62
CHAP. VIII. — Questions de droit naturel, civil et politique, soulevées dans le *Traité* de Spinosa	70
CHAP. IX. — Suite de l'analyse du *Tractatus theologico-politicus* et histoire de sa publication	78
CHAP. X. — Explications demandées à Spinosa sur son *Tractatus*. — Ses réponses rationalistes	97
CHAP. XI. — Analyse de l'*Éthique*. — § I. Théorie de la substance, de ses modes et de ses attributs. — Dieu et l'univers	113
CHAP. XII. — Suite de l'analyse de l'*Éthique*. — § II. Théorie psychologique. 1° Des conceptions de l'esprit humain	123
2° Des affections de l'esprit humain, ou des passions	127
3° De la puissance des passions et de la vertu ou puissance de l'homme	131
CHAP. XIII. — Réflexions critiques sur l'*Éthique* de Spinosa	137
CHAP. XIV. — Derniers momens de Spinosa. — Sa mort. — Ses héritiers. — Ses œuvres posthumes	155

	Pages.
CHAP. XV. — Extérieur de Spinosa. — Son caractère moral.	167
CHAP. XVI. — Développement historique des doctrines de Spinosa. — Hollande et Angleterre.	178
CHAP. XVII. — Développement historique des doctrines de Spinosa. — France.	196
CHAP. XVIII. — Développement historique des doctrines de Spinosa en Allemagne. — § I. Leibnitz-Wolff, Mendelsohn, Lessing et Jacobi, Rehberg, Heydenreich, Herder.	226
CHAP. XIX. Suite du développement historique des doctrines de Spinosa en Allemagne. — § II. Kant, Reinhold, Jacobi.	249
CHAP. XX. Suite du développement historique des doctrines de Spinosa en Allemagne. — § III. Fichte.	264
CHAP. XXI. Suite du développement historique de la doctrine de Spinosa en Allemagne. — § IV. Schelling	272
CHAP. XXII. Suite du développement historique de la doctrine de Spinosa en Allemagne. — § V. Hégel.	290
CHAP. XXIII. Suite du développement historique de la doctrine de Spinosa en Allemagne. — § VI. Vues de Schelling et de Hégel sur la personnalité de Dieu et l'immortalité de l'âme.	308
CHAP. XXIV. Suite du développement historique de la doctrine de Spinosa en Allemagne. — § VII. Ecole de Schelling.	319
CHAP. XXV. Suite du développement historique de la doctrine de Spinosa en Allemagne. — § VIII. Disciples de Hégel. — Débats sur l'immortalité de l'âme et la personnalité de Dieu. — Richter de Magdebourg, Weisse, Göschel.	334
CHAP. XXVI. Suite du développement historique de la doctrine de Spinosa en Allemagne. — § IX. Jeune école hégélienne; Strauss, Feuerbach, Ruge. — Polémique de Ruge avec Léo. — Henri Heine.	346
CHAP. XXVII. Suite du développement historique de la doctrine de Spinosa en Allemagne. — § X. Michelet et Richter de Quedlinbourg.	364
CHAP. XXVIII. Résumé et conclusion.	376

FIN DE LA TABLE.

ERRATA.

Page 11, ligne 23, philosopliques, *lisez :* philosophiques.
— xiv, ligne avant-dernière, Murk, *lisez :* Murr.
— xv, 4ᵉ avant-dernière. Herbert de Cherbourg, *lisez :* de Chirbury.
Page 4, ligne 21, *lisez :* Burgwal.
— 11, — 15, — *soit* un corps.
— 18, — 16, — convictions.
— 20, — 11, — Korthold.
— — — 1, à la note : outre le latin et l'hébreu.
— 22, — 3, *lisez :* Jéhuda.
— 23, — 2 de la note, *lisez :* Korthold.
— 27, — 1, à la note : Renati Descartes, principiorum philosophiæ pars 1 et 2 more geometrico demonstratæ per Benedictum de Spinosa Amstelodamensem.
— 31, — 15, *lisez :* vous empêche souvent.
— 33, — aux notes : Selbst geschreiben und herausgegeben.
— 38, — 20, *lisez :* de *la* connaissance.
— 45, — 27, — au prince.
— 56, — 7, — Baruch.
— 57, — 27, — Anwerkerke ou à Rhynsbourg.
— — — 26, — le malheur des mortels.
— 109, — aux notes : chapitre III de la 2ᵉ partie.
— 110, — à la note, *lisez : Divinæ*.
— 116, — 5, par en bas : après *quod*, effacez *de*.
— 127, — 1ʳᵉ note, 6ᵉ ligne, *lisez :* numéros ; — 2ᵉ note, 1ʳᵉ ligne, *lisez :* In mente.
— 161, — 24, *lisez :* Rieuwertzen.
— 168, — 16, — n'avait *pourtant*.
— 186, — à la note, *lisez :* Joannis Brenderburgii Enervatio tractatus th. polit. una cum demonstratione, ordine geometrico disposita, naturam non esse Deum cujus effati contrario prædictus tractatus unice innititur ; Rotterdam, 1675.

ERRATA.

Page 197,   à la note, *lisez* : xviiie siècle.
— 201, ligne 8, *lisez* : en péril.
— 206,   —   7 de la 1re note, *lisez* : Vorlefungen.
— 226,   —   19, *lisez* : avaient, *au lieu de* : auraient.
— 229,   —   18,   — , A nier la distinction.
— 230,   —   1re note, *lisez* : Charles Secretan.
— 231,   —   26, *lisez* : Mendelsohn.
— 259,   —   2e note, *lisez* : Denkmal.
— 272,   —   avant-dernière ligne, effacez : *dans l'exorde*.
— 296,   —   à la note, *lisez* : die Morgenröthe.
— 300 et 301, dernière ligne, *lisez* : *La même*.
— 308,   —   à la note, *lisez* : hatte.
— 310,   —   3e note, *lisez* : Darlegung.
— 313,   —   3, *lisez* : (Erbaulickeit).
— 314,   —   dernière note : rétablissez ainsi le titre de l'ouvrage de
                Fichte le fils : Die jdee der Persönlickeit und der in-
                dividuellen fortdauer.
— 316,   —   à la 2e note, *lisez* : Versuch eines Erweises.
— 324,   —   à la note, *lisez* : Troxler.
— 325,   —   après Néander, *lisez* : Twesten.
— 337,   —   4e note, *lisez* : eschatologiques.
— 340,   —   1re note im Lichte, *au lieu de* : Dichte.
— 349,   —   dernière note, *lisez* : tome II.
— 355,   —   14, *lisez* : Hégelins, *au lieu d'*Hégéliens.
— —   24, *lisez* : douée.
— 358,   —   13,   — idées, *au lieu d'*actions.
— 360,   —   à la note, que l'on observe la paix.
— 371,   —   à la 1re note, *lisez* : Erwarten. — Zurückhalten.
— 371 et 372, à la note, Diesem — Dem — Auch nur — Gewirkt.

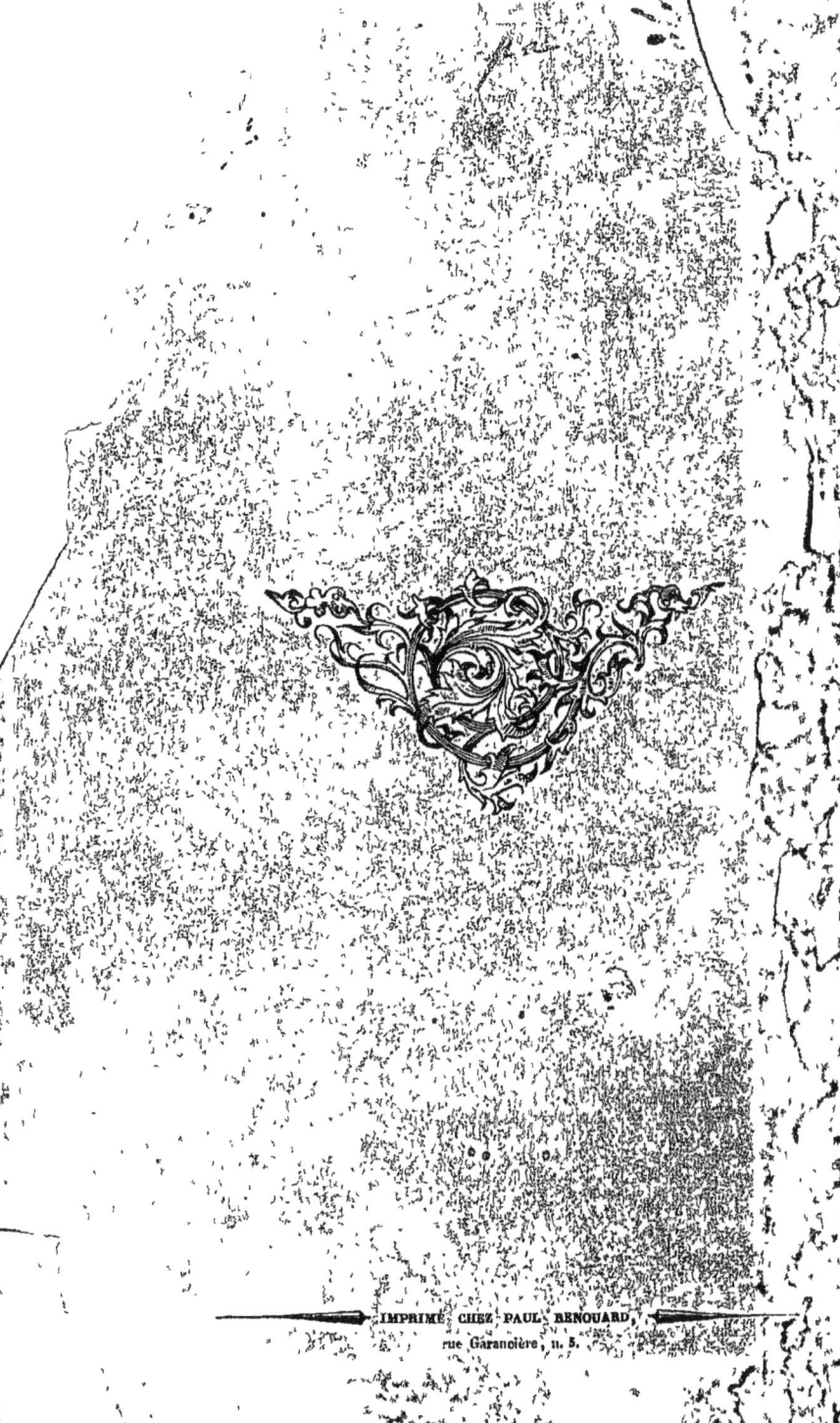

IMPRIMÉ CHEZ PAUL RENOUARD,
rue Garancière, n. 5.

www.ingramcontent.com/pod-product-compliance
Lightning Source LLC
Chambersburg PA
CBHW052125230426
43671CB00009B/1118